Geschichtsdidaktik

Akademie Studienbücher
Geschichte

Nicola Brauch

Geschichtsdidaktik

DE GRUYTER
OLDENBOURG

Die Autorin:
Prof. Dr. Nicola Brauch, Professorin für Didaktik der Geschichte an der Ruhr-Universität Bochum.

ISBN 978-3-05-005167-3
e-ISBN (PDF) 978-3-11-037524-4
e-ISBN (EPUB) 978-3-11-039787-1

Library of Congress Cataloging-in-Publication Data
A CIP catalog record for this book has been applied for at the Library of Congress.

Bibliografische Information der Deutschen Nationalbibliothek
Die Deutsche Nationalbibliothek verzeichnet diese Publikation in der Deutschen Nationalbibliografie; detaillierte bibliografische Daten sind im Internet über http://dnb.dnb.de abrufbar.

© 2015 Walter de Gruyter GmbH, Berlin/Boston
Titelabbildung: Helene Knoop, Clio (Öl auf Leinwand, 2008/09)
Satz: Beltz Bad Langensalza GmbH, Bad Langensalza
Druck und Bindung: CPI books GmbH, Leck

♾ Gedruckt auf säurefreiem Papier
Printed in Germany

www.degruyter.com

Geschichtsdidaktik

1	**Was ist Geschichtsdidaktik?**	11
1.1	Theorie und Didaktik der Geschichtswissenschaft	13
1.2	Geschichtsdidaktik als Gegenstand der Geschichtslehrerbildung	17
1.3	Ziele des Geschichtsunterrichts	19
1.4	Grundprinzipien der Geschichtsdidaktik	22
2	**Kompetenzorientierung im Schulfach Geschichte**	27
2.1	Kompetenzmodellierung im Fach Geschichte und der Beitrag des Faches zur Allgemeinbildung	29
2.2	Realisierbarkeit der Kompetenzerwartungen im Geschichtsunterricht	33
2.3	Fähigkeit der Geschichtsdidaktik zur Definition von Aufgabenschwierigkeiten	34
2.4	Fähigkeit der Geschichtsdidaktik zur Unterstützung von (Binnen-)differenzierung	37
3	**Kompetenzen geschichtsdidaktischen Denkens und Handels vor der ersten Praxiserfahrung**	41
3.1	Der administrative Rahmen: Die ländergemeinsamen Richtlinien	43
3.2	Kompetenzbereiche reflektierten geschichtsdidaktischen Denkens und Handelns	46
3.3	Planung von Lernaufgaben als Anwendungsanlass geschichtsdidaktischer Kompetenz	49
4	**Gegenwart und Zukunft**	57
4.1	Planung von Gegenwartsbezug	59
4.2	Zukunft im Geschichtsunterricht	62
4.3	Methode zur Prüfung einer geschichtsdidaktischen Idee: Die Krim im Geschichtsunterricht	64
5	**Arbeit mit dem Lehrplan**	71
5.1	Lehrpläne als Repräsentanten des Geschichtsbewusstseins der Gesellschaft	73
5.2	Sprache, Aufbau und Ziel kompetenzorientierter Lehrpläne in Geschichte	76
5.3	Begründung geschichtsdidaktischer Ideen und Entscheidungen mit dem Lehrplan	79

INHALT

6	**Medien und Methoden – Heuristik und Interpretation**	87
5.1	Medien als Quellen historischen Lernens	89
5.2	Die Mischung macht's: Zusammenstellung multipler Medien zur Förderung historischen Denkens	92
5.3	Medienanalytische Arbeitsaufträge in problemorientierten Lernaufgaben	97
7	**Ein Medium eigener Art: Die Arbeit mit dem Schulgeschichtsbuch**	103
7.1	Das Schulgeschichtsbuch als Mischprodukt der Geschichtskultur	105
7.2	Aufbau und Bestandteile des Schulgeschichtsbuches	108
7.3	Geschichtsdidaktisches Potential von Schulgeschichtsbüchern	112
7.4	Grenzen des Potentials und Erfordernisse geschichtsdidaktischen Handelns	114
8	**Theoriebasierte Planung von Geschichtsunterricht**	119
8.1	Entwicklung und Begründung einer geschichtsdidaktischen Idee	121
8.2	Planung von Lernaufgaben – Fachdidaktische Entscheidungen	123
8.3	Planung nachhaltiger Lernaufgaben	125
8.4	Der Unterrichtsentwurf – Methodische Entscheidungen	128
9	**Unterrichtsbeobachtung planen**	135
9.1	Lehrerhandeln	137
9.2	Lehrplanbezug	140
9.3	Schülerhandeln als Reaktion auf den Lehrprozess	142
9.4	Auswirkungen auf die Ausprägung von Professionswissen als Geschichtslehrperson	145
10	**Diagnose von Schülerleistungen planen**	149
10.1	Wege der Forschung	151
10.2	Diagnose- und Fördermöglichkeiten während einer Unterrichtseinheit	156
10.3	Unterscheidung von Kompetenzen historischen Denkens und Lesekompetenz	159
11	**Diskurse und Begriffe: Das Thema Holocaust im Geschichtsunterricht**	165
11.1	„Ihr sollt euch nicht empören, ihr sollt wissen, was passiert ist"	167
11.2	Die Faktizität des Holocaust	171
11.3	Die Historisierung des Holocaust als Herausforderung in Wissenschaft und Unterricht	174

12	**Wissenschaftspropädeutik**	179
12.1	Wissenschaftlich fundierte Allgemeinbildung	181
12.2	Förderung geschichtswissenschaftlicher Fragekompetenzen	185
12.3	Abitur und Studienberatung	190
13	**Diskurse und Begriffe: Bilingualer Geschichtsunterricht und interkulturelles Lernen**	193
13.1	Pädagogischer Rahmen: Interkulturelles Lernen	195
13.2	Didaktischer Rahmen: Das Konzept CLIL und pragmatische Abwandlungen	199
13.3	Fallbeispiel Zweiter Weltkrieg und Holocaust im bilingualen Geschichtsunterricht	202
14	**Diskurse und Begriffe: Public History**	209
14.1	Der Gegenstand: Vorschlag zur Begriffsbestimmung	211
14.2	Methodik und Didaktik	215
14.3	Auftraggeber, Medien, Publika und Konkurrenten des Public Historian	219
15	**Service-Teil**	223
15.1	Lexika, Handbücher und Reihen	223
15.2	Grundlagenliteratur	224
15.3	Zeitschriften	226
15.4	Web-Adressen	227
15.5	Schwerpunkt Historisches Argumentieren	228
16	**Anhang**	231
16.1	Zitierte Literatur	231
16.2	Abbildungsverzeichnis	238
16.3	Tabellenverzeichnis	239
16.4	Glossar	240

Vorwort

Durch die Wahl der Muse Klio (hier in einem Gemälde aus dem Zyklus der Neun Musen der norwegischen Malerin Helene Knoop 2009) stellt sich dieses Buch in die Tradition der Aufklärung und ihrer Bezüge zu den Wertvorstellungen der griechischen Antike und der in ihr erfundenen Kunst des Singens und Schreibens – des Erzählens – über Geschichte. Klio ist eine der neun Töchter des Zeus und der Mnemosyne. Vereint im Reigen und durch das Teilen einer gemeinsamen Seele, beobachten sie das Geschehen jeder Zeit als Augenzeuginnen und erzählen davon als Chronistinnen mit „liliengleichen Gesängen" (Homer, Ilias, I, 64). Sie haben den göttlichen Auftrag, für Erinnerung an die Vergangenheit zu sorgen und damit den Menschen Selbstreflexion und historische Identitätssuche zu ermöglichen. Individuen verlangen nach historischem Orientierungswissen und Argumenten auf der Suche nach Identitäten. Den Musen war dabei in der Antike die Aufgabe zugeschrieben worden, die Herrschenden in der historisch argumentierenden Rede zu unterrichten, spätere Traditionen sehen sie sogar als Erfinderinnen von Schrift und Sprache. Die Kunst, die Argumente der Herrschenden im Diskurs durch eigenes Argumentieren zu prüfen, ist eines der wesentlichen Ziele kompetenzorientierten Geschichtsunterrichts. Klio lässt sich somit als Repräsentantin der für den Geschichtsunterricht konstitutiven Antagonismen zwischen Geschichtskultur und Wissenschaft und dem anhaltenden Disput über das Verhältnis der Muse zu Dichtung und Wahrheit verstehen.

Es bleibt, mich bei all jenen zu bedanken, die zur Entstehung dieses Buches beigetragen haben. Zu danken ist zunächst Katja Leuchtenberger als früherer Lektorin und Ideengeberin der Reihe für ihr Vertrauen in mein Konzept und der sehr hilfreichen Lektorierung erster Entwürfe. Florian Hoppe, der die Entstehung des Buches im letzten Jahr als Lektor begleitet hat, danke ich für sein konstruktives Lektorat sowie sein Geschick, ohne Drängen und gleichzeitig hartnäckig die Realisierung des Projektes voranzutreiben.

Aus vielfältigen Anregungen meiner Studierenden in Freiburg (2007 bis 2012) und Bochum ergab sich die Weiterentwicklung der ersten Konzeption hin zu einer stärkeren Verschränkung von Didaktik, Fachwissenschaft und Praxisbezug, ihnen allen sei an dieser Stelle gedankt.

Danken möchte ich auch für all die Denkanstöße und konkreten Hinweise, die sich aus Gesprächen mit dem Bochumer Team (Dirk

VORWORT

Urbach, Jörgen Wolf, Kathrin Klausmeier, Joana Seiffert und Marcel Mierwald) ergeben haben.

Mein ganz besonderer Dank gilt Deborah Hantke, die in den letzten Monaten unermüdlich durch Rat und Tat dazu beigetragen hat, dass das Buch nunmehr erscheinen kann.

Schließlich möchte ich mich vor Jörn Rüsen und seinem Werk verneigen, der an der Schnittstelle von Theorie und Didaktik der Historie lange Jahre in Bochum gewirkt hat und weiterhin wirkt, und mich mit seinen Schriften und im Gespräch stets aufs Neue inspiriert und herausfordert. Dass das Buch in Bochum fertiggestellt werden konnte, ist für mich auch aus diesem Grund von besonderer Bedeutung.

Bochum, im Mai 2015   Nicola Brauch

1 Was ist Geschichtsdidaktik?

Abbildung 1: Bud Blake: Whistler (1996)

„Ich habe nicht behauptet, dass er pfeifen kann – ich sagte, ich habe ihn im Pfeifen unterrichtet!" Zunächst wohlgemut und mit stolzgeschwellter Brust möchte Joe seinem Freund Bill mit der Sportmütze das Ergebnis seines Unterrichts demonstrieren. Ursprünglich wollte er erzählen, dass er heute seinem Hund Max das Pfeifen beigebracht habe. Doch dieser Plan wird durch Bill durchkreuzt, der es genau wissen will. Er fordert Max auf, zu pfeifen – nichts passiert.

Jeder Lehrer kennt diese Situation. Mehrfach hat man mit den SchülerInnen besprochen, wie es zum Ausbruch des Ersten Weltkrieges gekommen ist. In der Klassenarbeit gelingt es aber nur einem Drittel der Klasse, die besprochenen möglichen Ursachen und ihre Zusammenhänge selbständig wiederzugeben. Woran liegt das?

Geschichtsdidaktik ist diejenige wissenschaftliche Disziplin, die sich mit der fachlichen Planung von Lernprozessen und der theoretischen Begründung fachdidaktischer Entscheidungen befasst. Das Benennen, Beschreiben, Erforschen und Begründen von Gelingen und Scheitern fachlicher Lernerfolge sind wesentliche Gegenstände der Disziplin. Weil dazu auch gehört, dass man zunächst wissen muss, wodurch sich der intendierte Lernerfolg auszeichnet, was die Alleinstellungsmerkmale gegenüber anderen Fächern sind und wie sich diese Merkmale von der Geschichtstheorie begründen lassen, beginnt dieses Buch mit einer gehörigen Portion Theorie. Dies garantiert keinen Lernerfolg, aber es ist der erste, notwendige Schritt. Aus den theoretischen Überlegungen und der Frage, warum Geschichte in der Schule gelernt werden soll, ergeben sich die Ziele und Grundprinzipien der Geschichtsdidaktik. Damit sich aus der Perspektive des Lernenden kein hochgradiges Motivationsproblem ergibt, ist es unter anderem notwendig zu begründen, welchen Beitrag das Fach Geschichte im Gesamt des schulischen Lernens zu leisten vermag, wozu das dort Gelernte dienen kann und welche Erwartungen die Gesellschaft stellt. In der Sprache der Bildungsforschung könnte man daher sagen, es geht in diesem ersten Kapitel um die Sachkompetenz des Geschichtslehrers. Die Theorie der Geschichtswissenschaft und die Relevanz aus Perspektive von Lernenden und Gesellschaft ergeben das Vokabular, mit Hilfe dessen zunächst die Sprachlosigkeit angesichts scheiternder und gelingender Lernprozesse überwunden werden kann.

1.1 Theorie und Didaktik der Geschichtswissenschaft
1.2 Geschichtsdidaktik als Gegenstand der Geschichtslehrerbildung
1.3 Ziele des Geschichtsunterrichts
1.4 Grundprinzipien der Geschichtsdidaktik

1.1 Geschichte und Historie

Als der 2006 verstorbene Historiker Reinhart Koselleck (*1923) im Jahr 1971 unter dem Titel „Wozu noch Historie?" einen Aufsatz in der *Historischen Zeitschrift* veröffentlichte (Neuabdruck 2010), konnte er sicher sein, dass seine Leser ihn verstehen würden. Das ist heute auch bei Geschichtsstudierenden nicht mehr unbedingt der Fall. Der einleitende Absatz zu seiner Abhandlung klingt hingegen auch heute noch recht vertraut:

Wozu noch Geschichtswissenschaft?

„Das Missbehagen über die Langeweile des Geschichtsunterrichts an den Schulen, über den Lehrbetrieb an den Universitäten, über die mangelhafte Rückbindung der Forschung an die gesellschaftliche Öffentlichkeit – dies Missbehagen ist unverkennbar und veranlasst unsere Frage: Wozu noch Historie?" (Koselleck 2010, S. 32)

Koselleck nutzte diesen Begriff aus der Zeit des Historismus in Deutschland, um den Unterschied zwischen dem Alltagsgebrauch von „Geschichte" und der forschenden Disziplin der Geschichtswissenschaft – der „Historie" – hervorzuheben. Denn diese Disziplin sah sich 1971 in ihrer Existenzberechtigung bedroht, weil sich die akademische Geschichtswissenschaft durch die Fächer der Sozialwissenschaften umklammert sah und viele Geistes- und Sozialwissenschaftler der Ansicht waren, dass Geschichte eigentlich keine selbständige Disziplin sondern ein Teilbereich der Sozial- (oder Gesellschafts-)Wissenschaften sei. Gesellschaftspolitik war das Thema der Stunde im Kontext der 1968er-Jahre, und der Zweck des Faches Geschichte wurde von vielen als Hilfswissenschaft zur historischen Begründung gesellschaftspolitischer Positionen gesehen.

Geschichte und Historie

In solchen Zeiten der grundsätzlichen Infragestellung liegt es nahe, dass die Fachvertreter sich aufmachen, ihr Existenzrecht zu begründen. In Begründungen dieser Art wird greifbar, welches Verständnis über die Alleinstellungsmerkmale eines Faches in den Reihen ihrer Vertreter – hier also der Geschichtswissenschaftler – selbst konsensfähig ist. Für die Geschichtsdidaktik ist diese Frage von Belang, weil es im Geschichtsunterricht darum geht, das Spezifikum von Geschichtswissenschaft exemplarisch zu repräsentieren, und Lernergebnisse von Geschichte von denen der Nachbardisziplinen Politik, Deutsch oder Ethik abzugrenzen.

Im Zentrum solchen Fragens nach der Fachspezifik steht das Interesse, wie sich die spezifische Art der Erkenntnis (griechisch: *Episteme*) des Faches charakterisieren ließe. Da es diese Art des Fragens nicht nur bei

Epistemologie

Historikern sondern bei jedem Fach mit wissenschaftlichem Anspruch gibt, gehören derartige Reflexionen in den Bereich der Wissenschaftstheorie, genauer denjenigen der Epistemologie – der Erforschung der Erkenntnisziele und dafür notwendigen Methoden eines Faches. Reinhart Koselleck legte in seinem Aufsatz dar, weshalb er den Begriff der Historie demjenigen der Geschichte den Vorrang geben würde, und er argumentierte dabei mit der Geschichte des Begriffes selbst:

„Denn die Geschichte, von der wir hier so selbstverständlich sprechen, ist ein ganz spezifisches Produkt der Neuzeit. Ja, man kann sagen, die Neuzeit beginnt erst, seitdem die Geschichte als solche entdeckt wurde." (Koselleck 2010, S. 37)

Aus seinen und den Ausführungen anderer Geschichtstheoretiker wird deutlich, dass die Zeit das basale epistemologische Prinzip des Faches Geschichte ist.

Zeit und Raum

Das Erkenntnisziel von Historikern besteht darin, raum-zeitliche Zusammenhänge auf Basis von Quellen und durch Bezug auf Forschung zu argumentieren. Dabei geht es darum, Prozesse auf Dauer und Wandel, auf Ursache und Wirkung hin zu untersuchen. Gute geschichtswissenschaftliche Erzählungen machen daher sehr genau kenntlich, über welchen Zeitraum (t1 bis t2) auf Basis welcher Quellen und Forschungsliteratur sie zu welchen Annahmen über die Art des Verlaufes (Sachurteil) und der Ursachen (Werturteil) historischer Prozesse gelangen. Damit sind der Zeitverlauf und die empirische Fundierung historischer Zusammenhangserzählungen die beiden basalen epistemologischen Prinzipien der Geschichtswissenschaft. Jörn

Sinnbildung über Zeiterfahrung

Rüsen spricht in diesem Zusammenhang von „Sinnbildung über Zeiterfahrung" (zuletzt Rüsen 2013). In der Geschichte der Geschichtsschreibung lässt sich die Herkunft dieser beiden Basal-Prinzipien bis zum griechischen Geschichtsschreiber Herodot (490 v. Chr. – um 424 v. Chr.) zurückverfolgen, der – mit einigen Abstrichen – auch als Vater der Geschichtsschreibung bezeichnet wird.

Dass mit Historie die wissenschaftliche Befassung mit Geschichte gemeint ist, erschließt sich, wenn man sich den Bedeutungsbereich

historeo

des griechischen Verbs *historeo* genauer ansieht, was ganz wörtlich übersetzt bedeuten würde „Ich historisiere". Derjenige, der das von sich behauptet, kann damit folgendes meinen: „Ich frage", „ich forsche", „ich befrage", „ich erforsche" (Aspekt 1) oder auch „ich berichte/erzähle euch über die Dinge, die ich herausgefunden habe" (Aspekt 2). Schließlich gibt es noch einen dritten Aspekt, bei dem derjenige, der „*historeo!*" sagt, jemand ist, der eine Reise oder einen Besuch macht. Dem entspricht die Wortbedeutung des dazugehörigen

GESCHICHTE UND HISTORIE

Substantivs *Historia*. Es meint erstens das Erforschen, vor allem das Geschichtsforschen, zweitens Wissenschaft und drittens Erzählung, vor allem die Geschichtserzählung. Findet sich in der Literatur der Begriff in seiner erweiterten Form *Historia pragmatikä*, so ist damit die „Geschichtsschreibung, welche die realen Tatsachen gibt", gemeint (vgl. Gemoll 2000).

Für die Geschichtsdidaktik (wie für jede andere Fachdidaktik auch) ist die Rückkopplung an die epistemologischen Prinzipien des Faches daher von Belang, weil es ihre Aufgabe ist, die Lerngegenstände dergestalt zu arrangieren, dass SchülerInnen die Möglichkeit haben, das Spezifische des Faches als forschender Disziplin zu erkennen. Das ist aus zwei Gründen fachspezifisch relevant. Erstens, weil es im Fächerkanon der Schule die Tendenz gibt, die Geschichte in das Konzept der Gesellschaftswissenschaften einzuebnen. Damit wird Geschichtswissenschaft normativ verzweckt – und darin besteht dann eine Gefahr, wenn sich Lehrkraft und SchülerInnen dieses Umstandes nicht bewusst sind. Doch auch die Verwandtschaft zu den Fächern der Philologien und anderer Geisteswissenschaften lässt ab und an vergessen, dass der im Fach Geschichte spezifisch zu generierende Wissenszuwachs in einem vertieften fachlichen Verstehen und Kennen der Vergangenheit besteht. Während der Neuigkeitswert des Gelernten im Fach Geschichte sich beispielsweise auf die Entwicklungen der antiken Religionen auf Basis von Quelleninterpretation und der Rekonstruktion von Dauer und Wandel religiöser Bräuche und Vorstellungen sowie deren Auswirkungen auf das konkrete Handeln von Menschen und Gesellschaften beziehen würde, bestünde der Neuigkeitswert im Fach Philosophie in der Kenntnis der philosophischen Grundlagen der Religionen. Dazu bedarf es historischen Hintergrundwissens. Im Fach Geschichte wird die Philosophie zum Hintergrundwissen, das für die Erkundung des Zielwissens – der empirischen Rekonstruktion vergangener Prozesse – zum Einsatz kommt.

> Rückkopplung an epistemologische Prinzipien

> Abgrenzungen zu affinen Fächern

Neben dieser Notwendigkeit der Präzision von Ziel- und Hintergrundwissen im Bereich des Konstrukts der Gesellschaftswissenschaften ergibt sich aus dem anhaltenden Geschichtsinteresse der Öffentlichkeit ein zweiter fachspezifischer Grund, sich bei Entscheidungen für Unterrichtsplanung der epistemologischen Prinzipien des Faches stets bewusst zu sein. Hier geht es um den Unterschied zwischen alltagsförmigem Denken über Geschichte und der Geschichtswissenschaft. Aus der Tatsache, dass SchülerInnen mit erheblichen Präkonzepten über Geschichte in die Schule kommen, ergibt sich die Herausforderung, dieses Potential der vorhandenen Geschichtsbilder

> Geschichtsinteresse der Öffentlichkeit

zu nutzen, um sie mit den Unterschieden und Gemeinsamkeiten des fachlichen Umganges mit Geschichte vertraut zu machen. Dabei ist die Unterscheidung zwischen dem alltäglichen Erzählen über Geschichte und demjenigen des Faches nicht immer einfach zu treffen. Zumal in Zeiten inflationär veröffentlichter Einführungen und Überblicksdarstellungen und teilweise wirklich guter Wikipedia-Einträge Unterscheidungsmerkmale nicht leicht zu definieren sind. Hier findet nun neben Zeit und Raum ein drittes epistemologisches Prinzip Eingang in die Unterrichtsplanung, das unmittelbar mit dem Ziel historischen Lernens in der Schule zusammenhängt. Es ist der Konstruktcharakter von Geschichte, dem eine wissenschaftliche Erzählung Rechnung trägt, während vor-wissenschaftliche Erzählungen den Eindruck einer Kopie der Vergangenheit vermitteln. Von Anfang an sollte sich dieses Merkmal des fachlichen Erzählens im Geschichtsunterricht niederschlagen, denn nur so lässt sich reflektiertes Geschichtsbewusstsein im Unterschied zu naivem Geschichtsbewusstsein fördern.

Konstruktcharakter von Geschichte

Mit Reinhart Koselleck (1971) lassen sich zusammenfassend fünf epistemologische Prinzipien aus den drei basalen Prinzipien (Zeit, Raum, Konstruktcharakter von Geschichte) ausdifferenzieren. Fachliche historische Erzählungen zeichnen sich erstens dadurch aus, dass sie sich auf empirische Fallbeispiele beziehen. Mit der Wahl des Fallbeispieles ist die Wahl derjenigen Quellen verbunden, deren Analyse zu einer neuen Erkenntnis über die Vergangenheit führen solle. Denn erst, wenn sich neue Erkenntnisse über die Vergangenheit in einer Erzählung niederschlagen, ist diese ein Produkt historischer Forschung. Überblicksdarstellungen sind daher Synthesen vorgängig erfolgter Forschung, es handelt sich um die Wiedergabe des Stands der Forschung, nicht um solche selbst. Zur Erkennbarkeit von Erzählprodukten der Forschung gehört daher zweitens die Quelleninterpretation, die transparente Nutzung gesellschaftlich relevanter Konzepte (heute zum Beispiel das Konzept der *Gender Studies*), drittens die Normkritik, viertens Ideologiekritik und schließlich fünftens ein stark umstrittenes Negativ-Kriterium in der Aufforderung an den Geschichtsforscher, sich jeder Handlungsempfehlung für Gegenwart und Zukunft zu enthalten.

Epistemologische Prinzipien

Woran erkennt man demzufolge eine fachlich adäquate Erzählung? Sie ist klar zeitlich strukturiert, räumlich nachzuvollziehen, sie reflektiert die Quellen und die daraus zu gewinnende Erkenntnis ebenso wie die Standortgebundenheit des Autors. Der Inhalt der Erzählung ist eine Argumentation über einen zeitlichen Zusammenhang und die Gewichtung seiner Ursachen. In diesem letzten Punkt liegen

Fachlich adäquate Erzählungen

dann die Möglichkeiten für den historisch denkenden Menschen, Trends der Gegenwart zu erkennen und Zukunftsszenarien zu entwerfen.

Geschichtsdidaktik ist diejenige Disziplin, die versucht, diese Unterscheidung zwischen Geschichte und Historie in Erinnerung zu rufen, damit der Geschichtsunterricht so gestaltet wird, dass auch die Lernenden dort eine Chance haben, wissenschaftliche von nicht-wissenschaftlichen Erzählungen und darin enthaltenen Deutungen unterscheiden zu lernen. Geschichtsdidaktische Forschung befasst sich daher neben der Auswahl von Ergebnissen der empirischen fachwissenschaftlichen Forschung u. a. mit Fragestellungen der Geschichtstheorie, in denen die historiographische Praxis auf ihre Voraussetzungen und Möglichkeiten der Lernwirksamkeit reflektiert wird.

Geschichtsdidaktik

1.2 Geschichtsdidaktik als Gegenstand der Geschichtslehrerbildung

Geschichtsdidaktik erforscht das Geschichtsbewusstsein der Gesellschaft und korreliert den Befund mit den Ergebnissen geschichtswissenschaftlicher Forschung mit dem Erkenntnisziel, relevantes Orientierungswissen des Faches für die Gesellschaft zu identifizieren und in lernpsychologisch angemessener Weise den Rezipienten historischer Erzählungen im Alltag aufzubereiten und so den Mitgliedern der Gesellschaft die Ausprägung eines reflektierten Geschichtsbewusstseins zu ermöglichen (→ VGL. AUCH KAPITEL 14). Geschichtsdidaktik spielt in der letzten Zeit im Rahmen des Universitätsstudiums auch für Gymnasiallehrkräfte eine größere Rolle, da die Unterschiede zwischen den Konventionen der Fachwissenschaft und den fachlichen Anforderungen an Geschichtslehrkräfte in der Konvention der Schule einen spezifisch fachlichen Zugriff auf geschichtswissenschaftliche Kenntnisse durch Lehrkräfte erforderlich machen. Das Scharnier zwischen Didaktik und Geschichtswissenschaft ist die Theorie der Geschichte, deren Konvention oben unter dem Stichwort der epistemologischen Prinzipien des Faches ausgeführt wurde. Damit haben geschichtsdidaktische Lehrveranstaltungen drei zentrale Aufgaben: erstens die Vermittlung soliden Fachwissens zu den Gegenständen des geltenden Lehrplanes. Dieser Punkt wird in der Literatur häufig als Aufgabe der Fachwissenschaft gesehen und das fehlende Einlösen dieser Aufgabe wird beklagt. Der Position ist entgegenzusetzen, dass die Aufgabe von Geschichtswissenschaftlern da-

Gegenstände geschichtsdidaktischer Lehre

rin besteht, Forschungsbedarf zu erkennen und einen Beitrag zu dessen Behebung durch neue Erkenntnisse über die Vergangenheit zu leisten. Indem Studierende des Lehramtes ihre Dozenten als forschende Mitglieder der Geschichtswissenschaft wahrnehmen und in eigenen Hausarbeiten in die Spezialforschung einbezogen werden, erfahren sie sich selbst als HistorikerInnen. Das bedeutet, dass nur in derartigen Veranstaltungen die Epistemologie des Faches repräsentiert ist, denen die eigene Forschungskraft des Dozenten zugrunde liegt. Würden Fachhistoriker ihre Lehrveranstaltungen den Lehrplänen anpassen, ginge nicht nur dieser notwendige Erfahrungsraum verloren. Aktuelle Forschungsfragen, Methoden und Quellenanalysen der Geschichtswissenschaft fänden ihren Weg damit noch schwerer in die Schule. Letztlich spiegelt sich in der doppelten Ausbildung in aktueller Forschung der Geschichtswissenschaft und dem Stand der Forschung zu den Gegenständen des Lehrplanes das Erfordernis der Kompetenzorientierung wieder, die den Lehrkräften die Auswahl der Fallbeispiele für die Förderung der Kompetenzen historischen Denkens sehr viel stärker überantwortet, als das in stärker kanonorientierten Lehrplänen der Fall war.

Aus diesem Grund sollte die Vermittlung von Schulgeschichtswissen und -kompetenzen Gegenstand geschichtsdidaktischer Veranstaltungen sein. Das ist auch aus berufsbiographischer Perspektive sinnvoll. Denn in den Praxisphasen bleibt keine Zeit zur fachlich soliden Aneignung des mit den Lehrplanthemen verbundenen historischen Wissens. Vielmehr sollte an diesen Ausbildungsorten Zeit und Energie für das Einüben im Umgang mit den SchülerInnen und dem Agieren als Teil des Kollegiums und der Verantwortung für Schulentwicklung aufgewendet werden. Zu den Gegenständen von Schulgeschichtswissen gehört auch das Wissen aus den Nachbardisziplinen Archäologie, Ägyptologie und Orientalistik sowie der fachhistorisch adäquate Einsatz ihrer Quellen und Forschungsergebnisse. Schließlich gehört zum Schulgeschichtswissen die Kenntnis der Erzählformen der Geschichtskultur, die das Geschichtsbewusstsein der SchülerInnen (vor-)prägen (→ KAPITEL 14).

Daneben besteht eine zweite Aufgabe geschichtsdidaktischer Veranstaltungen darin, in die Philosophie des geltenden Lehrplanes und ihre Umsetzung einzuüben. Künftige Lehrkräfte sollten reflektiert und geschichtsdidaktisch mündig mit administrativen Verordnungen umgehen lernen, um sie gleichzeitig zu erfüllen, kritisch zu hinterfragen und auch SchülerInnen den Zusammenhang des Geschichtsunterrichts mit dem Lehrplan mit seinen Potentialen und Grenzen transparent machen zu können. Die Kritikfähigkeit und Kompetenz zu mündigem Umgang mit dem Lehrplan erfordert die Kenntnis geschichtsdidaktischer und geschichtstheoretischer Konzepte und Diskurse.

Das dritte große Thema geschichtsdidaktischer Veranstaltungen ist das Einüben des fachspezifischen Gegenwartsbezuges (→ KAPITEL 4). Das Wesentliche dabei ist die Erkenntnis, dass der Gegenwartsbezug sowohl auf gesellschaftlich akute Fragen als auch die Lebenswelt des Individuums in der Gesellschaft zu beziehen ist. Ein fachspezifischer Gegenwartsbezug orientiert das Planen von Geschichtsunterricht in der Auswahl der Fallbeispiele in der Vergangenheit. Der Neuigkeitswert des Unterrichts bleibt dabei das neue Wissen über die Vergangenheit. Es wird dazu genutzt, die Gegenwart in ihrer historischen Gewordenheit und Bezogenheit zu analysieren und zu reflektieren.

Gegenwartsbezug

Alle drei Themen können in der Planung theoretisch begründbarer Lernaufgaben (→ KAPITEL 8) von Studierenden als Einübung von Unterrichtsplanung genutzt und probeweise umgesetzt werden. Daher sind Lernaufgaben, ihre Entwicklung, Analyse sowie die Erkenntnis von deren Grenzen ein geeignetes Produkt zur Selbstdiagnose wie Prüfungsanlass der Ausprägung geschichtsdidaktischer Kompetenzen künftiger Geschichtslehrkräfte (Brauch/Bihrer 2011).

Lernaufgaben

Ein problematischer Begriff ist der des Forschungsprojekts, das mancherorts als Produkt aus der Phase von Praktika oder des Praxissemesters administrativ gesetzt ist. Geschichtsdidaktische Unterrichtsforschung ist hoch voraussetzungsreich, da sie die Integration unterschiedlicher Fachkonzepte mit dem Erkenntnisziel der Bedingungen nachhaltigen Wissensaufbaus und der darauf einwirkenden Variablen zielt. Die Planung und Analyse eigenen und fremden Unterrichts im Rahmen der universitären Geschichtslehrerbildung ist daher nichts anderes als anfanghafter Aufbau von Professionswissen.

Geschichtsdidaktische Unterrichtsanalyse und -forschung

1.3 Ziel des Geschichtsunterrichts – Reflektiertes Geschichtsbewusstsein

Das Ziel von Geschichtsunterricht ist die Ausprägung reflektierten Geschichtsbewusstseins. In dieser Festlegung sind sich inzwischen Geschichtsdidaktiker, Lehrpläne und Geschichtslehrer überwiegend einig. Im deutschsprachigen Raum hat der Begriff im Kompetenzmodell der FUER-Gruppe (Körner/Schreiber/Schöner 2007) die prominente Stellung des generellen Ziels von Geschichtsunterricht und darüber hinaus

Kompetenzen des FUER-Modells

der Geschichtsvermittlung in jedwedem Zusammenhang erhalten. Es gehe in solchen Kontexten um die „Förderung und Entwicklung reflektierten und selbst-reflexiven Geschichtsbewusstseins" (FUER). Dieses lässt sich an den Kompetenzen historischen Denkens erkennen, die diesem Modell zufolge in der Anwendung von Frage-, Sach-, Methoden- und Orientierungskompetenzen zur Ausprägung kommt (Schreiber 2008). Demgegenüber hatte Karl-Ernst Jeismann, der den Begriff 1977 in die geschichtsdidaktischen Diskurse einbrachte, das Geschichtsbewusstsein der Gesellschaft im Sinn und weniger die Beschreibung des Lernergebnisses. Ihm ging es darum, dass die Auswahl der Inhalte für den Geschichtsunterricht die genaue Beobachtung des Geschichtsbewusstseins der Gesellschaft voraussetzte. Im Umkehrschluss ergibt sich daraus, dass SchülerInnen im Alltag ein reflektiertes Geschichtsbewusstsein zur Analyse der Gegenwart zur Verfügung haben.

Allerdings hat die Wende hin zur Beschreibung des Lernergebnisses in Gestalt eines reflektierten Geschichtsbewusstseins gravierende Folgen hinsichtlich der inhaltlichen Bestimmung dessen, was damit gemeint sei. Denn während sich das Geschichtsbewusstsein der Gesellschaft in geschichtskulturellen Konjunkturen etwa des Mittelalterromans oder auch der Frage nach den historischen Ursachen eines akuten politischen Konflikts ablesen lässt, so ist das reflektierte Geschichtsbewusstsein als Lernergebnis eine individuelle Leistung.

Konsens des Diskurses über Geschichtsbewusstsein

Als Konsens des umfänglichen Diskurses über Geschichtsbewusstsein und die dafür notwendigen Kompetenzen lässt sich Folgendes festhalten: Erstens, das Ziel von Geschichtsunterricht ist der Aufbau erzählbaren historischen Wissens über die letzten dreitausend Jahre der Weltgeschichte aus europäischer, vergleichender und nationaler Perspektive und dort, wo sie zugänglich ist, auch der Perspektive „der Anderen". Dabei spielen die „Anfänge" in der Antike nach wie vor eine wichtige Rolle für die Erzählbarkeit der Geschichten über die Vergangenheiten in Europa. Die Einschätzung Goethes zum historischen Lernen ist daher keineswegs veraltet, der reimte: „Wer nicht von dreitausend Jahren sich weiß Rechenschaft zu geben, der bleib im Dunkeln unerfahren, mag von Tag zu Tage leben." (Goethe 1819).

Sinnbildung

In der Auswahl dieses Beginns ist eine Sinnbildung enthalten, indem unsere Fähigkeit des Zurechtfindens in der Gegenwart mit der Kenntnis der Antike und ihres „Erbes" verbunden werden. In der Identifizierung Herodots als des „Vaters der Geschichtsschreibung" steckt dieselbe Sinnbildung über die seit den Griechen von Europäern gemachte und in Quellen wie Überresten hinterlassenen Zeiterfahrungen.

Zweitens lässt sich als Konsens derzeit feststellen, dass über dieses erzählbare historische – weil temporal und lokal strukturierte – Wissen hinaus die Einübung einer reflektierten, multiperspektivischen und damit im Sinne der Aufklärung mündigen Haltung gegenüber historischen Erzählungen und darin enthaltenen Sinnbildungen das Ziel von Geschichtsunterricht in Demokratien sein sollte. *Historische Mündigkeit*

Daraus ergibt sich, dass der Begriff des Geschichtsbewusstseins in beiden Strängen seiner Rezeptionsgeschichte – der soziologischen der Gegenwartsanalyse (Jeismann) und der psychologischen des individuellen historischen Lernens durch „Sinnbildung über Zeiterfahrung" (Rüsen) – als geschichtsdidaktischer Grundbegriff durchaus trägt. Die Beobachtung der Gegenwart führt zur Auswahl der je sich wandelnden und für die Gegenwart relevanten Fragestellungen an die Themenfelder des Lehrplans (Tradition Jeismann). Diese Herangehensweise hat geschichtsdidaktisch den Vorteil einer gegenwartsrelevanten inhaltlichen Auswahl der Gegenstände für den Geschichtsunterricht. Das bedeutet nicht zwingend den expliziten und häufig nur künstlich herzustellenden Gegenwartsbezug, sondern beinhaltet das Aufgreifen von anthropologischen oder gesellschaftlichen Grundfragen der Gegenwart, die Anlass zur Neugierde geben für einen Blick auf ähnliche Phänomene in der Vergangenheit. Das Ziel der Erkenntnis liegt in der Rekonstruktion der Vergangenheit zum Aufbau erzählbaren Wissens, das als fachlich adäquates Wissen argumentiert und empirisch überprüft werden kann. Mit Hilfe solchen, durch die abwägende Verbindung von empirischen Details mit der Makrohistorie strukturierten Wissens werden die Lernenden den Weg zur eigenständigen Urteilsbildung selbst finden, sofern sie Lerngelegenheiten erhalten, auf Augenhöhe mit ihren LehrerInnen in die historische Argumentation einzutreten. *Gegenwartsanalyse*

Dabei steht die Erkenntnis der Alterität der Vergangenheit im Vordergrund und ermöglicht erst die Spekulation über mögliche Analogien und daraus zu ziehender „Lehren" aus der Vergangenheit. Denn jeder direkte Vergleich und die daraus vermeintlich ableitbaren „Lehren" für die Gegenwart stünden im Sinne des Faches unmittelbar unter Ideologieverdacht und würde sich den Vorwurf des Anachronismus einhandeln. Im Sinne der Mündigkeitserziehung statt Bevormundung der SchülerInnen ist es daher immer wieder von Vorteil, sich dem Maßstab zu stellen, den Reinhart Koselleck 1971 bereits formuliert hat: „Der Verzicht auf Aktualität ist die Bedingung einer vermittelten Applikation, die nun allerdings die Historie als Wissenschaft freisetzen kann." (Koselleck 2010/1971, S. 45) Vermit- *Alterität der Vergangenheit* telt wird dabei die Spannung, die bei der Analogiebildung oder dem historischen Vergleich auszuhalten ist, da die Rekonstruktion der Vergangenheit stets den Fragestellungen der Gegenwart, dem Zufall der Überlieferungssituation und vielen weiteren Zweifeln unterworfen bleibt.

1.4 Grundprinzipien der Geschichtsdidaktik

Es gibt in der Einführungsliteratur zu Geschichtsunterricht und Geschichtsdidaktik (Michael Sauer, Hans-Jürgen Pandel, Hilke Günther-Arndt) einen Kanon an Begrifflichkeiten, die sich im Laufe der letzten fünfzig Jahre als Standards für den Geschichtsunterricht etabliert haben. Auf den ersten Blick erschließt sich deren Fachspezifik allerdings nicht. In der Folge werden daher einige dieser Begrifflichkeiten kurz vorgestellt und fachspezifisch eingeordnet. Das Prinzip ihrer Genese besteht darin, dass sie aus der Beobachtung von Fehlformen des Geschichtsunterrichts entstanden sind. Dabei gibt es eine erhebliche Kluft zwischen den Ansprüchen der Grundprinzipien und deren Präsenz in der Praxis – trotz der Omnipräsenz dieser Kriterien für „guten Unterricht" in der Geschichtslehrerbildung (Mägdefrau / Michler 2012).

Gegenwartsbezug

Gegenwartsbezug: Auf die Fachspezifik des Gegenwartsbezuges wurde oben (1.2) bereits eingegangen. Im Unterschied zu anderen Fächern ist ein fachspezifischer Gegenwartsbezug in der Planung von Geschichtsunterricht daran erkennbar, dass auf der Basis des im Unterricht neu gewonnenen Wissens über die Vergangenheit die Zeit und Diskurs-Anlässe für die Analyse von Gegenwart und Zukunft durch entsprechende Arbeitsaufträge oder Impulse in die Lernaufgabe integriert sind.

Problemorientierung

Problemorientierung: Dies ist im Fach Geschichte in erster Linie die Orientierung an fachlich authentischen Fragestellungen. Die Basisfragen des Faches lauten „Wie kam es dazu, dass...?" (Sachurteil) und „Warum kam es dazu, dass...?" (Werturteil). Die Diskussion politischer, moralischer oder philosophischer Probleme lässt sich als Gegenwartsbezug in der Unterrichtsplanung berücksichtigen. Mit dem Begriff der Problemorientierung war in den 1970er Jahren im Kontext der Vereinnahmung des Faches Geschichte in die Gesellschaftswissenschaften und der Verzweckung historischen Lernens im Konzept der „politisch-historischen Bildung" sowie der Demokratiepädagogik ein dezidert an der Entwicklung eines politischen Bewusstseins gebundenes Konzept verbunden.

GRUNDPRINZIPIEN DER GESCHICHTSDIDAKTIK

Durch die Kompetenzorientierung erfährt dieser Leitbegriff allerdings eine Wende hin zu einer stärker auf das Fach fokussierten Konzeption von historischem Lernen mit seinem Anspruch reflektiertes Geschichtsbewusstsein zu fördern. Gleichwohl hat die Geschichtsdidaktik des letzten Jahrhunderts damit einen Begriff in das Zentrum ihres Denkens gestellt, der inzwischen im allgemeindidaktischen Konzept des Problemlösungslernens in Gestalt von Lernaufgaben Eingang gefunden hat (→ KAPITEL 8). In Unterrichtsplanung ist die Berücksichtigung von Problemorientierung daran erkennbar, ob der Unterricht einer fachlich authentischen Leitfrage / Hypothese / Problemstellung folgt und dazu ein Medien-Sample mit der Ermöglichung unterschiedlicher Problemlösungen mit entsprechenden Arbeitsaufträgen ausgewählt wurde. Darin wird erkennbar, ob ein Lernergebnis unterschiedlicher argumentativer historischer Narrative (siehe auch S. 121) im Horizont der Planungsintention besteht.

Multiperspektivität: Die Multiperspektivität hängt mit der Problemorientierung unmittelbar zusammen. Die Berücksichtigung dieses Prinzips gibt sich in der Auswahl der Unterrichtsmedien zu erkennen und der Konzeption von Arbeitsaufträgen, die den Schülern die Reflexion verschiedener Perspektiven ermöglichen. Fachspezifisch lassen sich unterschiedliche Möglichkeiten von Multiperspektivität charakterisieren:

- Verschiedene Perspektiven der Zeitgenossen der thematisierten Vergangenheit
- Verschiedene Perspektiven geschichtskultureller und gesellschaftlicher Erzählungen über die thematisierte Vergangenheit
- Verschiedene Perspektiven der Historiographie und historischen Forschung

Dabei sind diese drei Zugriffe nicht voneinander zu trennen. Alle drei sind von Anfang an Bestandteile des historischen Lernens. Denn das Phänomen der Multiperspektivität ist Kindern sehr vertraut. Schon die Diskussion auf dem Schulhof darüber, „wer angefangen hat", enthält verschiedene Narrative über die Genese eines Konflikts, die durch die Aufsicht führende Lehrkraft auf ihre empirische Triftigkeit zu prüfen sind.

Es ist dabei allerdings zu beachten, dass die Integration unterschiedlicher Perspektiven in einer eigenständigen historischen Erzählung (argumentative historische Narrativität) eine kognitiv anspruchsvolle fachspezifische Handlung darstellt. Daher sollte in der Planung berücksichtigt werden, dass alle SchülerInnen die Gelegenheit erhalten, eine monoperspektivische, lineare Erzählung über die

Kompetenzorientierung

Multiperspektivität

thematisierte Vergangenheit als Ergebnis des Unterrichts mitnehmen können. Diese schlichte Zusammenhangserzählung stellt die *conditio sine qua non* für deren multiperspektivische Brechung dar, mit Hilfe derer in der Planung die Förderung der höheren Niveaus des historischen Denkens zu berücksichtigen ist.

Handlungsorientierung

Handlungsorientierung: Fachspezifisches Handeln drückt sich in historisch argumentativen Erzählungen aus. In der Planung bedeutet das, Zeit und Lerngelegenheiten für das eigenständige Erzählen und Diskutieren von SchülerInnen in den Lernprozess zu integrieren. Von einer Handlungsorientierung im Sinne des haptischen Lernens („Kochen wie die Römer") sollte im Unterricht dann Abstand genommen werden, wenn das haptische Lernen nicht zu neuem Wissen über raum-zeitliche Zusammenhänge in der Vergangenheit führt. Wenig erforscht ist allerdings das für das Fach spezifische Lernen mit Artefakten wie Münzen, Siglen und anderen Gegenständen der archäologischen Forschung.

Fragen und Anregungen

- Erläutern Sie den Zusammenhang von Geschichtswissenschaft, -theorie und -didaktik. Erstellen Sie zur Veranschaulichung dieser Zusammenhänge eine Grafik.

- Machen Sie den Selbsttest über Ihr Schulgeschichtswissen, indem Sie in einer Kleingruppe Daten, Ereignisse, Akteure, Räume, Quellen und Bewertungen zu einem Lehrplanthema Ihrer Wahl zusammentragen. Definieren Sie anschließend den Bedarf an Wissenserwerb zu diesem Thema.

- Identifizieren Sie aus Ihren fachwissenschaftlichen Erfahrungen ein auf den ersten Blick für den Schulunterricht ungewöhnliches Forschungsfeld, das Sie für die Allgemeinbildung von Gymnasiasten für wichtig erachten. Begründen Sie diese Wahl im Anschluss daran aus geschichtsdidaktischer Perspektive. Nutzen Sie die Begriffe dieses Kapitels.

- Analysieren Sie ein Schulbuchkapitel Ihrer Wahl hinsichtlich der Berücksichtigung der in 1.4 definierten Grundprinzipien.

Lektüreempfehlungen

Alle genannten Titel geben Einblick in die Entwicklung des Diskurses über das Selbstverständnis der Disziplin Geschichtsdidaktik zwischen Schulpraxis, Universitätsstudium sowie der Verhältnisbestimmung zwischen der Fachwissenschaft, deren Theorie und den Bildungswissenschaften.

- Becker, Axel/Heuer, Christian: Erkenntnistheoretische Grundlagen historischen Lehrens und Lernens, in: Michele Baricelli/Martin Lücke (Hgg.): Handbuch Praxis des Geschichtsunterrichts, Band 1, Schwalbach/Ts. 2012, S. 77–88.
- Davies, Ian (Hg.): Debates in History Teaching, London 2011.
- Jeismann, Karl-Ernst: Didaktik der Geschichte. Die Wissenschaft von Zustand, Funktion und Veränderung geschichtlicher Vorstellungen im Selbstverständnis der Gegenwart, in: Erich Kosthorst (Hg.): Geschichtswissenschaft. Didaktik – Forschung – Theorie, Göttingen 1977, S. 9–33.
- Pandel, Hans-Jürgen: Geschichtsdidaktik, Schwalbach/Ts. 2012.
- Rüsen, Jörn: Geschichtsdidaktik heute – Was ist und zu welchem Ende betreiben wir sie (noch)?, in: Geschichte lernen 21 (1991), S. 14–19.
- Schönemann, Bernd: Geschichtsdidaktik, Geschichtskultur, Geschichtswissenschaft, in: Hilke Günther-Arndt/Meik Zülsdorf-Kersting (Hgg.): Geschichts-Didaktik. Praxishandbuch für die Sekundarstufe I und II, 6. überarb. Neuaufl., Berlin 2014, S. 11–23.

2 Kompetenzorientierung im Schulfach Geschichte

Abbildung 2: PISA – Eine Studie zum Haare raufen (2003)

Als PISA-Schock ging die Veröffentlichung der Ergebnisse aus der internationalen Vergleichsstudie des Jahres 2000 im Jahr 2003 in die bildungspolitische Debatte in der Bundesrepublik Deutschland ein. Deutschlands 15-jährige SchülerInnen stellten sich im internationalen Vergleich der Lesekompetenz als unterdurchschnittlich heraus. Nicht nur die Schüler – wie auf dem Foto der Auftaktseite – auch die Bildungsadministration und in der Folge die LehrerInnen rauften sich angesichts dieser Ergebnisse die Haare. Was war zu tun?

Die heute sichtbarste Auswirkung der Reaktion der Kultusministerkonferenz (2003 und 2004) auf PISA ist die flächendeckende Einführung kompetenzorientierter Lehrpläne auch für solche Fächer, die sich – wie das Fach Geschichte – bis heute nicht auf ein Kompetenzmodell einigen konnten.

2008 brachte die *Zeitschrift für Pädagogik* ein Sonderheft zu den „Bildungsstandards außerhalb der ‚Kernfächer'" heraus. Darin stellte die Eichstätter Geschichtsdidaktikerin Waltraud Schreiber (Schreiber 2008) das Kompetenzmodell historischen Denkens vor, das ein Autorenteam aus Deutschland, Österreich und der Schweiz unter dem Titel „Förderung und Entwicklung von Reflektiertem Geschichtsbewusstein" (FUER) ein Jahr zuvor veröffentlicht hatte (Körber/Schreiber/Schöner 2007). Weitere Vorschläge folgten (Michael Sauer, Hans-Jürgen Pandel, Peter Gautschi, Verband der Geschichtslehrer Deutschlands).

Einem ersten Einblick in die weitere Entwicklung der geschichtsdidaktsichen Debatte seit 2008 dient dieses Kapitel. Es folgt dem vier Punkte umfassende Arbeitsprogramm, das der Bildungshistoriker Heinz-Elmar Tenorth in der Einleitung des genannten Sonderheftes den Fachdidaktiken 2008 mit auf den Weg gegeben hatte.

2.1 **Kompetenzmodellierung im Fach Geschichte und der Beitrag des Faches zur Allgemeinbildung**
2.2 **Realisierbarkeit der Kompetenzerwartungen im Geschichtsunterricht**
2.3 **Fähigkeit der Geschichtsdidaktik zur Definition von Aufgabenschwierigkeiten**
2.4 **Fähigkeit der Geschichtsdidaktik zur Unterstützung von (Binnen-)differenzierung**

2.1 Kompetenzmodellierung im Fach Geschichte und der Beitrag des Faches zur Allgemeinbildung

Zunächst ist zu klären, was unter dem inzwischen omnipräsenten Begriff der Kompetenz in Zusammenhang mit der Bildungsforschung und der Lehrplanentwicklung zu verstehen ist. Die wichtigste Voraussetzung für die Anwendung des Kompetenzbegriffes in der Bildungsforschung ist die Tatsache, dass dieser Begriff kognitionspsychologischer Natur ist. Er beschreibt ein latentes Konstrukt „im Kopf" eines Menschen. Wenn die Kompetenz zur Ausprägung durch beobachtbares Handeln kommt, wird daraus Performanz. Trotz dieses erheblichen Unterschiedes spricht man weder in der Bildungsforschung noch in Lehrplänen von Performanz, obwohl aus kognitionspsychologischer Perspektive dies die richtige Wortwahl wäre.

Kompetenz und Performanz

Gleichwohl ist es wichtig, um diesen Umstand zu wissen, denn es geht bei der Beschreibung von fachspezifischen Kompetenzen darum, den unterschiedlichen Grad ihrer Ausprägung bei lernenden Individuen in ihrer Ausprägungsart und Unterschiedlichkeit theoretisch zu begründen und empirisch zu erfassen.

Neben der Unterscheidung von Performanz und Kompetenz sowie der Kenntnis der Tatsache, dass bei der Nutzung des Begriffs Kompetenz meist eigentlich die Performanz von Kompetenzen gemeint ist, gehört der Unterschied zwischen Kompetenz und Intelligenz als psychologischem Konstrukt zu den basalen Voraussetzungen, wenn es um Kompetenzmodellierung geht. Intelligenz – so die aus der psychologischen Forschung heraus begründete Annahme – ist angeboren, Kompetenz ist lehr- und lernbar. Das bedeutet, dass auch Lernende mit niedriger Intelligenz den Anspruch darauf haben, die für die selbständige Bewältigung des Alltages notwendigen Kompetenzen zu erlernen.

Kompetenz und Intelligenz

Im Zuge der PISA-Analysen haben sich die deutschen Bildungsforscher auf ein enges, auf den kognitiven Bereich fokussiertes Kompetenzverständnis geeinigt. Kompetenzen sind demnach fachspezifische kognitive Leistungsdispositionen, die sich in fachspezifischen Anforderungssituationen in Schule und im Alltag zeigen und bewerten lassen (Klieme/Hartig 2008). Das bedeutet nicht, dass der Einfluss motivational-affektiver Variablen auf den Lernprozess und die Performanz von Kompetenzen negiert würde. Die Einschränkung des ursprünglich weiteren Kompetenzbegriffes von Franz E. Weinert (2001) ist lediglich das Eingeständnis der Psychometriker, dass sie

Kompetenzbegriff

nur die kognitiven Facetten der Performanz statistisch adäquat berichten können. Für die Geschichtslehrerbildung heißt das, dass nur die kognitiven Kompetenzen des historischen Denkens sich adäquat erheben und bewerten lassen.

Dass die Bildungsforschung von der Modellierung und Erfassung von Kompetenzen spricht, liegt an der Vorannahme, dass sich die Kernbestände und -methoden eines Faches beschreiben und nach Niveaus ausdifferenzieren lassen. Durch die Erfassung der Kompetenzen in Vergleichstests ergeben sich Aussagen über die inter-individuellen Unterschiede in der Leistungsfähigkeit der Lernenden, die der Lehrkraft Anhaltspunkte für spezifischen Förderbedarf geben (→ VGL. KAPITEL 2.4).

Kompetenzen in Vergleichstests

Literacy

Im Folgenden wird der PISA Reading Literacy Test von 2009 (Klieme et al. 2010) als Vergleichsgröße herangezogen, um die fachspezifischen Herausforderungen bei der Modellierung eines Kompetenzmodells für das Fach Geschichte (und möglicherweise auch anderer Fächer) zu charakterisieren (→ TABELLE 1). Weil die Diktion im englischen Bezugsvokabular bei der Übertragung ins Deutsche zu Missverständnissen regelrecht einlädt, ist an dieser Stelle noch festzuhalten, dass das englische *literacy* im Deutschen das Synonym für Kompetenz, nicht aber für Lesefähigkeit ist. Es wird daher nicht *literacy competence* mit *historical competence* verglichen sondern *reading literacy* mit *historical literacy*. Die Modellierung von Kompetenzen beginnt damit, das zentrale Ziel bei der Anwendung der Kompetenz fachlich zu definieren, um es anschließend in Teilbereiche hinein auszudifferenzieren. In Tabelle 1 beziehen sich die Kurzdefinitionen zu *historical literacy* nicht passgenau auf das FUER-Modell. Hierin sind vielmehr pragmatisch die konsensualen Linien der geschichtsdidaktischen und curricularen Diskurse zusammen geführt.

Tabelle 1: Vergleich der Modellierung von Lesekompetenz und der Modellierung der Kompetenz historischen Denkens

Grundlagen der theoretischen Kompetenzmodellierung	Reading literacy (PISA 2009)	Historical literacy
Zentrales Ziel der Anwendung der Kompetenz	Geschriebene Texte verstehen und nutzen (Naumann et al. 2010)	Wissen über das Fach Geschichte für die Ausprägung und Anwendung von reflektiertem Geschichtsbewusstsein verstehen und nutzen

Tabelle 1: (Fortsetzung)

Grundlagen der theoretischen Kompetenzmodellierung	Reading literacy (PISA 2009)	Historical literacy
Anforderungen der Aufgaben in Subskalen (Modellierung der Lesefähigkeit)	• Informationen suchen und extrahieren, • Textbezogenes Kombinieren und Interpretieren, • Reflektieren und Bewerten	• Historische Fragen stellen und erkennen • Methoden und Begriffe des Faches kennen und in Erzählungen anwenden • Reflektierte und selbstreflexive Erzählfähigkeit zur Orientierung im Alltag zeigen
Testmaterial	Kontinuierliche und nichtkontinuierliche Texte	Medien-Sample zur Repräsentation der Arbeitsmaterialien von Historikern und exemplarische Medien der alltagstypischen Präsenz von Geschichte
Anforderungsfunktionen	Beschreibung, Erzählung, Darlegung, Argumentation, Anleitungen, Transaktion	Epistemologische Überzeugungen, Quelleninterpretation, Auswertung von Medien aller Art für die Rekonstruktion raum-zeitlicher Zusammenhänge, Unterscheidung von Konzepten aus Quellen und Forschung / aus Gegenwart und Vergangenheit, Bewertung historischer Erzählungen aus Fach und Alltag.
Nutzungs-Anlässe	Private Zwecke, öffentliche Zwecke, bildungsbezogene Zwecke, berufsbezogene Zwecke	Orientierende Zwecke: Private Zwecke, fachliche Zwecke, bildungsbezogene Zwecke, bürgerschaftliche und zivilgesellschaftliche Zwecke.

Die beiden Kompetenzmodelle sind sich insofern ähnlich, als sie nicht die Gegenstände, sondern den Erkenntnisweg operationalisieren. Im Lesefähigkeitsmodell gibt es keine Gebrauchsanweisungskompetenz, sondern Gebrauchsanweisungen sind ein Fallbeispiel für eine Anforderungsfunktion in einem privaten Zweck, bei dem sich zeigt, wie gut die getestete Person in den drei Anforderungsbereichen des Kompetenzmodells ist. Bei allen Kompetenzmodellen der akademischen Geschichtsdidaktik liegt dieselbe Modellierungslogik vor. Operationalisiert wird der Erkenntnisweg hin zu reflektiertem Geschichtsbewusstsein in unterschiedlichen Begrifflichkeiten der Modellierung. Die Methoden- und die Sachkompetenzen kommen in nahezu jedem Lehrplan in Geschichte vor, auch die historischen Fragen spielen eine unterschiedlich stark gewichtete Rolle. Worin sich das reflektierte Geschichtsbewusstsein ausprägt, wird in Vokabeln wie Urteils- und Handlungskompetenz oder Orientierungskompetenz ausgedrückt. Einig ist man sich aber darüber, dass sich historisches Denken in Erzählungen unterschiedlichen Erkenntnisanspruches ausprägt. Daher lässt sich summieren, dass das Ziel des Kompetenzerwerbs in der Schule fachlich fundierte historische Erzählfähigkeit zur besseren Orientierung in geschichtskulturell geprägten Alltagssituationen besteht. Entscheidend für die Erkennbarkeit der fachlichen Fundierung ist die Berücksichtigung der epistemologischen Prinzipien des Faches zur Konzeption solcher Erzählungen (→ KAPITEL 1). Durch das Prinzip des Standortbezuges von Geschichte und der daraus folgenden fachspezifischen Bedeutung des Prinzips der Multiperspektivität lässt sich die Anforderung bei der Anwendung reflektierten Geschichtsbewusstseins im Testverhalten der Probanden als argumentative historische Narrativität charakterisieren.

Kompetenzmodelle und Narrativität

Weil die Inhalte in Geschichte durch die Konjunkturen des Geschichtsbewusstseins der Gesellschaft und deren Niederschlag in Schule und Fach fluide sind, ist diese für die Entwicklung von Leistungstests schwierigere Herangehensweise bei der Kompetenzmodellierung über die Operationalisierung der Denkprozesse aus epistemologischen Gründen fachlich valide. Die epistemologischen Prinzipien des Faches gelten für alle fachlich fundierten historischen Erzählungen, seien es solche mit einem Bezug auf das Mittelalter oder auf die Neuere Geschichte. Ein bislang ungeklärtes Problem besteht in der Frage nach den Unterschieden zur Lesekompetenz. Allerdings geben die Forschungen des Deutschdidaktikers Volker Frederking Anlass zur Annahme, dass es trotz anzunehmender hoher Korrelationen von Lesekompetenz mit der Kompetenz historischen Denkens fachspezifische Unterschiede gibt. Denn er und sein Team konnten zeigen, dass die literal-ästhetische Urteilskompetenz im Fach Deutsch von den allgemeinen Lesefähigkeiten, die in PISA bislang getestet wurden, fachspezifisch unterscheidbar ist (Frederking et al. 2013).

Verhältnis zur Lesekompetenz

Der Beitrag des Faches Geschichte zur Allgemeinbildung hängt mit den ausgeführten Erläuterungen zur Kompetenzmodellierung eng zusammen. Es geht um die Bereitstellung von Kompetenzen, die eine bessere Orientierung des Individuums im geschichtskulturell gesättigten Alltag, in Auseinandersetzung mit der eigenen Identität wie der

Allgemeinbildung und Kompetenzorientierung

Gesellschaft ermöglichen. Einen spezifischen Beitrag leistet das Fach Geschichte außerdem durch die Einübung einer grundsätzlich historisch-kritischen Haltung gegenüber allen Erzählungen der Lebenswelt, in denen politische, moralische oder pädagogische Urteile durch Analogieschlüsse aus der Vergangenheit begründet werden. Der Geschichtsunterricht ermöglicht daher die Entwicklung von Kompetenzen, die für die kritische Partizipation an der gesellschaftlichen Entwicklung in einer Demokratie notwendig sind.

2.2 Realisierbarkeit der Kompetenzerwartungen im Geschichtsunterricht

In Tabelle 1 (2.1) wurden die Logik der Theoriebildung von Kompetenzmodellen und die Beschreibung des für die Testung notwendigen Materials abgebildet. Weiter lässt sich derzeit der Vergleich mit *reading literacy* in Geschichte nicht fortsetzen. Wenn die Autoren des Berichts von PISA 2009 (Naumann et al. 2010) nach der Modellierung und Testkonzeption in einem weiteren Kapitel auf „Skalierung, Kompetenzstufen und Aufgabenbeispiele" des PISA-Testinstruments zur Lesefähigkeit zu sprechen kommen, liegt das Wissen über diese drei Bereiche in der Geschichtsdidaktik noch nicht vor. Erste statistisch adäquat ausgewertete Erkenntnisse ergeben sich allerdings aus den Arbeiten, die im Umfeld der Testentwicklung im HITCH-Projekt (Trautwein et al. 2015) und des FUER-Modells entstanden sind.

Die Realisierbarkeit der Kompetenzerwartungen im Geschichtsunterricht lässt sich daher zu diesem Zeitpunkt nur durch die theoretische und empirische Prüfung geplanter und durchgeführter Lernaufgaben im Geschichtsunterricht durch die einzelne Lehrkraft oder durch konzertierte Bemühungen von Fachschaften an den Schulen ermöglichen. Dabei ist die Rolle der Lehrpläne kritisch zu betrachten. Denn diese suggerieren teilweise die Realisierbarkeit sehr konkreter Kompetenzerwartungen (wie etwa der Kernlehrplan für die Sekundarstufe II in NRW, GYM, 2013), ohne dass dies empirisch zuvor geprüft worden wäre.

> Prüfung der Realisierbarkeit

So ist es tatsächlich die Lehrkraft selbst, die zur Prüfung der Realisierbarkeit aufgerufen ist. Dabei gibt es aus den Ansätzen der Bildungsforschung und der Geschichtsdidaktik durchaus Bezugspunkte, die dieses Unterfangen erleichtern. Zentral hierfür ist die Prüfung geplanten Unterrichts auf die Realisierung der in Kapitel 1 genannten epistemologischen und fachdidaktischen Prinzipien in kompetenzförderlichen Lernaufgaben.

Schließlich ist die Frage nach der Realisierbarkeit der Kompetenzerwartungen nicht zu beantworten ohne die Frage nach den adäquaten Lerngelegenheiten zu deren Erwerb. Das Modell des Problemlösungslernens im Fach Geschichte in Gestalt lernprozessanregender Lernaufgaben (Brauch 2014) lässt zumindest theoretisch die Annahme auf die Realisierbarkeit der Ausprägung von Kompetenzen historischen Denkens in kompetenzorientiertem Unterricht zu. Schwerer zu beantworten ist die Frage nach der Komplexität des Unterrichtsmaterials, das zu dieser Förderung optimaler Weise eingesetzt werden sollte. Hier steht die geschichtsdidaktische Unterrichtsforschung noch ganz am Anfang.

Lernprozessanregende Lernaufgaben

2.3 Fähigkeit der Geschichtsdidaktik zur Definition von Aufgabenschwierigkeiten

Das gilt leider auch für diesen dritten Punkt des Arbeitsprogramms (Terhart 2008). Theoretisch gibt es mehrere Modelle zur Differenzierung von Niveaus historischen Denkens im deutsch- und englischsprachigen Diskurs (→ KAPITEL 10). Gemeinsam ist diesen Modellen die Indikation der Qualität des Denkens mit der Art der in Schülernarrationen vorfindlichen epistemologischen Überzeugungen. Aus fachlicher Perspektive ist das allerdings unbefriedigend. Denn in der bisherigen Forschung waren die Erzählanlässe, aus denen sich diese Niveaubeschreibungen deduzieren ließen, wenig vergleichbar, weil die Textsorten und das intendierte rhetorische Format der Schülererzählung im Unterschied zu PISA weder erläutert noch fachspezifisch begründet wurden.

Hypothetisch lässt sich aus den epistemologischen Prinzipien des Faches heraus annehmen, dass Aufgaben schwieriger sind, je weniger diese den Konstruktcharakter von Geschichte deutlich erkennen lassen. Dazu wurde jüngst ein validierter Epistemologietest aus den USA dem deutschen Kontext angepasst (→ VGL. UNTEN KAPITEL 12 UND KAPITEL 15). Im Schülerlabor Geisteswissenschaften an der Ruhr-Universität Bochum kommt er derzeit im Rahmen eines Dissertationsprojektes zur Wissenschaftspropädeutik zum Einsatz, die Ergebnisse werden statistisch ausgewertet (Dissertationsprojekt Marcel Mierwald, Bochum).

Hinzu kommt aber der große Bereich der Aufgabenschwierigkeiten, die sich aus der Zusammenstellung des Medien-Samples im Aufgabenstamm und die Bewältigbarkeit der erforderlichen Leseleistung ergeben.

Dieser Fragestellung widmet sich derzeit das Projekt SOSCIE im Bereich der Testung geschichtsdidaktischer Kompetenzen (Brauch et al. 2014).

Auch hier ergeben sich möglicherweise aufschlussreiche Hinweise aus der Herangehensweise und den Ergebnissen der PISA *Reading Literacy* Untersuchung von 2009. Im Unterschied zu den Testungen von 2000 bis 2006 wurde die Skala der Leistungsniveaus von fünf erweitert. Eine Erweiterung bestand in der Einführung der Niveaustufe VI für exzellente LeserInnen, die andere Erweiterung wurde durch die Teilung des untersten Niveaus in a und b durchgeführt. Das höchste Niveau (VI) wird wie folgt auf Grundlage der Ergebnisse definiert (Naumann et al. 2010):

PISA Test 2009

„Jugendliche auf dieser Stufe können Schlussfolgerungen, Vergleiche und Gegenüberstellungen detailgenau und präzise anstellen. Dabei entwickeln sie ein volles und detailliertes Verständnis eines oder mehrerer Texte und verbinden dabei unter Umständen gedanklich Information aus mehreren Texten miteinander. Hierbei kann auch die Auseinandersetzung mit ungewohnten Ideen gefordert sein, genauso wie der kompetente Umgang mit konkurrierenden Informationen und abstrakten Interpretationskategorien sowie hohe Präzision im Umgang mit zum Teil unauffälligen Textdetails." (Naumann et al. 2010, S. 28)

Als Beispiel für eine Aufgabe, die nur auf diesem Niveau der Lesekompetenz richtig gelöst werden konnte, wird Aufgabe 3 des deutschen Testhefts genannt. Der Titel der Aufgabe heißt „Das Schauspiel sei das Werkzeug" (Textabdruck bei Naumann et al. 2010, S. 30–31), die zu beantwortende Frage dazu lautete: „Was taten die Figuren im Stück gerade bevor der Vorhang aufging?" (Naumann et al. 2010, S. 29). Die Autoren erläutern den Schwierigkeitsgrad wie folgt:

„Die Anforderung gehört zur Subskala ‚Informationen suchen und extrahieren'. Die Schwierigkeit dieser Aufgabe besteht darin, dass die Antwort nicht dort steht, wo man sie erwarten würde, sondern an einer sehr ungewohnten Stelle im Text, eingebettet in die Ausführungen eines Protagonisten. Zudem ist hohe Präzision gefordert, da an der erwarteten Stelle zu Beginn tatsächlich eine potenzielle Antwort steht, diese aber durch die spätere eingebettete Information relativiert wird." (Naumann et al. 2010, S. 29)

Aus dieser Dokumentation wird zunächst ersichtlich, dass die drei Subskalen des Kompetenzmodells (→ VGL. OBEN TABELLE 1 IN 2.1) keine Niveaustufen abbilden. Alle drei Subskalen können auf hohem oder niedrigem Niveau in Performanz umgesetzt werden. Das verdeutlicht, dass auch die drei Anforderungsbereiche der Operatoren, wie sie in der Schule üblicher Weise unterschieden werden, keine Leistungsniveaus differenzieren, sondern Schritte im Erkenntnisprozess abbilden, die je für sich unterschiedlich in der Kompetenzausprägung ausfallen können. Umgangssprachlich ausgedrückt bedeutet das, dass das Reflektieren keinesfalls das höchste Niveau darstellt, sondern dass auf höchst unterschiedlichen Niveaustufen reflektiert werden kann. Umgekehrt lässt sich fachlich nicht reflektieren, ohne zuvor Informationen gesammelt und Zusammenhänge hergestellt zu haben.

Abschließend kann eine Adaption des höchsten Niveaus für das Fach Geschichte erste Hinweise dafür geben, wie die fachspezfische Aufgabenschwierigkeit im Unterschied zu *reading literacy* theoretisch begründet werden könnte (→ TABELLE 2).

Tabelle 2: Reading Literacy Stufe VI und Adaption für historical literacy

Reading literacy Stufe VI	Adaption für historical literacy
Dabei entwickeln sie ein volles und detailliertes Verständnis eines oder mehrerer **Texte**,	Dabei entwickeln sie ein volles und detailliertes Verständnis einer oder mehrerer **Quellen und Darstellungen**,
und verbinden dabei unter Umständen gedanklich Information aus mehreren **Texten** miteinander.	und verbinden dabei gedanklich Information aus mehreren **Quellen und Darstellungen** miteinander zur **Rekonstruktion raum-zeitlicher Zusammenhänge**.
Hierbei kann auch die Auseinandersetzung mit **ungewohnten Ideen** gefordert sein,	Hierbei kann auch die Auseinandersetzung mit **weiteren Perspektiven** gefordert sein,
genauso wie der kompetente Umgang mit konkurrierenden Informationen	genauso wie der kompetente Umgang mit konkurrierenden Informationen
und abstrakten Interpretationskategorien im Umgang mit zum Teil unauffälligen Textdetails.	und abstrakten Interpretationskategorien im Umgang mit zum Teil unauffälligen Textdetails.

Die Beschreibung des höchsten Niveaus der PISA-Testung 2009 für die Lesekompetenz zeigt, wie anspruchsvoll das fachliche Ziel in Geschichte ist, das ja genau darin besteht, aus unterschiedlichsten Medien und Genres unter übergeordneten Fragestellungen eigenständige Narrationen zu entwickeln. Die Ergänzung des fachdidaktischen Prinzips der Multiperspektivität um die vorgängige Berücksichtigung von Monoperspektivität müsste sich sowohl in Lernaufgaben in Geschichte als auch als Konstruktionsprinzip einfacher Testaufgaben in Leistungstests empirisch bewähren lassen.

2.4 Fähigkeit der Geschichtsdidaktik zur Unterstützung von (Binnen-) Differenzierung

Damit ist gleichzeitig das Forschungsprogramm für die Thematik der Binnendifferenzierung angelegt. Binnendifferenzierung ist ein modischer Begriff in den bildungspolitischen Debatten und demzufolge auch in den Curricula der Lehrerbildung und den Lehrplänen für die Schule. Doch es gibt dazu so gut wie keine Forschung. Unter Binnendifferenzierung wird hier das Planen von Unterricht verstanden, nach dessen Durchführung der Lehrkraft belastbare Daten für eine vergleichende inter-individuelle Lernstandsdiagnose vorliegen. Aus diesen Daten lassen sich dann Fördermaßnahmen zur Unterstützung von Kompetenzaufbau entwickeln.

Binnendifferenzierung

In Geschichte ließen sich die oben angestellten Überlegungen in die Planung von Unterricht (Lernaufgaben) integrieren. Dabei ließe sich der Kompetenzaufbau wie folgt im Unterrichtsablauf abbilden (→ ABBILDUNG 3).

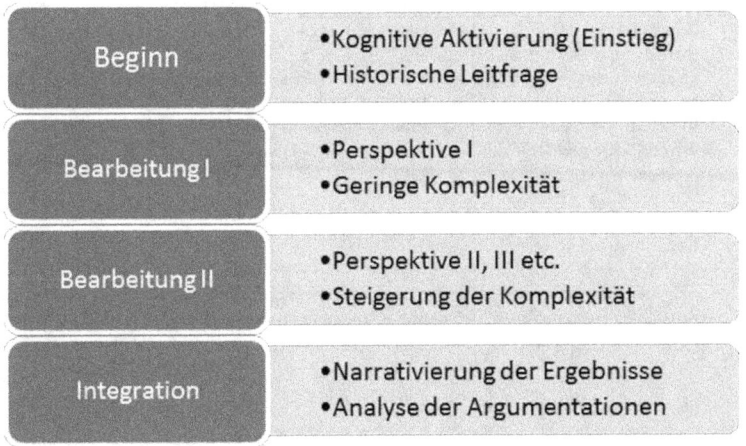

Abbildung 3: Schema zur Planung von Binnendifferenzierung im Geschichtsunterricht

Eine Möglichkeit, die dokumentierten Erzählperformanzen interindividuell vergleichbar auswerten zu können, besteht im Verfassen von Essays. In der amerikanischen und weiteren anglophonen Geschichtsdidaktik gibt es hierzu eine vitale, wenn auch rein qualitative Forschung (Monte-Sano/Cochran 2013). Entscheidend für die Qualität dieser Forschung ist die Tatsache, dass hier die theoretischen Kriterien, die Anleitung für die Schüler für die Abfassung des Essays, die übergeordnete

Möglichkeiten zur Messung narrativer Performanz

Leitfrage und das Medien-Sample genau charakterisiert werden (www.umbc.edu/che/historylabs/assessing.php). In Tabelle 3 ist die deutsche Übertragung der Analyse-Rubrics von Monte-Sano und Kollegen abgebildet (Übersetzung und Adaption: Pia Eiringhaus, Bochum).

Tabelle 3: Rubrics zur Bewertung von Schülerleistungen in historisch argumentativen Essays (Monte-Sano et al. 2012)

	Belege	Perspektivität	Kontextualisierung
3	a) Fakten / Textbelege werden erklärt UND *explizit* auf die Schlussfolgerung bezogen UND Erklärungen sind durchgehend korrekt.	a) Evaluiert die Perspektive des Autors (z. B. diskutiert Zuverlässigkeit, Vertrauenswürdigkeit). ODER b) Bringt die Perspektiven vielfältiger Autoren in Einklang (z. B. vergleicht verschiedene Kerngedanken in den Dokumenten).	a) Integriert Kontext und Textbelege in der Erklärung/Schlussfolgerung ODER b) Verwendet Kontext und Textbelege zusammen, um eine Schlussfolgerung oder einen Rückschluss zu formulieren
2	a) Fakten / Textbelege werden ohne Erklärung präsentiert, sind jedoch explizit auf die Schlussfolgerung bezogen. ODER b) Fakten / Textbelege werden erklärt, werden jedoch nicht explizit auf die Schlussfolgerung bezogen. UND mindestens eine der Erklärungen ist korrekt	Beschreibt die Perspektive des Autors und erkennt, dass der Text vom Standpunkt des Autors verfasst wurde. *Anmerkung: Der Name des Autors muss nicht genannt werden*	a) Beschreibt Kontextdetails mithilfe der Textbelege ohne diese dabei explizit aufeinander zu beziehen
1	a) Fakten / Textbelege werden durchgehend mit inkorrekten Erklärungen präsentiert.	a) Nennt den / die Autor(en) (z. B. „Nach Lynch […]", „der Autor behauptet […]")	a) Erwähnt Zeit, Ort oder Adressaten in den Dokumenten (z. B. „In Dokument 2 handelt es sich um einen Brief an den Kommandeurs des zweiten Verwaltungsbezirks […]", „Nach dem Bürgerkrieg […]")
0	a) Keine Textbelege. ODER b) Irrelevante Textbelege. ODER c) Reine Kopie der Textaussagen *Anmerkung: Historische Fragestellung unter Umständen vorhanden.*	a) Präsentiert Textbelege aus der Schülerperspektive ODER b) Betrachtet das Dokument selbst als autoritativ (z. B. „Dokument 1 sagt aus […]", „Im Dokument wird behauptet […]")	a) Erwähnt keinen Kontext ODER b) Schüler arbeitet anachronistisch (z. B. macht Fehler in der Chronologie oder verwendet Informationen aus einer anderen Epoche ohne dies kenntlich zu machen)

Die Definitionen der drei Niveaus verdeutlichen, dass bei der Analyse der Schüler-Essays die Kriterien der Sichtbarkeit der epistemologischen Prinzipien und des fachspezifischen Umgangs mit dem Medien-Sample miteinander verschränkt werden.

Auch wenn sich über die Beschreibung der Niveaus im Einzelnen vielleicht streiten ließe – was die Dinge weiterbrächte –, so zeigen die Rubrics von Monte-Sano und Kollegen doch einen fachspezifischen Weg, der stärker als vorherige Bemühungen Inhalte und Kompetenzen gleichermaßen für die Beschreibung von Niveaus historischen Denkens ausweisen.

Erst durch Erkenntnisse dieser Art lassen sich dann auch standardisierte Formate zur Prüfung historischer argumentativer Narrativität entwickeln. Hier bleibt in Zukunft für die Forschung viel zu tun. In der Praxis scheint das Essay-Schreiben sich als valides und verlässliches Instrument zu bewähren (vgl. auch van Drie/van Boxtel 2008).

Fragen und Anregungen

- Definieren Sie den Kompetenzbegriff der empirischen Bildungsforschung.

- Vergleichen Sie die Kompetenzmodellierung in der Fachdidaktik und im Lehrplan Ihres zweiten Faches mit der Herangehensweise der Geschichtsdidaktik. Nutzen Sie für Ihre Analyse die Kategorien Erkenntnisprozess und Inhaltsbezug.

- Konstruieren Sie eine Testaufgabe zur Prüfung der höchsten Stufe historischen Denkens in Umsetzung der in Tabelle 3 vorgenommenen Adaption der Niveaustufe VI des PISA Reading Literacy Kompetenztests von 2009.

- Erörtern Sie Chancen und Gefahren bei der expliziten Verwendung des Kompetenzbegriffs a) bei der Planung von Geschichtsunterricht und b) in der Durchführung von Geschichtsunterricht.

Lektüreempfehlungen

Die vorgeschlagenen Titel geben einen differenzierten Einblick in den Diskurs der Entwicklung von Kompetenzmodellen in der Geschichtsdidaktik während der letzten fünf Jahre.

- Peter Gautschi: **Guter Geschichtsunterricht.** Grundlagen, Erkenntnisse, Hinweise, Schwalbach/Ts. 2009.

- Hans-Jürgen Pandel: **Geschichtsunterricht nach PISA.** Kompetenzen, Bildungsstandards und Kerncurricula, Schwalbach/Ts. 2007, 3. Auflage 2012.

- Andreas Körber/Waltraud Schreiber/Alexander Schöner (Hg.): **Historisches Denken.** Ein Kompetenz-Strukturmodell, Neuried 2007.

- Waltraud Schreiber: **Ein Kompetenz-Strukturmodell historischen Denkens,** in: Zeitschrift für Pädagogik, 54, 2008, Heft 2, S. 198–212.

- Janet Van Drie/Carla Van Boxtel: **Historical reasoning: Towards a framework for analyzing student's reasoning about the past,** in: Educational Psychology Review, 20, 2008, Heft 2, S. 87–110.

3 Kompetenzen geschichtsdidaktischen Denkens und Handelns vor der ersten Praxiserfahrung

Abbildung 4: Geschichtsstudentinnen in der Schulbuchsammlung des Historischen Instituts der Ruhr-Universität Bochum (2015)

Schulbücher, fachwissenschaftliche Monographien, Quellen-Editionen und vieles mehr - wie lassen sich aus einer derartigen Vielfalt von Anregungen geschichtsdidaktische Entscheidungen für die Konzeption von Lernprozessen treffen? Diese Frage treibt die Studentinnen auf dem Foto in der Schulbuchsammlung des Historischen Instituts der Ruhr-Universität Bochum um (Foto: Deborah Hantke 2015. V. l. n. r.: Alexandra Weinschenker, Laura Leilich, Lisa Wand, Deborah Hantke).

Zur Beantwortung dieser Frage ergeben sich aus den stärker als früher auf den Berufswunsch „Lehramt" fokussierten Studiengänge Vor-, hinsichtlich der fachlichen Qualifizierung mitunter aber auch Nachteile. Denn nunmehr bedarf es erheblicher Dickköpfigkeit der Geschichtsstudierenden im Gymnasiallehramt, sich als angehende HistorikerInnen mit dem Berufswunsch Lehrer – und nicht als künftig LehrerInnen, die mehr oder minder zufällig das Fach Geschichte studieren – zu verstehen. Gleichwohl ermöglichen die Richtlinien der Kultusminister-Konferenz eine stark fachlich orientierte geschichtsdidaktische Lehre im Rahmen der Studienprogramme und bieten sich damit als Instrument zur Unterstützung des Aufbaus geschichtsdidaktischer Kompetenz im Rahmen des Geschichtslehrerstudiums an (KMK 2004/2014).

Geschichtsdidaktisches Denken und Entscheiden vor der ersten Praxiserfahrung erfordert die fachliche Validierung von Ideen zur Förderung reflektierten Geschichtsbewusstseins der zu unterrichtenden SchülerInnen. Die Nähe zum Fach ist das Alleinstellungsmerkmal dieser berufsbiographischen Situation. Es liegt daher nahe, zu diesem Zeitpunkt geschichtsdidaktische Mündigkeit gegenüber vorgefertigten Unterrichtsmaterialien zu entwickeln, die sich aus der Begeisterung der fortgeschrittenen Geschichtsstudierenden in der Auseinandersetzung mit neuen fachlichen Inhalte ergeben kann. Das pädagogische Ethos, das Wissen über neue historische Sachverhalte und Deutungen weiterzugeben, führt idealerweise zu einer Integration erster bildungswissenschaftlicher und fachdidaktischer Konzepte im Rahmen der Entwicklung eigener geschichtsdidaktischer Ideen.

3.1 **Der administrative Rahmen: Die ländergemeinsamen Richtlinien**
3.2 **Kompetenzbereiche reflektierten geschichtsdidaktischen Denkens und Handelns**
3.3 **Planung von Lernaufgaben als Anwendungsanlass geschichtsdidaktischer Kompetenz**

3.1 Der administrative Rahmen: Die ländergemeinsamen Richtlinien

Unter vollständiger Missachtung des Kompetenzbegriffes der PISA-Forschung (→ KAPITEL 2) legt die Kultusministerkonferenz seit 2004 „Ländergemeinsame inhaltliche Anforderungen für die Fachwissenschaften und Fachdidaktiken in der Lehrerbildung" fest. Darin beschreibt sie jeweils in einem ersten Schritt das sogenannte „Kompetenzprofil" eines Faches, um anschließend entsprechende „Studieninhalte" in den *Methoden und Theorien*, der *Binnenstruktur* des Faches und seiner *Fachdidaktik* zu benennen. Das Fach Geschichte steht im 8. Kapitel der im Folgenden kurz KMK-Richtlinien genannten Empfehlungen. Für reflektiertes geschichtsdidaktisches Denken und Handeln vor der Praxis ist vor allem das fachspezifische Kompetenzprofil künftiger Gymnasiallehrkräfte von Belang (8.1 in den KMK-Richtlinien). Bevor die dort genannten 10 Teilaspekte des Kompetenzprofils kurz vorgestellt werden, lohnt sich ein Blick auf die Studieninhalte im Bereich der Methoden und Theorien der Geschichtswissenschaft.

KMK-Richtlinien

Weil die Kompetenzorientierung historischen Lernens nach FUER und vielen curricularen Modellen den epistemologischen Erkenntnisprozess historischen Denkens in Kompetenzbereiche gliedert, kommt den universitär intendierten Lerngegenständen zur Epistemologie des Faches (*Theorien und Methoden*) eine zentrale Scharnierfunktion in der Geschichtslehrerbildung zu. Die KMK-Richtlinien nennen folgende sechs Schwerpunkte für entsprechende Veranstaltungen:

Schwerpunkte geschichtsdidaktischer Veranstaltungen

1. Quellenkunde und Quellenkritik
2. Objektivität und Parteilichkeit
3. Periodisierung
4. Geschichte der Geschichtswissenschaft

Vertiefungsthemen:

5. Methoden und Ansätze der selbständigen Forschung
6. Theorien des historischen Gedächtnisses

Bezogen auf die Voraussetzungen, die curricularen Kompetenzmodelle in ihrer auf die Erkenntnislogik des Faches bezogenen Prozesslogik verstehen zu können, spielen diese Schwerpunkte eine zentrale Rolle. Sie lassen sich ein wenig holzschnittartig den theoretisch angenommenen Kompetenzbereichen des FUER-Modells und curricularer Modelle zuordnen (→ TABELLE 4). Diese Tabelle versteht sich als heuristisches Instrument mit groben Vereinfachungen in der Spalte der

Zusammenführung der Kompetenzbereiche nach FUER und curricularer Modelle ebenso wie in der fachdidaktischen Interpretation der sechs Schwerpunkte der KMK-Richtlinien im Bereich *Methoden und Theorien*.

Tabelle 4: Zusammenhang Lerngelegenheit „Theorien und Methoden" mit der Kompetenzorientierung in der Schule

Kompetenzbereiche nach FUER und curricularer Modelle	Studieninhalte „Theorien und Methoden" (KMK 2014)
Fragekompetenzen (FUER)	Betrifft alle sechs Punkte
Methodenkompetenzen	Punkt 1 Quellen(/kritik), Punkt 3 Periodisierung, Punkt 6 Erinnerungstheorien
Sachkompetenzen	Vokabular und Logik aller sechs Punkte
Urteilskompetenzen	Punkt 1 (Begründung der) Quellen(/interpretation), Punkt 2 (Bewertung der) Parteilichkeit (eigene und medienbezogene), Punkt 3 (Begründung der) Periodisierung, Punkt 5 (Begründung der) Forschung(sfrage), Punkt 6 (Begründung der Anwendung von) Erinnerungstheorien
Orientierungskompetenzen (FUER)	Fachlich adäquates historisches Orientierungswissen auf Basis aller sechs Punkte

Geschichtswissenschaftliche Forschungskompetenz

Die KMK empfiehlt für das gymnasiale Lehramt die Förderung eigener geschichtswissenschaftlicher Forschungskompetenz bei den künftigen Lehrkräften (Punkt 5). Dies ergibt auch aus Perspektive des FUER-Modells geschichtsdidaktisch Sinn. Denn nur dann, wenn „Geschichte" im Studium nicht nur aus bereits vorhandenen Erzählungen nacherzählt wird, sondern Studierende sich selbst als innovativ forschende HistorikerInnen wahrnehmen können, kann sich daraus der Zusammenhang eigener Fragestellungskompetenz ergeben, der dann zur Förderung von Fragekompetenz bei SchülerInnen befähigt.

Alle weiteren Aspekte, die in den Punkten eins bis sechs genannt werden, profitieren von forschungsorientierter Lehre auch im *Master of Education*. Ein Methodenbewusstsein hinsichtlich der Analyse von Quellen und Darstellungen (Punkte 1 und 2) lässt sich auf diese Weise ebenso generieren wie ein profundes faktuales und prozedurales Wissen über die anderen Bereiche. Dabei sticht vor allem der

Periodisierung nüchtern anmutende Punkt 3 „Periodisierung" ins Auge. Die Gelegenheiten eigenständigen Periodisierens sind von solcher Bedeutung, da sich darin die „Theoriebedürftigkeit der Geschichte" (Reinhart Koselleck) erst manifestiert. Für künftige Geschichtslehrer ist das Bewusstsein über die Bedeutung des Periodisierens entscheidend, da Schulgeschichtsbücher selten bis nie Periodisierungsfragen zur kognitiven Aktivierung der SchülerInnen nutzen. Schulgeschichtsbücher und viele weitere Medien periodisieren implizit. Die dahinter stehenden Theorien oder auch Ideologien zu Tage zu fördern ist daher ein entscheidender Aspekt geschichtsdidaktischer Methodenkompetenz und *vice versa* ein wichtiger Bestandteil der Förderung historischer Orientierung- und Urteilskompetenz der SchülerInnen.

Selbstverständlich ließe sich über die Auswahl der sechs Punkte sehr gut streiten. Sie können aber als heuristisches Instrument bei der Prüfung geschichtstheoretischer (Sach-)Kompetenzen von Studierenden fungieren. Mindestens haben sie aber Signalwirkung für die Bedeutung, die dem Bewusstsein über die Epistemologie des Faches für die Professionalisierung künftiger Geschichtslehrkräfte zukommt.

Ein ähnlich pragmatisches Verfahren empfiehlt sich im Umgang mit den zehn Schwerpunkten des *Kompetenzprofils* (→ VGL. KAPITEL 8.1), die im Folgenden kurz vorgestellt werden sollen. Dieses *Profil* wird vor der Nennung der zehn Punkte in einem Satz zusammengefasst:

Kompetenzen der KMK-Richtlinien

„Die Studienabsolventen und -absolventinnen verfügen über anschlussfähiges fachwissenschaftliches und fachdidaktisches Wissen, das sie befähigt, Vermittlungs-, Lern- und Bildungsprozesse im Fach Geschichte zu initiieren und zu gestalten."

Es ist hier nicht der Ort, im Detail zu kritisieren, dass die Studierenden zu diesem Zeitpunkt höchstens der Theorie nach in der Lage sind, „Lern"- und erst recht „Bildungsprozesse zu initiieren und gestalten." Die dafür erforderlichen Lerngelegenheiten haben sie möglicherweise in den bildungswissenschaftlichen Modulen. Doch selbst wenn dem so ist, gelingt es vielen Studierenden vor der ersten Praxiserfahrung kaum, die entsprechenden Konzepte in eigenes Nachdenken und Handeln im Bereich der Geschichtsdidaktik zu integrieren (Brauch et al. 2014).

Entscheidender für die Begründung eines zielgruppenspezifischen Kompetenzmodells ist an dieser Stelle vielmehr, dass Studierende Konzepte und Inhalte des Faches und seiner Didaktik zusammendenken, *integrieren* können sollten, um geschichtsdidaktisch handlungs- und reflexionsfähig zu werden. Am Beispiel der *Periodisierung* als zentraler Methode des Faches wurde der Zusammenhang zur Lehrerprofessionalität bereits exemplarisch hergestellt. Auf diese Art und

Weise lassen sich nun auch die zehn Punkte des Kompetenzprofils als Ausgangslage zur Begründung eines *Kompetenzmodells Reflektierten Geschichtsdidaktischen Denkens und Handelns* nutzen. Es dient zur Verdeutlichung, wie in der universitären Lehre vor der Praxis die „Förderung und Entwicklung eines reflektierten geschichtsdidaktischen Bewusstseins" (FUER-Geschichtsdidaktik) konzipiert werden kann.

3.2 Kompetenzbereiche reflektierten geschichtsdidaktischen Denkens und Handelns

Pragmatisch gedacht ist die theoretische Unterscheidung von vier Kompetenzbereichen möglich, die sich in Anlehnung an das Kompetenzprofil der KMK-Richtlinien beschreiben und auf das intendierte Lernergebnis der SchülerInnen im Sinne eines reflektierten Geschichtsbewusstseins beziehen lassen. Es stellt eine zielgruppenspezifische Präzisierung des allgemeinen Kompetenzmodells der FUER-Gruppe (→ KAPITEL 2) dar. Die Darstellung in Tabelle 5 beinhaltet die zehn Punkte der KMK-Richtlinien und stellt damit ein Ausgangsmodell vor. Der Zweck dieser Tabelle besteht auch darin, das Modell durch die LeserInnen für den je eigenen Bereich, Studienprogramm, Schulart etc. weiter auszudifferenzieren und zu überprüfen (→ TABELLE 5).

Kompetenzen der KMK-Richtlinien

Tabelle 5: Komprimierte Darstellung der KMK-Richtlinien „Kompetenzprofil" (8.1) künftiger Geschichtslehrkräfte (Gymnasium)

Nr.	Kurzbeschreibung	Kompetenz-bereich*	Operationalisierung
01	Schulgeschichtswissen (Epochen, Welt, Europa)	SK	Fachspezifische Konzeptauswahl
02	Fachliche Methodenkompetenz	MK	Fachspezifisch methodische und theoretische Entscheidungen
03	Selbstkonzept	OK	Habitus des *Lifelong-Learning*
04	*Vermittlung* der Analyse signifikanter Quellen und Darstellungen	FK	Didaktische Transformation fachspezifischer Medien
05	Historische Urteilskompetenz	MK	Konzeption von Leitfragen / Problemstellungen und möglichen historischen Lösungsmöglichkeiten

Tabelle 5: (Fortsetzung)

Nr.	Kurzbeschreibung	Kompetenz-bereich*	Operationalisierung
06	*Vermittlung* von Zusammenhängen der Gegenwart mit der Vergangenheit	FK	Didaktische Transformation des Gegenwartsbezuges
07	Geschichtsdidaktisch begründbares Handeln im adressatengerechten Unterricht	MK	Adressatenspezifische Entscheidungen
08	Geschichtsdidaktisches Argumentieren durch Wissensintegration	SK	Interdisziplinäre Konzeptauswahl für geschichtsdidaktische Argumentationen
09	Geschichtsdidaktisch argumentiertes Handeln auf Basis von Wissensintegration	MK	Konzeption und Argumentation von Lernaufgaben
Scharnier zur ersten Praxiserfahrung			
10	Praxisbasierte Reflexion	OK	Einschätzung von Lernergebnissen und darauf bezogener Selbst-Reflexion nach durchgeführtem Unterricht

*SK = Sachkompetenz, MK = Methodenkompetenz, FK = Fragekompetenz, OK = Orientierungskompetenz

Die zehn Punkte der KMK-Richtlinien lassen sich den vier Kompetenzbereichen des FUER-Modells aus theoretischer Perspektive ungefähr zuordnen:

KMK- und FUER-Kompetenzen

Die *geschichtsdidaktische Fragekompetenz* bezieht sich auf die Entwicklung didaktischer Szenarien mit Blick auf das intendierte Lernergebnis der SchülerIn. In den KMK-Richtlinien wird dabei die Fähigkeit zur didaktischen Transformation fachbezogener Medien (Punkt 4) und des Gegenwartsbezuges (Punkt 6) von den Studierenden erwartet.

Fragekompetenz

Die *geschichtsdidaktische Sachkompetenz* bezieht sich auf das Verfügen über zentrale disziplinäre Konzepte und deren fachspezifische (Punkt 1) sowie interdisziplinäre Anwendung im geschichtsdidaktischen Argumentieren und Handeln (Punkt 8).

Sachkompetenz

Die *geschichtsdidaktische Methodenkompetenz* vor der Praxis beinhaltet die Einübung in die Auswahl fachspezifischer Entscheidungen (Punkt 2) wie Kontextualisierung, Periodisierung, Quellenkritik oder auch die begründete Konzeptauswahl für historische Lernsituationen (z. B. Gender-, Verfassungs-, Gesellschafts- oder Kulturgeschichte).

Methodenkompetenz

Ebenfalls fachspezifischer Art ist die Befähigung zur historischen Argumentation oder Beurteilung (Punkt 5). Geschichtsdidaktisch ist diese Befähigung notwendig, um fachspezifische übergeordnete Leitfragen oder Problemstellungen und eine darauf fokussierte, den Unterricht strukturierende Lösungsstrategie mit unterschiedlichen Urteilsmöglichkeiten für die SchülerInnen zu entwickeln. Der dritte Aspekt der Methodenkompetenz in den *KMK-Richtlinien* bezieht sich auf die Orientierung am individuellen Lernergebnis der SchülerInnen durch Anwendung geschichtsdidaktischer Konzepte (Punkt 7). Weil dieser Punkt das Thema Binnendifferenzierung berührt, geht es hier fachspezifisch um die Auswahl der Sprache, der medialen Formate der Unterrichtsmaterialien sowie der Konzeption von Arbeitsaufträgen mit verschiedenen Schwierigkeitsgraden.

Orientierungskompetenz

Die *geschichtsdidaktische Orientierungskompetenz* bezieht sich auf das selbst-reflexive Handeln der Lehrperson, was in der Literatur auch häufig „Selbstkonzept" genannt wird. In den KMK-Richtlinien findet sich dazu Punkt 3, der auf die Einübung eines professionellen Habitus des Lifelong-Learning zielt. Das bedeutet, sich eigener Wissens- und Verstehensdefizite im Fach wie im Unterrichten gezielt bewusst zu werden und eigenständig Lösungsmöglichkeiten für deren Behebung zu entwickeln. Vor der ersten Praxiserfahrung handelt es sich dabei um Lücken im Schulgeschichtswissen und den Umstand, dass eigene Schul- und Unterrichtserfahrung als SchülerIn für das Nachdenken über geschichtsdidaktische Entscheidungen nicht ausreichend sind. Diese durch viele empirische Studien belegte weit verbreitete Haltung künftiger und aktiver Geschichtslehrkräfte ist auch in Punkt 10 von Belang, in dem das Scharnier zur Selbstreflexion nach erster Unterrichtserfahrung angelegt ist.

Frage- und Orientierungskompetenz

Zur Förderung geschichtsdidaktischer Kompetenz im Bereich der Frage- und Orientierungskompetenz vor der Praxis ist die Bewusstmachung des Unterschiedes und Zusammenhanges zwischen Geschichtswissenschaft und Geschichtsdidaktik zentral. Es erfordert eine erhebliche mentale Anstrengung von Geschichtsstudierenden, die Lernchancen der SchülerInnen mit der eigenen Person als Repräsentant der Geschichtswissenschaft in der Schule in einen inneren Zusammenhang zu bringen. Hochschuldidaktisch lässt sich dieser Perspektivwechsel durch das Arbeiten in Teams an Lernaufgaben (Brauch 2014) erleichtern. Diese Methode, die man *Kollaborative Aufgabenprüfung* nennen könnte, folgt der methodischen Prüfung der Zuverlässigkeit (Reliabilität) von Testaufgaben in der empirischen Bildungsforschung. Nur solche Aufgaben, die das intendierte Ergebnis zuverlässig prüfbar machen, erfüllen das Kriterium guter Aufgaben. Den Aufgabenkonstrukteuren wird dabei sehr schnell bewusst, welcher Arbeitsauftrag missverständlich formuliert ist, welche Zusammenstellung der Medien den Verstehensprozess erleichtert oder erschwert und an welchen Stellen geschichtswissenschaftlich nachgebessert werden sollte.

Zur Förderung der Sach- und Methodenkompetenz vor der Praxis empfiehlt sich die inhaltliche Einführung in die Lehrplanthemen, der Aufbau eines basalen Vokabulars der Geschichtsdidaktik und die konzeptbezogene Prüfung bereits vorhandener Unterrichtskonzeptionen, wie sie in Schulbüchern und anderen didaktisierten Materialien vorliegen. Auf dieser Basis lassen sich dann eigene Konzeptionen an der Schnittstelle zur Fachwissenschaft elaborieren, in denen Studierende Forschungsschwerpunkte von Lehrstühlen des Historischen Seminars, in deren Kontext sie selbst historiographisch tätig waren (Hausarbeiten), für den Geschichtsunterricht didaktisieren. In der wissenschaftsbezogenen geschichtsdidaktischen Argumentation der dabei getroffenen Entscheidungen und durch Reaktion auf kritisches Nachfragen im Plenum oder der Gruppe lässt sich die Befähigung zur Unterrichtsreflexion im Sinne der Vorbereitung auf die erste Praxiserfahrung einüben. Gleichzeitig entsteht dadurch ein erster Ideen- und Materialpool curricular relevanter Aspekte der Spezialgebiete aktueller geschichtswissenschaftlicher Forschung zur weiteren Bearbeitung für den späteren Einsatz in der Schule.

Sach- und Methodenkompetenz

3.3 Planung von Lernaufgaben als Anwendungsanlass geschichtsdidaktischer Kompetenz

Der Begriff der Lernaufgabe hat sich in jüngerer Zeit für die Beschreibung fachlicher Unterrichtskonzepte eingebürgert, die dem Ansatz des Problemlösungslernens folgen (Blumschein 2014). Darin wird der Umstand berücksichtigt, dass Lernergebnisse sich nachhaltiger im Gedächtnis halten können, wenn ein authentisches Problem an der Schnittstelle von Alltagswelt und Fach am Beginn des Unterrichts thematisiert wird, und sich so ein kognitives Bedürfnis nach den Hintergrundinformationen zur Problemlösung bei den SchülerInnen einstellen kann. Es bedarf nach dieser Theorie der Konzeption eines Anfangsimpulses, der einen kognitiven Konflikt in den SchülerInnen auslöst, der sie in die Lage versetzt, die fachliche Frage oder Problemstellung zu beschreiben, die dem intendierten Lernprozess zugrunde liegt. Dieser kognitive Konflikt sollte didaktisch dergestalt angelegt sein, dass er zu

Lernaufgaben

den Unterrichtsmedien und dem intendierten Lernergebnis kohärent ist. Zur Förderung individuellen reflektierten Geschichtsbewusstseins erfordert diese Herangehensweise die Zusammenstellung von Medien und Arbeitsaufträgen, die SchülerInnen die Möglichkeit bieten, zu unterschiedlichen fachlich adäquaten historischen Urteilen und Argumentationen zu gelangen. Die Faustregel für die Konzeption von Lernaufgaben lautet daher stets *erst das Problem, dann das Hintergrundwissen* – und nicht umgekehrt. Diese Herangehensweise erfordert erneut einen erheblichen Willen zum mentalen Konzeptwechsel, denn die wenigsten Studierenden kennen Unterricht dieser Art.

Lernaufgaben und Arbeitsaufträge

Gleichzeitig herrscht auch in der Literatur terminologische Uneinheitlichkeit in Bezug auf Aufgaben. Hilfreich ist die Unterscheidung zwischen Lernaufgaben und Arbeitsaufträgen. Unter einer *Lernaufgabe* versteht die Allgemeindidaktik eine Aufgabenstellung für einen Lernprozess mit klarem Anfang und klarem Ende, zum Beispiel für eine Unterrichtsstunde.[1]

Im Unterschied dazu sind *Arbeitsaufträge* Handlungsaufforderungen an die SchülerInnen während des Lernprozesses. Sie dienen der gezielten Analyse der Medien im Sinne der Leitfrage/Problemstellung und fordern die SchülerInnen auch dazu auf, den Erkenntnisgewinn aus der Analyse der verschiedenen Medien in Zusammenhang zu bringen, um die Leitfrage/die Problemstellung der Lernaufgabe narrativ beantworten zu können. Um Lernaufgaben mit adäquaten Medien und Arbeitsaufträgen zu konzipieren, bedarf es des Einsatzes aller Kompetenzbereiche reflektierten didaktischen Denkens in dem Maße, wie das die *KMK-Richtlinien* für künftige Geschichtslehrkräfte vor der Praxis vorsieht (vgl. 3.2).

Am Prozess der Entwicklung einer Lernaufgabe lässt sich dies ganz gut darstellen. Der Produktion einer Lernaufgabe geht die Entscheidung für einen curricularen Inhalt und die mediale Grundlage voraus. Diese kann beispielsweise ein Schulbuchkapitel zum Thema Griechenland sein oder auch der Seminarordner aus einem gleichzeitig oder vorgängig besuchten Seminar der Geschichtswissenschaft. Im weiteren Prozess sind folgende Entscheidungen zu treffen, die unterschiedliche Teilaspekte der vier Kompetenzbereiche betreffen (→ TABELLE 6). Das in Tabelle 3 vorgeschlagene Prozessmodell geschichtsdidaktischen Argu-

---

[1] Vgl. Blumschein, Patrick (Herausgeber): Lernaufgaben – Didaktische Forschungsperspektiven, Bad Heilbrunn 2014. Darin auch zwei Aufsätze zu Lernaufgaben im Geschichtsunterricht (von Nicola Brauch S. 217–231 und Christian Heuer S. 231–242).

mentierens ist wiederum als heuristisches Instrument zu verstehen. An welcher Stelle der geschichtsdidaktische Reflexionsprozess ausgelöst wird, ist dabei höchst unterschiedlich je nach Person und Thema. Wie jeder Erkenntnisprozess ist daher auch das Prozessmodell als hermeneutischer Zirkel mit unterschiedlichen Einstiegsmöglichkeiten und Rückbezugsschleifen zu verstehen.

Geschichtsdidaktisches Argumentieren

Tabelle 6: Auf dem Weg zur Lernaufgabe – Einübung geschichtsdidaktischen Argumentierens

Kognitiver geschichtsdidaktischer Prozess	Elemente der Konzeption einer Lernaufgabe	Kompetenzbedarf für die Anwendung geschichtsdidaktischer Argumentation
Vorbereitung	Lehrplan, fachliche und geschichtskulturelle Medien, Gegenwartsanalyse	SK_Schulgeschichtswissen (KMK_01) MK_Fachliche Methodenkompetenz (KMK_02) OK_Selbstkonzept (KMK_03)
Produktion	Leitfrage / Problemstellung	MK_Historische Urteilskompetenz (KMK_05)
Auswahl und ggf. Adaption	Medien	FK_Signifikanz der Medien (KMK_04) MK_Historische Urteilskompetenz (KMK_05) MK_Adressatenbezug (KMK_07)
Produktion	Arbeitsaufträge	MK_Erschließung der Medien und ihrer Zusammenhänge durch adressatengerechte Sprache (KMK_07) SK_Erschließung von Schulgeschichtswissen (KMK_01) MK_Erschließung fachlicher Methodenkompetenz (KMK_02) FK_Erschließung signifikanter Medien (KMK_04) FK_Erschließung Gegenwartsbezug (KMK_06)
	Abschließender Arbeitsauftrag zur Entwicklung einer historischen Erzählung als Reaktion auf die Leitfrage/Problemstellung unter Nutzung der Teilergebnisse des Arbeitsprozesses	SK_Schulgeschichtswissen (KMK_01) MK_Fachliche Methodenkompeten (KMK_02) MK_Historische Urteilskompetenz (KMK_05)
	Erstellung des intendierten Antwortnarrativs	MK_Fachliche Methodenkompetenz (KMK_02) MK_Berücksichtigung der Möglichkeiten der Adressaten (KMK_07)

KOMPETENZEN GESCHICHTSDIDAKTISCHEN DENKENS UND HANDELNS

Fachliche und fachdidaktische Konzepte

Zur Argumentation von Entscheidungen, die im Verlauf der Konzeption einer Lernaufgabe getroffen werden, bedarf es der Integration fachlicher und fachdidaktischer Konzepte. Diese beinhalten neben geschichtsdidaktischen Zentralkategorien wie Multiperspektivität und Gegenwartsbezug auch Konzepte des Lehrplans und der fachspezifisch ausdifferenzierten lernpsychologischen Konzepte. Dabei kann die Konzeption von Lernaufgaben immer wieder das Springen von einem Teil zum anderen notwendig machen. So kann das Verwerfen eines zunächst als zielführend erachteten Mediums die Nachformulierung der Leitfrage, von Arbeitsaufträgen und von darauf bezogenen Bestandteilen des Antwortnarrativs erforderlich machen.

Ebenso können sich geschichtsdidaktische Ideen für eine Lernaufgabe an ganz unterschiedlichen Wahrnehmungen in der Vorbereitung entzünden. So kann die Ursache für die Idee in der Erfahrung mit einem Spielfilm liegen, ebenso wie in einer Fragestellung, die im Verlauf einer Geschichtsstunde durch die Lerngruppe selbst aufgeworfen wurde. Sie kann sich aber auch ganz einfach auf ein spezifisches Konzept des Lehrplans oder des Schulbuches beziehen. Fokus der Idee ist die Lernförderlichkeit des Ansatzpunktes am Medium, an einer Fragestellung oder einem Konzept. Daher liegt einer guten geschichtsdidaktischen Idee bereits der Begründungsansatz der Folge in Gestalt einer spezifischen Kompetenzförderung historischen Denkens auf Seiten der SchülerInnen zugrunde. In der Begründung geschichtsdidaktischer Ideen in Vorbereitung und Nachbereitung von Lernaufgaben lassen sich daher alle drei Elemente vollständiger Ideen – Ursache, Fokus, intendierte Folge – finden und voneinander unterscheiden (Heinz Neber 1999). Die Unterscheidung wiederum enthält Hilfestellungen zur wissenschaftlichen Begründung der Ideen, die über Alltagsformeln wie „das ist für die Schüler interessant" oder „das müssen die Schüler auch mal gehört" haben hinausgehen sollten.

Kollektive Aufgabenprüfung

Dass die Konstruktion einer Lernaufgabe auch ohne den Lerngruppenbezug einen unabgeschlossenen hermeneutischen Prozess darstellt, wird in der wiederholten Abfolge individuellen und austauschorientierten Arbeitens an Lernaufgaben im hochschuldidaktischen Format der *Kollektiven Aufgabenprüfung* deutlich. Dabei nimmt jedes Individuum zwei Perspektiven ein. Einmal diejenige des Aufgabenkonstrukteurs und andererseits diejenige des Aufgabenprüfers. Es wird dabei nicht nur die schriftliche und mündliche Argumentationsfähigkeit gefördert (SK_Geschichtsdidaktische Konzeptauswahl / KMK_08 & MK_Geschichtsdidaktische Argumentation / KMK_09); auch die Frage- und Orientierungskompetenz kommen dabei ins

Spiel, da deutlich werden kann, dass es nicht um die Apologetik eigener Produkte, sondern um ein gemeinsames argumentatives Ringen um wissenschaftlich begründbar gute Lernaufgaben geht. Eingebunden in diesen Diskurs, bei dem die künftigen Lehrkräfte sowohl als Individuen als auch als Gemeinschaft an Lernaufgaben arbeiten, können die Grunderfordernisse nachhaltigen Lernens – Kompetenz- und Autonomieerfahrung sowie soziale Eingebundenheit – Einfluss auf die Nachhaltigkeit des Lernprozesses nehmen. Um die Selbstreflexivität (Orientierungskompetenz) der Studierenden zu stärken, lässt sich auch der gezielte Umgang mit der Kritik an individuell entworfenen Lernaufgaben einüben. Menschen neigen dazu, ihre eigenen Produkte auch gegen unausgesprochene, durch Rückmeldung verstärkte Zweifel zu verteidigen. Da weder diese Haltung zielführend noch jede Kritik der Sache nach angemessen ist, empfiehlt es sich, (tapfer schweigend) zunächst Kritikpunkte zu sammeln, nach Förderbereichen historischen Denkens zu gruppieren und je für sich auf wissenschaftliche Qualität zu überprüfen. Abschließend können begründet Gesichtspunkte der kollegialen Kritik angenommen und verworfen werden.

Stärkung der Orientierungskompetenz

Diese Herangehensweise bietet sich natürlich auch bei der Prüfung, Adaption und Bewertung von Schulbuchkapiteln und anderen didaktisierten Materialien an. Es wird dabei deutlich, dass sich das fachliche Wissen und Handeln künftiger Geschichtslehrkräfte vom Umgang mit dem Fach durch *Master of Arts*-Studierende dadurch unterscheidet, dass fachliches Denken und Handeln stets auf die Ermöglichung eines Lernergebnisses der SchülerInnen gerichtet sind. Es bleibt dabei aber dennoch fachliches Denken und Handeln, das durchaus in fachhistorisch relevante Forschungsfragen münden kann. Denn neue Lehrplanthemen oder spezifische Profile der Lerngruppe können historische Fragen aufwerfen, denen sich die Fachwissenschaft möglicherweise noch gar nicht in dieser Weise gestellt hat. Erst dort, wo die Frage nach der Vermittlung konkret wird (Fragekompetenzen) wird in der Transformation von Sprache, Medien und Antwortnarrativen geschichtsdidaktisches Denken und Handeln deutlich.

Das Erfordernis der Wissensintegration (Linn 2000) ist anspruchsvoll und unabdingbar gleichermaßen. Dabei bleiben die Konzepte des Faches leitend. Denn ohne das Fachwissen hilft den Schülern eine isolierte fachdidaktische Kompetenz der Lehrkraft nicht weiter im historischen Lernen. Die Formulierungen der KMK-Richtlinien machen dies vor allem in ihren Punkten zur geschichtsdidaktischen Fra-

Wissensintegration

gekompetenz sehr deutlich, in denen über den Begriff der „Vermittlung" die fachlichen mit den didaktischen Konzepten zusammenfinden (Punkte 4 und 6).

Formen historischer Narrativität

Eine offene Frage stellt die rhetorische Gestalt historischen Erzählens durch SchülerInnen dar. Im Idealfall wird bereits in der Leitfrage/Problemstellung deutlich, in welcher Form die SchülerInnen ihre historische Erzählung abschließend zum Ausdruck bringen sollen. Hier geht es um die Förderung der historischen Narrativität als Ausdruck reflektierten Geschichtsbewusstseins. Wie bei vielen geschichtsdidaktisch relevanten Fragen, hat sich darüber bereits Johann Gustav Droysen den Kopf zerbrochen. Bis zu seiner *Historik* (zuerst 1857, letzte gedruckte Fassung 1882) reichen die historischen Wurzeln der heutige gängigen Aufgabenformate „Quellen-Interpretation", „Darstellung" und „Erörterung" zurück. Sie finden sich beispielsweise als übergeordnete Operatoren in den Einheitlichen Prüfungsanforderungen für das Abitur (EPA 1989/2005).

Anwendungsbezug

Für die Berücksichtigung des Anliegens eines klaren Anwendungsbezuges des historischen Denkens und Sprechens im Alltag greift diese Unterscheidung allerdings zu kurz. Sie ist rein fachlich definiert und bedarf der Ergänzung durch die Berücksichtigung sich wandelnder medialer und narrativer Formate, in denen in der Alltagskultur Geschichte thematisiert wird. Sich dazu eigenständig und im Sinne des Faches reflektiert verhalten zu können, ist eines der wesentlichen Ziele der Förderung zivilen Umgangs des Individuums mit Geschichte im Alltag demokratischer Gesellschaften.

Der zivile Umgang mit Geschichte stellte auch für Droysen ein zentrales Anliegen dar. Er nannte die adäquate Form einer entsprechenden historischen Erzählweise „discussive Darstellung". Übertragen auf unsere Gegenwart erfordert das damit gemeinte Anliegen historische Mündigkeit durch historische Argumentierfähigkeit. Daher sollte

Historische Argumentation

den drei oben genannten Aufgabenformaten eine vierte, die „historische Argumentation" hinzugefügt werden (Mierwald/Brauch 2015). Um historisch zu argumentieren ist allerdings das Erzählen historischer Zusammenhänge eine zwingende Voraussetzung, insofern lassen sich beide Herangehensweisen zusammenbringen. Ein Team um die amerikanischen Geschichtsdidaktiker Bruce Van Sledright, Sam Wineburg und Chauncey Monte-Sano hat zur gezielten Förderung historischen Argumentierens in den letzten Jahren ein praxisorientiertes Forschungsprogramm und formalisierte Unterrichtsmaterialien entwickelt. Der springende Punkt für die Befähigung zum Demokraten besteht darin, das verworfene Argument nicht zu verschweigen, sondern die

Gründe für dessen Aussortieren zu erläutern. Diese formalisierte Herangehensweise hat den Charme, dass SchülerInnen nicht mehr als eine Seite schreiben müssen und Lehrkräften die Korrektur und Rückmeldung nicht nur zeitlich entlastet sondern auch systematisch – durch die Vergleichbarkeit des formalen Aufbaus – erleichtert wird. Ein zweiter Grund bezieht sich darauf, dass Geschichte in vielfältigsten Medien und Rhetoriken in der Geschichtskultur präsent ist, und diese daher auch als Formate im Geschichtsunterricht berücksichtigt werden sollten. SchülerInnen werden den Unterschied selbst erleben können, den es ausmacht, ob Geschichte im öffentlich-rechtlichen Spielfilm, im Computerspiel oder im Comic erzählt wird, wenn sie diese Erzählformen selbst ausüben und vor dem Hintergrund des wissenschaftlichen Anspruches des Faches stets kritisch zu prüfen lernen.

Insofern gehört der Einblick in die Förderinstrumente historischen Argumentierens und die Logik geschichtskulturellen Erzählens auch zur fachlichen Methodenkompetenz künftiger Geschichtslehrkräfte.

Fragen und Anregungen

- Erklären Sie Funktion und Gliederung der *KMK-Richtlinien* und verdeutlichen Sie deren Zusammenhang mit den Anforderungen geschichtsdidaktischen Denkens und Handelns vor der Praxis an selbst gewählten Beispielen.

- Schildern Sie aus Ihrer eigenen Erfahrung als SchülerIn Beispiele für Gelingen und Scheitern Ihrer LehrerInnen an ausgewählten Punkten des Kompetenzprofils der *KMK-Richtlinien* und prüfen Sie, in welchem der zehn Bereiche Sie bei sich selbst den größten Förderbedarf sehen.

- Unterziehen Sie die KMK-Richtlinien angesichts Ihrer eigenen Studienerfahrung und darin erlebten Lerngelegenheiten einer kritischen Prüfung. Machen Sie ggf. Vorschläge für deren Ergänzung, Umformulierung oder Streichung bestimmter Punkte.

- Erläutern Sie das Kompetenzmodell reflektierten geschichtsdidaktischen Denkens.

- Definieren Sie den Begriff der Lernaufgabe. Berücksichtigen Sie dabei auch die Unterscheidung zum Begriff des Arbeitsauftrages.

- Erklären Sie die Methode der Kollektiven Aufgabenprüfung. Sie können ein Schulbuchkapitel Ihrer Wahl zu Hilfe nehmen, um sich die dabei erforderlichen Schritte noch einmal zu vergegenwärtigen.

Literaturhinweise

Die Auswahl ist so konzipiert, dass sich daraus die Verschränkungen des englischsprachigen mit dem deutschsprachigen Diskurses erkennen lassen.

- Nicola Brauch/Kristin Wäschle/Thomas Lehmann/Albert Logtenberg/Matthias Nückles: Das Lernergebnis im Visier – Theoretische Fundierung eines fachdidaktischen Kompetenzstrukturmodells „Kompetenz zur Entwicklung und Bewertung von Aufgaben im Fach Geschichte", in Barbara Koch-Priewe et al. (Hgg.): Kompetenzen von Lehramtsstudierenden und angehenden ErzieherInnen. Bad Heilbrunn 2015.

- Susanne Popp/Michael Sauer/Bettina Alavi/Marco Demantowsky/Alfons Kenkmann (Hgg.): Zur Professionalisierung von Geschichtslehrerinnen und Geschichtslehrern. Nationale und internationale Perspektiven. Göttingen 2014.

- Lauren McArthur Harris/Robert B. Bain: Pedagogical Content Knowledge for World History Teachers: What is it? How Might Prospective Teachers Develop It?, in: The Social Studies 102, 2011, Heft 1, S. 9–17.

- Marcia C. Linn: Designing the Knowledge Integration Environment, in: International Journal of Science Education 22, 2000, S. 781–796.

4 Gegenwart und Zukunft

Abbildung 5: Ruinen aus griechisch-römischer Zeit auf der Krim

Gegenwart und Zukunft sind schon deshalb im Geschichtsunterricht stets präsent, weil diejenigen, die über Geschichte nachdenken, Menschen der Gegenwart mit Fragen an die Vergangenheit zur besseren Orientierung in Gegenwart und Zukunft sind. Ein Beispiel bietet etwa die jüngere Entwicklung der Krim: Wie war das eigentlich mit der Krim in der Vergangenheit? Lassen sich in deren historischer Entwicklung Analogien zu den Umbrüchen der Schwarzmeer-Halbinsel in der Gegenwart identifizieren? Welche Schlüsse lassen sich beispielsweise aus den griechisch-römischen Überresten aus der Antike für die Deutung der Geschichte der Krim in der Gegenwart ziehen?

Aus pädagogischer Perspektive spielt hier die bereits von Klafki (1963) eingeforderte Gegenwartsorientierung jedes Schulfaches deshalb eine Rolle, um Lernenden Relevanz für ihr eigenes Leben in Gegenwart und Zukunft transparent zu machen.

Für die Planung von Geschichtsunterricht ergibt sich daraus die Konsequenz, dass der Gegenwarts- oder Lebensweltbezug eine *conditio sine qua non* für das Initiieren nachhaltiger Lernprozesse darstellt.

Der Bezug zu Gegenwart und Zukunft beinhaltet für die Professionalität von Geschichtslehrkräften die spezifische Herausforderung, sich auf die Vergangenheit als dem Ort, über den Neues gelernt werden soll zu fokussieren – ansonsten wird der Geschichtsunterricht ununterscheidbar von seinen Nachbardisziplinen Politik, Philosophie/Ethik/Religion oder dem Fach Deutsch. Der fachspezifische Zugriff auf Gegenwart und Zukunft liegt darin, gesellschaftlich und anthropologisch relevante historische Orientierungsbedürfnisse zu identifizieren und die sich daraus ergebenden Fragen an die Vergangenheit in fachhistorischer Weise zu bearbeiten.

4.1 **Planung von Gegenwartsbezug**
4.2 **Zukunft im Geschichtsunterricht**
4.3 **Methode zur Prüfung einer geschichtsdidaktischen Idee: Die Krim im Geschichtsunterricht**

4.1 Planung von Gegenwartsbezug

Die Berücksichtigung des Gegenwartsbezuges bei der Planung von Geschichtsunterricht dient dazu, Lernenden Einblick hinsichtlich der Relevanz und des Mehrwertes historischen Wissens für die Analyse der Gegenwart zu eröffnen.

Gegenwartsbezug

Die Unterscheidung von Ursachenzusammenhang und Sinnzusammenhang des in der Gegenwart identifizierten Bezugspunktes zu einem curricular und fachlich relevanten historischen Gegenstand ist dabei hilfreich (Bergmann 2013). Bergmann charakterisiert erstens als Ursachenzusammenhang solche raum-zeitliche erklärende Erzählungen, die auf die Frage „Wie sind in der Gegenwart vorfindliche Zustände geworden?" Antwort geben. Davon unterscheidet er zweitens als Sinnzusammenhang solche komparatistisch-analytischen Erzählungen, die sich mit der Frage nach Potentialen und Grenzen historischer Vergleiche und Analogiebildungen auseinandersetzen.

Unter Ursachenzusammenhang lassen sich all jene Gegenwartsbezüge verstehen, die zur historischen Orientierung über die Genese gegenwärtig beobachtbarer Phänomene führen. So lässt sich nach der historischen Genese von Demokratie, von Technologie, von Architektur fragen. Die didaktische Herausforderung für die Planung derartiger Gegenwartsbezüge besteht darin, zunächst die Erkenntnis einfacher Zusammenhänge zu ermöglichen, indem die ereignisgeschichtliche Linie durch die Schüler herausgearbeitet (Sek I) oder als Hintergrundwissen beispielsweise durch die Lehrkraft in einer kurzen Erzählung bereitgestellt wird (Sek II). Darüber hinaus ist in beiden Schulstufen eine zweite Schleife in die Planung einzubeziehen, in der diese Linie punktuell hinterfragt und multiperspektivisch gebrochen wird. Diese zweite Schleife ist notwendig für die Erkenntnismöglichkeit, dass es zwar erzählbare Zusammenhänge von der Vergangenheit in die Gegenwart gibt, diese aber niemals als glatte, aufsteigende, selbstverständliche Linie, sondern stets als Kurve von Konjunkturen unter Einfluss vielfältigster Variablen inklusive des Zufalls zu denken sind. Fehlt diese zweite Schleife, wird den SchülerInnen die Lerngelegenheit für die Ausprägung eines reflektierten Geschichtsbewusstseins vorenthalten. Sie erhalten dann den Eindruck, dass es beispielsweise von den alten Griechen bis heute eine fortschreitende Entwicklung hin zu Demokratie und Menschenrechten gegeben habe.

Ursachenzusammenhang

Im Falle von Ursachenzusammenhängen läuft daher die Planung dann in die falsche Richtung, wenn das intendierte Lernergebnis eine lineare Zusammenhangserzählung über die historische Genese gegenwärtiger Phänomene darstellt. Im Fallbeispiel der Krim wäre der Ursachenzusammenhang die Frage nach der Geschichte der Krim von der Antike bis in die Gegenwart als Längsschnittuntersuchung.

Sinnzusammenhang

Unter Sinnzusammenhang lassen sich aus der Zeitanalyse abgeleitete Entwicklungen akuter Fragen der Gegenwart fassen, die mit strukturvergleichbaren Abläufen der Vergangenheit verglichen werden. Dabei können Sinnzusammenhänge sowohl aus gesellschaftlichen Sektoren (Wirtschaft, Politik, Kultur, Soziales etc) als auch aus anthropologischen Phänomenen wie Freundschaft, Netzwerk, Mentalität etc. heraus entwickelt werden. Im Fallbeispiel der Krim könnte die sektorale Größe politischer Herrschaft und Fremdherrschaft durch Auswahl verschiedener Zäsuren in der Geschichte der Krim, bei denen es Herrschaftswechsel gab, für die Unterrichtsplanung verwirklicht werden. Als ausschlaggebende historische Variable ginge es dann um den Vergleich der Genese des Herrschaftswechsels und den darin liegenden Ursachen für den Wechsel. Ein anderer Zugang ließe sich durch die Fokussierung auf die Rolle von Akteuren bei Herrschaftswechseln thematisieren. Als ausschlaggebende historische Variable wäre dann nach den Entscheidungen und Handlungen unterschiedlicher Akteure des Wechsels zu fragen. Sinnzusammenhänge in der Sekundarstufe I leisten einen spezifischen Beitrag zur Förderung von Orientierungskompetenz, wenn es um Identität und Alterität zwischen Vergangenheit und Zukunft geht. Das funktioniert beispielsweise unterrichtsmethodisch so, dass vordergründig vergleichbare Situationen aus Gegenwart und Vergangenheit an den Beginn des Unterrichts gestellt werden. Es lassen sich gleich zu Beginn Möglichkeiten und Grenzen des Vergleichs festhalten, die durch die Zusammenstellung geeigneter Medien-Samples auf ihre Tragfähigkeit hin überprüft werden können. Während derartige Stundenplanungen in der Sekundarstufe I tendenziell als Einstieg oder Abschluss von Unterrichtseinheiten über Ursachenzusammenhänge denkbar sind, verkehrt sich das Verhältnis in der Sekundarstufe II dahingehend, dass hier die Sinnzusammenhänge im Zentrum von Unterrichtseinheiten stehen können, in denen Ursachenzusammenhänge als Hintergrundwissen fungieren.

Eine dritte Möglichkeit über Ursachen- und Sinnzusammenhang hinaus stellt die begriffsgeschichtliche Analyse dar. Dabei werden „Geschichtliche Grundbegriffe" (Brunner/Conze/Koselleck 2004) der Gegenwart auf ihre kontextabhängige Genese und definitorischen Konjunkturen in der Vergangenheit untersucht. In der Sekundarstufe I

Begriffsgeschichtliche Analyse

sollten vor allem noch heute angewandte Begrifflichkeiten in Zusammenhang mit Herrschaftsformen und Sozialstrukturen begriffshistorisch aufgearbeitet werden. In Zusammenhang mit der Krimkrise könnten dies beispielsweise die Begriffe Tyrannis, Autokratie, Oligarchie und Demokratie sein. In der Sekundarstufe II sollten die begriffshistorischen Anteile sich darüber hinaus auf die normativ-gesellschaftlichen oder gar geschichtspolitischen Konzepte des Lehrplanes und der Begrifflichkeiten zur Analyse der Neueren/Neuesten Geschichte fokussieren. Das bedeutet, dass der Gegenwartsbezug als Problem thematisiert wird, da es nicht leicht ist, Anachronismen zu entgehen. Damit leistet der Geschichtsunterricht in Unter- und Oberstufe einen wichtigen Beitrag zum Aufbau einer kritischen Haltung gegenüber Begriffen und ihren Kontexten wie Intentionen. Dazu ist mindestens im Leistungskurs auch über die soziale Konstruktion von Wirklichkeit (zuerst in Berger/Luckmann 1966) und die normative Aufgeladenheit von Begriffen und deren politische Instrumentalisierungskraft zu sprechen (zum Beispiel Klemperer 1947, *Lingua Tertii Imperii*).

Schließlich ist bei der Planung von Unterricht zu berücksichtigen, mit den SchülerInnen diese unterschiedlichen Relevanzräume historischen Orientierungswissens zu thematisieren und SchülerInnen selbst immer wieder nach eigenen historischen Orientierungsbedürfnissen zu fragen, um mögliche Ursachen- und Sinnzusammenhänge gemeinsam zu identifizieren und sich sehr genau das verwendete Vokabular auf seine Genese und definitorischen Reichweiten hin anzusehen.

Relevanz

Der Gegenwartsbezug sollte sich in der Konzeption der Leitfrage dahingehend niederschlagen, dass dort entweder die Entwicklung der Ursachen oder die Prüfung von Sinnzusammenhängen begrifflich zu setzen sind. Entscheidend für die Auswahl des Medien-Samples ist die klare Definition der beiden in der Vergangenheit liegenden Zeitpunkte (t1 und t2), deren Kohärenz der Art des Gegenwartsbezuges angepasst sein sollte. Da manche Lehrplaneinheiten inhaltlich gewissermaßen aus Gegenwartsanalysen und Orientierungsbedürfnissen vergangener Gegenwart überkommen sind, liegt es in der Verantwortung der Lehrkraft geeignete, fachspezifische Gegenwartsbezüge zu generieren. Das bedeutet nicht zwingend, „das Rad neu zu erfinden". Es bedeutet aber, das Schulbuchnarrativ gegebenenfalls gegen den Strich zu lesen und mit anderen Arbeitsaufträgen, flankierenden Medien und vor allem neuen übergeordneten Leitfragen zu versehen.

Gegenwartsbezug und Leitfrage

Vor allem im wissenschaftspropädeutischen Unterricht der Oberstufe sollte außerdem der Unterschied zur geschichtswissenschaftlichen Forschung thematisiert werden, deren Forschungsfragen und Erzählungen nicht immer an der Gegenwartsrelevanz, sondern notwendig an der Innovationskraft für die historische Forschung selbst qualitativ bewertet werden.

4.2 Zukunft

Die Zukunft spielt im Geschichtsunterricht selten eine Rolle. Demgegenüber ist sie originärer Bestandteil der Theoriebildung zum reflektierten Geschichtsbewusstsein als Ziel von Geschichtsunterricht. Dabei werden die drei Zeitdimensionen dergestalt miteinander verbunden, dass Fragen der Gegenwart Orientierung in der Vergangenheit generieren. Dieses Orientierungswissen ist dann für Individuum wie Gesellschaft auch für die evidenzbasierte Entwicklung von Zukunftsszenarien handlungsprägend.

Für den Geschichtsunterricht, dessen Ziel es ist, Individuen handlungs- und sprachfähig für die Teilnahme an den Diskursen der Gegenwart zu machen, ist die Zukunft deshalb ein wichtiges Thema, weil erst im Nachdenken über die Zukunft der Mensch als Gestalter seiner Umwelt und Geschichte in den Blick kommt. Gleichzeitig werden durch den Fokus auf die Akteure die Grenzen menschlicher Intentionalität und deren Auswirkungen auf Handeln deutlich – der Zufall und das nicht intendierte Ergebnis menschlichen Handelns treten zu Tage. Indem Menschen aus aktuellem Anlass über ihre Zukunft nachdenken, suchen sie nach Anhaltspunkten in ihrer Gegenwart und Vergangenheit, wenn sie über mögliche Handlungsoptionen zur Gestaltung ihrer Zukunft nachdenken. SchülerInnen erleben sich so hineingenommen in ihre eigene Zeitgenossenschaft und die Möglichkeiten des eigenen Beitrages für die Gestaltung von Gegenwart und Zukunft – der späteren Geschichte.

In Tagebüchern findet sich diese alltägliche Art des reflektierten Geschichtsbewusstseins in einem eigenen Genre repräsentiert. Das Fallbeispiel aus dem Anne Frank Tagebuch bringt dies zum Ausdruck (Anne Frank Tagebuch 2012, S. 290–292). Sie schreibt am 6. Juni 1944, dem als „D-Day" in die Geschichte eingegangenen Tag der alliierten Landung in der Normandie:

„Liebste Kitty!

‚This is D-day', sagte um zwölf Uhr das englische Radio, und mit Recht! ‚This is the day', die Invasion hat begonnen! [...]

Entscheidung vom Hinterhaus beim Frühstück um neun Uhr: ‚Dies ist eine Probelandung, genau wie vor zwei Jahren bei Dieppe.' [...]
Sendungen in Deutsch, Niederländisch, Französisch und anderen Sprachen um zehn Uhr: ‚The invasion has begun!' Also doch die ‚echte' Invasion. [...]
Vielleicht, sagt Margot, kann ich im September oder Oktober doch wieder zur Schule gehen.
Deine Anne M. Frank"

Zunächst traut die Hinterhausgemeinschaft den eigenen Ohren nicht, als die seit Beginn des „Untertauchens" ersehnte Landung der Alliierten im Radio verkündet wird. Und zwar deshalb nicht, weil das erste Unterfangen dieser Art, zwei Jahre zuvor kurz nach dem Bezug des Verstecks, kläglich gescheitert war. Aus dieser Erfahrung der Vergangenheit ließ sich der Zweifel an den Nachrichten der Gegenwart begründen. Als die Invasion im Laufe des Tages aber schließlich doch bestätigt wurde, ergab sich daraus eine ganz neue Perspektive für Handlungsoptionen in der Zukunft.

In Handlungsoptionen, die sich aus der Gegenwarts- und Vergangenheitsanalyse für aktives menschliches Gestalten im Privatleben und in der Bürgergesellschaft ergeben, gewinnt das historische Wissen existenzielle Relevanz. Damit SchülerInnen sich selbst als Akteure des Gestaltens von Gegenwart und Zukunft erkennen können, sind daher die Akteure der Vergangenheit mit ihren Überlegungen in Bezug auf realistisch wahrgenommene Handlungsoptionen nicht nur von fachdidaktischer, sondern auch demokratiepädagogischer Relevanz. Darüber hinaus ist die Erweiterung der Multiperspektivität zeitgenössischer Zukunftsanalyse vergangener Gegenwart aus geschichtsdidaktischer Perspektive von großem Wert, weil damit linearem Geschichtsdenken von vornherein entgegengewirkt werden kann. Lernpsychologisch handelt es sich dabei um eine stark problemorientierte, personalisierte Herangehensweise, die durch Empathie Perspektivenübernahme ermöglicht, was für die Initiation von Motivation und Interesse von hohem Wert ist.

Handlungsoptionen

Die Thematisierung vergangener Zukunftsreflexionen erfordert spezifische Medien und Methoden im Geschichtsunterricht, worauf hier nur in aller Kürze eingegangen werden kann. Für die Auswahl von Fallbeispielen von Zukunftsszenarien der Vergangenheit eignen sich beispielsweise Ego-Dokumente und Zeitungsartikel als zentrale Quellen für die Neuzeit, Visionen, Orakel, Traumliteratur und Utopien als Quellen für die Vormoderne im weitesten Sinne.

Vergangene Zukunftsreflexionen

GEGENWART UND ZUKUNFT

Kontrafaktische Geschichtsschreibung

Methodisch ist die kontrafaktische Geschichtsschreibung ein bislang wenig in der Breite eingeführter Weg, das Denken in Handlungsoptionen und die Rolle von Zufälligkeiten für historische Entwicklungen im Geschichtsunterricht einzuüben. Eine breite Auswahl curricular wie fachlich valider Beispiele bietet der Klassiker der kontrafaktischen Geschichtsschreibung Alexander Demandt in seinem nunmehr als Digitalisat zugänglichen Buch *Ungeschehene Geschichte. Ein Traktat über die Frage: Was wäre geschehen, wenn…?* (Demandt 1986).

Eine Herangehensweise an die Zukunft im geschichtstheoretischen Sinne, die darüber hinaus für die Sekundarstufe II im Sinne der Wissenschaftspropädeutik zielführend ist, ist wiederum die Begriffsgeschichte (Hölscher 1999). Schließlich lassen sich Gegenwarts- und Zukunftsbezug durch die Analyse der Argumente in Zeitungsartikeln einüben, deren Gegenstand die Analyse künftiger Trends unter Einbezug historischer Argumente sind, die sich durch die fachliche Kontextualisierung auf ihre fachliche Triftigkeit und der daraus ableitbaren Güte des auf die Zukunft bezogenen Arguments prüfen lassen.

4.3 Methode zur Prüfung einer geschichtsdidaktischen Idee: Die Krim im Geschichtsunterricht

Gegenwarts- und Zukunftsbezug in der Unterrichtsplanung

Gegenwarts- und Zukunftsbezug werden bei der Unterrichtsplanung häufig entweder aus Gründen mangelnder Zeit ganz vernachlässigt oder sind derart präsent, dass die Vergangenheit nur noch als Kulisse dient und als Erkenntnisziel verschwindet. In diesem Abschnitt wird daher der Versuch unternommen, die Geschichtswissenschaft, das Curriculum und die Gegenwart bei der Planung so zu berücksichtigen, dass der Gegenwartsbezug zu fachlichen Fragen an die Vergangenheit führt, und die Antwort auf diese Fragen gleichsam „nebenher" die curricularen Konventionen abdecken kann. Dieser Abschnitt dient damit der Entwicklung eines für die Planung von Unterricht methodischen Herangehens zur Konzeption von Lernaufgaben zu Orientierungsfragen der Gegenwart, die die Herausforderung mit sich bringen, sich sehr schnell in ein neues Thema einzuarbeiten. Zu prüfen ist, ob das Thema Krim ein curricular und fachdidaktisch valider Ansatz für die Planung kompetenzorientierten Geschichtsunterricht darstellt.

METHODE ZUR PRÜFUNG EINER GESCHICHTSDIDAKTISCHEN IDEE

Voraussetzung für diese Prüfung ist ein erster Überblick über die raum-zeitlichen Zusammenhänge zum Beispiel mit Hilfe von Geschichtsatlanten wie „dem Putzger", dem dtv-Atlas zur Weltgeschichte oder auch den Bänden aus dem Bayerischen Schulbuchverlag.

Daraus kann sich folgende schlichte Zusammenfassung ergeben:

Bereits im sechsten vorchristlichen Jahrhundert (600 bis 500 v. Chr.) gründeten die Griechen auf der Halbinsel Krim am Schwarzen Meer eine Kolonie. Als die Ostgoten dem daraus entstanden sogenannten „Bosporanischen Reich" (latein. *Chersonesus Taurica*) um 300 nach Christus ein Ende bereiteten, konnten die Menschen der Krim auf eine gut tausendjährige, griechisch geprägte Geschichte zurückblicken.

Sachanalyse: Krim

Danach wird es in der Kenntnis des Westens still um die Krim. Doch wiederum fast tausend Jahre später kam es erneut zu einem gewaltsamen Machtwechsel, der die Krim in der westlichen Historiographie erneut in das Blickfeld brachte. Im Jahr 1221 führte der Feldzug von Dschinghis Khan und seiner „Goldenen Horde" zum „Einfall der tatarischen Mongolen" auf der Krim, die Teil des Khanats der Goldenen Horde wurde.

Bis 1475 gab es auf der Halbinsel zwei parallele Entwicklungen. Die eine bestand darin, dass sich um 1440 das Khanat der Krimtataren als Einheit etablieren konnte. Diese Entwicklung bezieht sich auf die dem Festland zugeneigten Gebiete der Krim. Die andere Entwicklung ist vergleichbar derjenigen der griechischen Kolonisation, die inzwischen bereits fast zweitausend Jahre zurücklag. Nun waren es die Handelsschiffe der italienischen Republik Genua, die an den bereits von den Griechen angesteuerten Häfen an der südwestlichen Schwarzmeerküste ankerten und dort an eben der Stelle, wo auch die Griechen sich zuerst ansiedelten, Handelsstützpunkte gründeten (1221–1475). Nun war nach den griechischen Einflüssen bereits die oströmische (byzantinische) Spielart des Christentums (Ostgoten) und der Religion der Mongolen auch die weströmische (Rom) Variante des Christentums auf der Schwarzmeer-Halbinsel vertreten.

Einen äußerst folgenreichen Machtwechsel brachte schließlich das Jahr 1475 mit sich: Die Krim wurde zum Vasallenstaat des Osmanischen Reiches, und es kam zur Islamisierung der dort lebenden Bevölkerung. Erst in Zusammenhang mit dessen beginnendem Zerfall geriet die Halbinsel erneut in die Interessensphären der Europäer (Krimkrieg 1853–1856).

Unter den Hinterlassenschaften des nach dem Ersten Weltkrieg untergegangenen Osmanischen Reiches befand sich auch die Krim.

Der Wechsel der Machthaber vollzog sich 1921 mit der Gründung der Sowjetrepublik Krim unter der Ägide Russlands. Allerdings erlitt die Halbinsel nach dem Zweiten Weltkrieg eine Degradierung ihres Status innerhalb des Sowjetsystems, als sie im Jahr 1954 bis zur Auflösung der UdSSR 1991 der Sowjetrepublik Ukraine zugesprochen wurde. An dieser Zugehörigkeit änderte sich auch 1991 nichts, sehr zum Bedauern von nicht wenigen Bevölkerungsgruppen der Krim. In das Jahr 1991 lassen sich daher die Bestrebungen zurückverfolgen, sich von der Ukraine wieder unabhängig zu machen.

Didaktische Analyse Dieser Sachanalyse kann sich nun die Didaktische Analyse anschließen:

Erstens: Ist das Thema Krim für die Schülerinnen und Schüler relevant für ein besseres Verstehen der Gegenwart? Diese Frage zielt *Lebensweltbezug* auf die Identifikation des Lebensweltbezugs („Geschichtsbewusstsein der Gesellschaft").

Die Frage ist durch die Art des zu prüfenden Lernanlasses aus dem tagespolitischen Geschehen der Zeitgenossenschaft mit Ja zu beantworten und mit Auszügen aus der Berichterstattung der Medien zu belegen. Der Zusammenhang mit dem Konfliktherd Ukraine ist zu verdeutlichen, und die Auswirkungen, die dieser Konfliktherd für die veränderte sicherheitspolitische Lage auch der Bundesrepublik Deutschland hat.

Zweitens: Trägt die Befassung mit der Geschichte der Krim und ihrer europahistorischen Kontexte zum Aufbau relevanten Überblickswissens über die Geschichte Europas und seiner Beziehung zur *Historische* Welt bei? Diese Frage zielt auf die Identifikation der historischen Si-*Signifikanz* gnifikanz.

Die Krim lässt sich als buchstäbliche und exemplarische – weil historisch signifikante – Brücke zwischen der bekannten westeuropäischen (Geschichts-)Welt mit der unbekannten Welt Asiens mit den heutigen Akteuren Russland, Türkei, China, Mongolei und Indien interpretieren. Historisch verläuft diese Grenze mitten durch die Nord-Süd-Achse der Krim. Während der Süden jahrhundertelang von Griechen, Römern und Genuesen mal in formeller, mal informeller Herrschaft in unterschiedlicher Ausdehnung nach Norden beeinflusst wurde, war der Norden das Einfallstor der Eroberer vom Festland her. Das Werden und Vergehen von Großreichen von der Antike bis in die Gegenwart und deren Einflussnahme auf die europäische Geschichte lassen sich daher durch den Ausgangspunkt Krim im Überblick erarbeiten. In der Sekundarstufe I lässt sich der Fokus auf die

Ereignisgeschichte aus unbekannter Perspektive in die curricularen Lernanlässe von der Antike bis in die Gegenwart integrieren. In der Sekundarstufe II können Theorien der Imperienbildung und begriffsgeschichtliche Aspekte fokussiert werden, beispielsweise anhand der Begriffe des Tataren, des Barbaren, Byzanz/Konstantinopel sowie wertender Begriffe aus westlichen Darstellungen wie „Horde" und „Einfall der Horde" auf Perspektivität hin hinterfragt werden.

Im Ergebnis ließen sich die im Schulbuch vertretenen bekannten Geschichten mit den unbekannten Geschichten, zu denen die Krim Einlass gewährt, mit- oder zueinander in Beziehung bringen.

Drittens: In welche Lehrplaneinheit ließe sich das Thema unter welcher Problemstellung integrieren? Diese Frage zielt auf die curriculare Synthese der geschichtsdidaktischen Idee für einen Gegenwartsbezug.

<small>Curriculare Synthese</small>

Die Thematik passt in all jene Lehrplanthemen hinein, in denen die oben dargelegten Zäsuren relevant sind. Das ermöglicht den Schwerpunkt in der Vormoderne in der Sekundarstufe I, wobei sich sogar die „dunklen" Jahrhunderte der Völkerwanderungszeit durch Kartenarbeit beleuchten lassen beziehungsweise sich ein Problembewusstsein über mutmaßliche Gründe für die „Dunkelheit" dieser Zeitspanne schaffen lässt. Für die Sekundarstufe II ist das Thema vom Schwerpunkt her für die Konsequenzen des Zerfalls des Osmanischen Reichs im Laufe des 19. Jahrhunderts für die Geschichte der Sowjetunion und deren Beziehung zu ihren Satellitenstaaten in der Entwicklungslinie zwischen 1922 bis 1991 exemplarisch. In der Konferenz von Jalta liegt ein möglicher Kristallisationspunkt, um dessen „Vorgeschichte" und Konsequenzen sich die Makrohistorie entfalten ließe. In beiden Entwicklungslinien spielt die Geschichte Deutschlands im 20. Jahrhundert als Kontext oder Untersuchungsschwerpunkt eine je spezifische Rolle. Im Ergebnis würde sich das Wissen über „die Goldene Horde" beziehungsweise „Jalta" mit erzählbarem Wissen über die Entstehung und Entwicklung des Islams und des Osmanenreiches (1017–1512) beziehungsweise der Sowjetunion von 1918 bis zu ihrem Zerfall 1991 verknüpfen.

Viertens: Welche Kompetenzen historischen Denkens lassen sich am Beispiel dieses Themas besonders gut fördern? Diese Frage zielt auf die Identifikation des spezifischen Potentials des Themas für die Förderung von Kompetenzen historischen Denkens.

<small>Kompetenzen historischen Denkens</small>

Die Förderung der Fragen- und Orientierungskompetenz sind Anlass der geschichtsdidaktischen Idee „Krim", die in der Durchführung zu curricular validen Kompetenzförderungs-Aspekten auch der

GEGENWART UND ZUKUNFT

anderen beiden Kompetenzbereiche führt. In der hier durchgeführten Herangehensweise liegt das Potential zur Planung von Geschichtsunterricht mit dem Leitmedium Geschichtsatlas. Das Lernergebnis hätte dann die rhetorische Form der Darstellung. Damit fällt die spezifische Förderung in den Bereich der historischen Kontextualisierung. Zentrale Aspekte der Sachkompetenz wie Dauer und Wandel sind genuiner Gegenstand dieses Themas, bei dem die kognitive Aktivierung der SchülerInnen durch Arbeitsaufträge zur Identifizierung der Zäsuren sowie der sich anschließenden Fragen nach deren Ursachen wie Folgen erfolgt. Methodisch lässt sich das Thema für den Unterricht mit Konzepten wie Kulturkontakt, *Entangled History* oder „*Connectivity*" (Horden / Purcell 2002) operationalisieren.

Geschichtsbewusstsein

Fünftens: Welche Teilaspekte des Geschichtsbewusstseins lassen sich mit diesem Thema wie zur Sprache bringen? Diese Frage zielt auf die Identifikation des spezifischen Potentials des Themas für die Förderung von Geschichtsbewusstsein.

Die Förderung des Zeitbewusstseins steht in der vorgestellten Wahl des Lernanlasses im Vordergrund, der sich für syn- wie diachrone Herangehensweisen an die Verbindung der westeuropäischen mit osteuropäischen und asiatischen Geschichten eignet.

Je nachdem, in welchem Umfang die theoretisch begründete Periodisierung der Zeitentwicklungen langer Dauer als Arbeitsauftrag an die Schüler übereignet wird, kann auf diese Weise auch das Historizitätsbewusstsein als Akt selbständigen Lernens fokussiert werden.

Wirklichkeitsbewusstsein

Das Wirklichkeitsbewusstsein wird dann im Vordergrund stehen, wenn das Kartenmaterial selbst auf seine Perspektive hin untersucht wird. Aber auch durch die Tendenzen in den schriftlichen und anderen Quellen in der Art der Darstellung lässt sich Wirklichkeitsbewusstsein im Sinne des Erkennens des Standortbezugs der untersuchten Erzählung fördern.

Im Ergebnis bietet sich bei Berücksichtigung dieser drei Aspekte des Geschichtsbewusstseins in Gestalt von Arbeitsaufträgen die Möglichkeit eines didaktischen Instruments zur Unterscheidung der individuellen Schülernarrationen nach Niveaus.

Begründung der Auswahl

Und schließlich sechstens: Welche Akteure der Vergangenheit eignen sich, um die Geschichte der Krim am Fallbeispiel „lebendig" zu machen? Diese Frage zielt auf die Begründung der Auswahl des empirischen Fallbeispiels.

Je nach Verortung im Lehrplan und je nach konkreter Leitfrage der Lernaufgabe (SIEHE OBEN KAP. 3) ist nach positiver Begutachtung der Punkte eins bis fünf ein empirisches Fallbeispiel auszuwählen.

Das bedeutet, dass eine Person wie Dschingis Khan oder Mehmed II., auch Papst Johannes XXII. oder ein Genueser Kaufmann als zentraler Akteur gewählt wird, durch die die Geschichten rund um die Krim auf die Einflüsse menschlichen Handelns untersucht werden können. Da die schriftlichen Quellen nicht einfach zugänglich sind, handelt es sich hier um ein Thema, das mit Hilfe archäologischer Forschung geschichtswissenschaftlich für die Vormoderne erschlossen werden kann. Weil die Krim ein repräsentatives Beispiel für Kulturkontakt darstellt, sind für die Moderne Briefwechsel, Konferenzen und Wahrnehmungsdokumente geeignete Fallbeispiele.

Nach der geschichtsdidaktischen und curricularen Validierung des Themas kann ein weiterer Schritt für die Unterrichtsvorbereitung folgen, indem nach einer möglichst signifikanten Zäsur der Geschichte Krim gesucht wird, bei deren Analyse in Vergangenheit und (damalige) Zukunft die interkulturellen Dimensionen der Geschichte der Krim und die charakteristischen Herrschaftswechsel als notwendiges Hintergrundwissen generiert werden müssen. *Suche nach Zäsur*

Als eine solche Zäsur ließe sich etwa die Goldene Horde und damit die Zeit Dschingis Khans identifizieren. Dies soll abschließend kurz begründet werden.

Die Geschichte der Krim weist lange Phasen der Dauer auf. Zweimal waren es die Zerfallserscheinungen großer Reiche, die auf der Krim ein derart erhebliches Machtvakuum hinterließen, das es zunächst den Mongolen Dschinghis Khans im 13. Jahrhundert ermöglichte, die Halbinsel seinem Reich einzuverleiben. Doch waren es schließlich nicht die Mongolen sondern die Osmanen, die das Byzantinische Kaiserreich beerbten (Fall von Byzanz 1453) und mit ihm die von den Ostgoten bevölkerte Krim zu ihrem Vasallenstaat erklärten und islamisierten (1475). Ein Vorgang vergleichbarer Tragweite spielte sich ein gutes halbes Jahrtausend später ab, als es dem Osmanenreich genauso erging wie seinerzeit Byzanz. Die neue Macht im Umfeld der Krim waren die Russen. Von 1921 bis heute reicht der russische Einfluss auf die Krim, repräsentiert in einer noch heute funktionstüchtigen Eisenbahnlinie nach Moskau.

Das Orientierungsbedürfnis der Gegenwart erweist sich als Wegweiser zu einer historisch signifikanten (und topographisch hoch komplexen) Zeitspanne, in sich Wandlungsprozesse mit Auswirkungen bis in unsere Gegenwart nachvollziehen lassen. *Orientierungsbedürfnis*

Fragen und Anregungen

- Charakterisieren Sie den Unterschied zwischen Ursachen- und Sinnzusammenhang an einem selbstgewählten Beispiel mit Bezug auf eine eigene historiographische Arbeit (Hausarbeit, Referat o. Ä.).
- Erläutern Sie die Art des Gegenwartsbezuges und der damit verbundenen Förderung von Geschichtsbewusstsein, die in begriffsgeschichtlich orientiertem Geschichtsunterricht realisiert werden kann.
- Suchen Sie eine Quelle aus, mit der vergangene Zukunft im Geschichtsunterricht thematisiert werden könnte. Begründen Sie Ihre Auswahl mit dem Vokabular des Lehrplans und der Geschichtsdidaktik mit Fokussierung auf das Lernergebnis des Schülers.
- Führen Sie ausgehend von einem aktuellen Beispiel Ihrer Wahl die geschichtsdidaktische und curriculare Validierung einer Idee für einen Gegenwartsbezug durch.

Literaturhinweise

Der erste Literaturhinweis bezieht sich auf die Geschichte der Krim, die entgegen des irreführenden Titels in ihrer chronologischen Tiefe erzählt und vor allem mit Bezug zu den archäologischen Quellen analysiert wird. Die vier anderen Titel enthalten Fallbeispiele und theoretische Grundannahmen für den Bereich der kontrafaktischen Geschichte.

- Aleksandr I. Ajbabin: **Archäologie und Geschichte der Krim in byzantinischer Zeit,** Regensburg 2012.
- Kai Brodersen (Hg.): **Virtuelle Antike. Wendepunkte der Alten Geschichte,** Darmstadt 2000.
- Alexander Demandt: **Es hätte auch anders kommen können. Wendepunkte deutscher Geschichte,** Berlin 2010.
- Eric Hobsbawm: **Wieviel Geschichte braucht die Zukunft?,** München 1998.
- Richard J. Evans: **Veränderte Vergangenheiten. Über kontrafaktisches Erzählen in der Geschichte,** München 2014.

5 Arbeit mit dem Lehrplan

Abbildung 6: Angela Merkel gibt Geschichtsunterricht über die DDR

ARBEIT MIT DEM LEHRPLAN

Warum besucht Angela Merkel eine Schulklasse ausgerechnet im Geschichtsunterricht? Das könnte beispielsweise folgende zwei Gründe haben. Erstens ist Angela Merkel eine Zeitzeugin, die über das Leben in der DDR berichten kann. Außerdem repräsentiert die derzeit amtierende Kanzlerin die Staatsform der Demokratie in Deutschland und damit die freiheitlich-demokratische Grundordnung der Bundesrepublik. In dieser Funktion verbindet sie vielleicht diese beiden Anlässe ihres Besuches in der Geschichtsklasse, und sie macht den SchülerInnen anhand ihrer Biographie deutlich, wie man „aus der Geschichte lernen" kann, und welch großes Glück alle haben, die in einer freiheitlich-demokratischen Gesellschaft heranwachsen dürfen.

Damit verbindet sie Geschichte mit Gegenwart, als Bindeglied dienen die Normen und Anschauungen, die für freiheitlich-demokratische Gesellschaften kennzeichnend sind, wie beispielsweise Toleranz, Redefreiheit, Religionsfreiheit, Menschenwürde oder Pressefreiheit. Gerade deshalb fokussiert die Kompetenzorientierung auf die Reflexivität des Geschichtsbewusstseins, das den mündigen Bürger zur Partizipation am demokratischen Gemeinwesen befähigt.

Lehrpläne spiegeln den Spagat zwischen normativer Demokratieerziehung und fachlicher Orientierung im Geschichtsunterricht wider. Damit reflektiert und geschichtsdidaktisch mündig umzugehen lässt sich am besten bereits vor der Praxis einüben, bevor die Sachzwänge des Schulalltages das fachliche Spektrum beginnen einzuengen – und die Faszination des ohne curriculare Schranken geschichtswissenschaftlichen Universums allmählich zu verblassen beginnt. Denn die kompetenzorientierten Curricula bieten HistorikerInnen in der Schule ab und an größere Freiheit in der Setzung eigener inhaltlicher und methodischer Schwerpunkte als dies im Rahmen der Lehrplangeneration zuvor möglich war.

5.1 **Lehrpläne als Repräsentanten des Geschichtsbewusstseins der Gesellschaft**
5.2 **Sprache, Aufbau und Ziel kompetenzorientierter Lehrpläne in Geschichte**
5.3 **Begründung geschichtsdidaktischer Ideen und Entscheidungen mit dem Lehrplan**

5.1 Lehrpläne als Repräsentanten des Geschichtsbewusstseins der Gesellschaft

Lehrpläne in Geschichte sind in vielen Ländern selbstverständlicher Teil einer Geschichtspolitik zur Legitimierung staatlicher Identität. Je stärker eine Regierung in das Geschichtsbild der BürgerInnen eingreifen möchte, desto restriktiver wird darauf geachtet, dass die „richtigen" Inhalte und vor allem Deutungen von Geschichte dargestellt werden. Häufig geht dieser geschichtspolitische Wille auch mit einer entsprechenden Gesetzgebung einher. Die bekannteste Regelung dieser Art in der Bundesrepublik Deutschland dürfte der Straftatbestand der Holocaustleugnung sein. In der Türkei und in Frankreich beispielsweise liefert noch immer die Frage nach der Bezeichnung der Massenmorde an den Armeniern 1915 Stoff für die Gesetzesentwicklung.

Lehrpläne und Geschichtspolitik

In Deutschland liegt die Entwicklung der Lehrpläne in der Hoheit der Bundesländer. Für viele neugebildete Landesregierungen ist es Ehrensache, den eigenen Stempel in der Bildungspolitik in Gestalt eines neuen Lehrplanes zu hinterlassen. Sobald dies beschlossene Sache ist, werden Kommissionen einberufen, die sich meist aus Personen der Administration und einem Kreis von Fachberatern zusammensetzen.

Dass Lehrpläne als Repräsentanten des Geschichtsbewusstseins der Gesellschaft angesehen werden können, lässt sich gut am Beispiel des Streits um eine radikale Integration von Transsexualität als übergeordnetes Thema für alle Fächer im baden-württembergischen Lehrplandiskurs 2013/14 zeigen. In der Öffentlichkeit und der Fachwissenschaft hat das Thema Transsexualität in den letzten Jahren an Bedeutung gewonnen. Deshalb, so die Argumentation der Befürworter der curricularen Implementation, sei es auch wichtig, diesen spezifischen Aspekt des historischen Gewordenseins der Gesellschaft im Geschichtsunterricht der Schule anzusprechen. Aus pädagogischen und gesellschaftspolitischen Gründen wandten sich allerdings viele Verbände und Personen gegen diesen Ansatz, der schließlich wieder in der Schublade des zuständigen Ministers verschwand. Es fand damit ein gesellschaftlicher Aushandlungsprozess ein Ende, bei dem die Verantwortlichen schließlich zu der Erkenntnis kamen, dass eine derart widerspruchsintensive Entscheidung vor allem Wählerstimmen kosten würde.

Lehrpläne und Geschichtsbewusstsein

Lehrpläne unterliegen daher einer Vielzahl gesellschaftlicher Einflüsse (Sliwka 2008). Für die geschichtsdidaktische Begründung von

Geschichts-didaktische Fragestellungen in Bezug auf Fachunterricht

Fachunterricht sind unter anderem folgende Fragestellungen von Relevanz:
1. Welches generelle Ziel setzt der Lehrplan für das Lernen in der Schule?
2. Welchen fachspezifischen Beitrag soll das Fach Geschichte dazu beitragen?
3. Welches Selbstverständnis der Geschichtswissenschaft liegt der Konzeption zugrunde?
4. Welche Rolle wird der Geschichtskultur für das historische Lernen zugewiesen?
5. Wie wird das fachspezifische Lernergebnis beschrieben, wie soll es erreicht werden und wozu soll es dienen?
6. Welches sind die inhaltlichen Standards und welche Deutungsmöglichkeiten von Geschichte ergeben sich aus der dort getroffenen Auswahl?

In Begrifflichkeit und Zielsetzung sind nicht nur die Lehrpläne in der Bundesrepublik, sondern auch viele Geschichtslehrpläne von westlich orientierten Ländern vergleichbar im Gebrauch der Begrifflichkeiten, inhaltlicher Auswahlprinzipien wie Zielsetzungen historischen Lernens. Die genannten Fragen lassen sich daher in verallgemeinerbarer Weise beantworten und auf Basis dieser Antworten für den je eigenen Lehrplan präzisieren.

Erziehung mündiger Bürger

Erstens: Das generelle Ziel von Lernen in der Schule ist zumindest in den Ländern, die an den PISA-Studien teilnahmen, die Erziehung und Heranbildung junger Menschen zu aktiven Bürgern, die durch mündige Partizipation zur Stabilisierung demokratischer Gesellschaften beitragen. Dahinter stecken die Werte der Aufklärung in ihrer Ausprägung der Bürgergesellschaft im Zeitalter der Globalisierung und einem individualistisch geprägten Menschenbild. Friedrich Schiller brachte diese 1789 in seiner Jenaer Antrittsvorlesung am Vorabend der Französischen Revolution auf die Formel vom „gebildeten Weltenmann". Weil in dieser Vorstellung der Mensch durch Wissen und Haltungen „gebildet" wird und sich nicht auf einen Wissensspeicher reduzieren lässt, legt etwa der Lehrplan in Baden-Württemberg seit 2004 Wert darauf, ein „Bildungsplan" und eben kein „Lehr"-Plan zu sein.

Zweitens: Der Beitrag des Faches Geschichte zur Erziehung mündiger Bürger wird überwiegend darin gesehen, die historische Gewordenheit der Lebenswelt in einer westlichen Demokratie zu erkennen. Da dieser Blick in die Geschichte der Demokratie dazu führt, dass diese immer wieder Gefährdungen unterliegt, besteht ein weiterer

Beitrag des Faches in der Erziehung zu einer fachspezifischen kritischen Haltung historischen Deutungen und Instrumentalisierungen gegenüber. Die Methode der historisch-kritischen Analyse und Interpretation aller Medien, die für die Deutung in historischen Erzählungen als Beleg herangezogen werden, ist daher ein Kernbeitrag des Faches zur *citizenship education*, wie der Ausdruck aus dem englischsprachigen Diskurs dazu heißt. Problemorientierung, Multiperspektivität und Gegenwartsbezug sind die basalen geschichtsdidaktischen Prinzipien, die sich damit verbinden. Weil die Partizipationsfähigkeit auf das argumentative Erklären historischer Zusammenhänge angewiesen ist, zeigt sich das reflektierte Geschichtsbewusstsein in der individuellen Ausprägung argumentativer historischer Narrativität.

<small>Historisch-kritische Analyse</small>

Drittens: Das Verhältnis zwischen Geschichtsunterricht und Geschichtswissenschaft konstituiert sich in der Lehrkraft. Je mehr sich die Lehrkraft selbst als Repräsentant des Faches in der Schule und vor der Klasse versteht, desto größer ist die Chance, dass die Lernenden den Unterschied zwischen Geschichte als forschender Disziplin und Geschichtserzählungen ohne fachlichen Anspruch erkennen können. Das Verhältnis zur Wissenschaft besteht in der Einhaltung und Verdeutlichung fachlicher Gütekriterien und Arbeitsprinzipien (den der Kompetenzorientierung zugrunde liegenden epistemologischer Prinzipien des Faches). In der Sekundarstufe II verdichtet sich dieser Zusammenhang durch die Zielsetzung der Wissenschaftspropädeutik auch unterhalb des Anspruches von Leistungskursen (→ VGL. KAPITEL 12).

<small>Geschichtsunterricht und -wissenschaft</small>

Viertens: Das Verhältnis zwischen Geschichtsunterricht und Geschichtskultur ist in den Lehrplänen seit der Kompetenzorientierung enger geworden. Das Naserümpfen vor zu viel populärer Geschichte im Unterricht ist der Erkenntnis gewichen, dass das Lernergebnis ja gerade im kritischen Umgang mit populären Erzählformen durch reflektiertes Geschichtsbewusstsein besteht. Gleichwohl bleiben die Lehrpläne an dieser Stelle meist undeutlich und vorsichtig, und auch die Fachwissenschaft nähert sich geschichtskulturellen Gegenständen nur mit äußerster Vorsicht, während diese für das historische Lernen in der Schule als Vorprägung von Geschichtsbewusstsein der SchülerInnen von großer Bedeutung sind (→ VGL. KAPITEL 14).

<small>Geschichtsunterricht und -kultur</small>

Fünftens: Das fachliche Lernergebnis ist die Ausprägung eines individuellen reflektierten Geschichtsbewusstseins. Es soll durch die Förderung von Kompetenzen historischen Denkens an ausgewählten inhaltlichen Beispielen eingeübt und ausgebildet werden. Es dient dazu, dem Einzelnen die Orientierung in der historisch gewordenen Le-

<small>Reflektiertes Geschichtsbewusstsein</small>

benswelt mit ihren gesellschaftlichen und anthropologischen Herausforderungen in Gegenwart und Zukunft zu erleichtern und ihn so historisch handlungs- und argumentierfähig zu machen. Dazu bedarf es eines Pools an verbalisierbarem Wissen über konkrete historische Fallbeispiele, Daten, Akteure, raum-zeitliche Zusammenhänge und Konzepte der Geschichtswissenschaft.

Gesellschaftliche Relevanz der Lehrpläne

Sechstens: Die inhaltlichen Standards westlich geprägter Lehrpläne orientieren sich an den Werten der Aufklärung, deren Genese und historisch bedingten Konjunkturen. Auch Diskurse der Pädagogik lenken die Auswahl von Inhalten wie oben am Beispiel der Transsexualität gezeigt wurde. Gegenwärtig sind es Begriffe wie „Binnendifferenzierung" oder „Inklusion", die auf die Auswahl neuer Inhalte zielen.

Aus den kursorisch gehaltenen Antworten ergibt sich, dass unterrichtsmethodische Entscheidungen vom fachlichen Lernziel und zudem in Rücksicht auf die spezifische Lerngruppe getroffen werden können. In Anbetracht der Orientierung an der Partizipations- und Diskursfähigkeit künftiger BürgerInnen sind all jene Unterrichtsmethoden sachgerecht, die Phasen des Wissensaufbaus durch Phasen des Austauschs, der Argumentation und begründeten Entscheidung beinhalten.

Länderspezifische Ausrichtungen der Lehrpläne

Am meisten unterscheiden sich die Inhalte der deutschen Lehrpläne für Gymnasien darin, inwiefern Längsschnitte, Globalgeschichte und Regionalgeschichte berücksichtigt werden. Außerdem ist die Gewichtung der Vormoderne abweichend. Große Unterschiede zeigen sich vor allem zwischen Berlin und Bayern. Doch in Sprache, Aufbau und Ziel sind sich kompetenzorientierte Lehrpläne durchaus ähnlich.

5.2 Sprache, Aufbau und Ziel kompetenzorientierter Lehrpläne in Geschichte

Kompetenzorientierte Lehrpläne

Die Sprache kompetenzorientierter Lehrpläne ist abstrakt, wo es um die Zielbestimmungen des historischen Lernens geht. Das liegt daran, dass die Geschichtsdidaktik Kompetenzen historischen Denkens definiert, das auf alle Gegenstände anwendbar ist, und nicht wie andere Fächer Gegenstandskompetenzen, wie es zum Beispiel eine „Mittelalter-Kompetenz" wäre, festlegt. Damit geht die Geschichtsdidaktik mit dem Kompetenz- oder *Literacy*-Begriff der empirischen Bildungsforschung konform. Auch hier wird zunächst nach der Philosophie des Faches (Epistemologie) gefragt, und diese dann auf eine Auswahl von Inhalten bezogen. Erst die Bearbeitung der Inhalte im Rahmen der epistemologischen Prinzipien des Faches führt zur Aneignung fachaffiner Kompetenzen im Sinne der Wissenschaft, auf die sich das Schulfach bezieht. Die Sprache der Lehrpläne ist eine Mischform aus Begriffen der Allgemeindidaktik, der akademischen Geschichtsdidaktik und der Bildungsadministration. Je nach Besetzung der Kommissionen oder Traditionen der Universitäten im Lande werden Schwerpunkte festgelegt.

Gleichwohl lässt sich feststellen, dass in den Lehrplänen Begrifflichkeiten zu finden sind, die eine Art Konsensvokabular der akademischen Geschichtsdidaktik abdecken. Dazu gehören etwa: Zeit-/Historizitätsbewusstsein, Dauer/Wandel, Ursache/Wirkung, Perspektivität, Standortgebundenheit, Gegenwartsbezug/„Sinnstiftung durch Vergangenheitserfahrung", Quellen, Re-/Dekonstruktion, Konstruktcharakter/Narrativität.

<small>Curriculares Vokabular im Fach Geschichte</small>

Nicht zum Konsens des curricularen Vokabulars zählt hingegen das Wirklichkeitsbewusstsein und die Fragekompetenz des FUER-Modells. Das ist ein eigenartiger Befund. Denn obwohl der Begriff des Wirklichkeitsbewusstseins (Hans-Jürgen Pandel) im Lehrplan von NRW etwas unglücklich mit dem Gegensatzpaar „real-fiktiv" gekennzeichnet wird, trifft dieser Teilaspekt des Geschichtsbewusstseins einen ganz zentralen Punkt der historisch-kritischen Quellenanalyse. Es geht darum, inwiefern ein Medium oder eine Narration eine triftige Rekonstruktion der Vergangenheit ermöglicht. Erst durch die Transparenz unterschiedlicher Grade der Darstellbarkeit vergangener „Wirklichkeiten" in verschiedenen Medien und Narrationen erhalten Lernende Einblick in die spezifische Herstellung geschichtswissenschaftlicher Evidenz. Wirklichkeitsbewusstsein ist daher ein Teilaspekt des zu fördernden Geschichtsbewusstseins, der dieses erst zu einem „reflektierten" im Sinne des Faches werden lässt.

<small>Lehrpläne als Spiegel akademischer Debatten</small>

Auch ist es verwunderlich, dass die Fragekompetenz generell unterrepräsentiert oder etwas verschämt unter die Methodenkompetenz subsumiert wird (NRW). Dass die im Geschichtsunterricht erzählten Geschichten keine Kopie der Vergangenheit darstellen, sondern sich Fragen der Gegenwart (oder bereits vergangener oder unbewusster Gegenwart) verdanken, sollte im Sinne des Aufbaus fachadäquater epistemologischer Prinzipien immer wieder zum Thema mit der Klasse gemacht werden. Doch auch dann, wenn die Lehrpläne diese Kompetenz nicht als eigene ausweisen, so sind die Gegenstände der

<small>Fragekompetenz</small>

Fragekompetenzen des FUER-Modells in der Methodenkompetenz durchaus gut aufgehoben. Denn die Analyse (Dekonstruktion) und Synthese (Rekonstruktion) historischer Narrationen sind ohne Fragekompetenzen nicht denkbar. Lernpsychologisch ist es allerdings von Bedeutung, dies auch zu benennen und so das fragende Subjekt als Ursache für die Auswahl und Deutung der Geschichten zu fokussieren.

Der Aufbau von Lehrplänen, die nach eigener Aussage am Lernergebnis orientiert sind, könnte bei LeserInnen die Erwartung wecken, dass die Lernergebnisse in Kapitel 1 stehen und der Weg dorthin in den weiteren Kapiteln beschrieben wird. In der Praxis verhält es sich genau anders herum. Nach einleitenden Rahmentexten zur Zielsetzung des Lernens in der Schule und im Fach Geschichte werden die meist in Doppeljahrgangsblöcken zusammengefassten Klassenstufen als Gliederungsprinzip beibehalten.

Vergleichbarkeit der Lernergebnisse

Kompetenzorientierte Lehrpläne orientieren sich am Lernergebnis. Doch wie lassen sich Schülernarrationen auf das Niveau des darin repräsentierten Geschichtsbewusstseins hin überprüfen? Das ist die Frage, die bislang nur wenig zufriedenstellend beantwortet werden kann. Im kanonorientierten Lehr-/Lernsetting geht es klar um Fakten und Daten, die „da sind", die „sitzen". Wenn aber als Lernergebnis reflektiertes Geschichtsbewusstsein in seiner Ausprägung von Narrativität und damit von Schülernarrationen definiert wird, gestaltet sich die Frage nach einer objektiven Vergleichbarkeit mindestens auf andere Weise, wenn nicht schwieriger. Doch jeder Lehrplan beinhaltet im Anschluss an die Beschreibung der Jahrgangsstufen und der jeweils an deren Ende zu erreichenden Kompetenzen auch Kapitel zur Leistungsfeststellung und Leistungsmessung. Eine wichtige Rolle dabei spielen die Operatoren der Einheitlichen Prüfungsanforderungen für das Abitur (EPA 1989/2005)), die inzwischen auch für die Anfänger im Fach Geschichte in einfacher Auswahl meist curriculare Verbindlichkeit erhalten haben. Curricular verbindlich ist inzwischen ebenfalls meist die Verpflichtung zu Binnendifferenzierung durch eine präzise Elaboration niveau-unterschiedlicher Arbeitsaufträge und Übungseinheiten. Das bedeutet eine umso klügere Auswahl der Medien, da dieses Mehr an Zeit für Erzählanlässe der SchülerInnen eine eingeschränkte Medienauswahl erforderlich macht. Für die Vorbereitung binnendifferenzierter Lernaufgaben hat dies zur Folge, dass der Zeitanteil für die Ausarbeitung der Arbeitsaufträge und Übungsimpulse größer und die Suche nach geeigneten Medien kleiner ausfallen sollte. In dieser Umkehr des Ver-

Unterstützung für Unterrichtsplanung

hältnisses zeigt sich möglicherweise die curriculare Revolution am radikalsten, weil weder Schüler noch Lehrer gewohnt sind, wenige Medien in der Tiefe zu analysieren und dann viel Zeit in deren fachgerechte Interpretation und Deutungsmöglichkeiten zu investieren.

Lehrpläne haben das Ziel, einen juristisch verbindlichen Rahmen für das Lehrerhandeln zu konzipieren. Damit wird ein Minimum an Vergleichbarkeit der Schülerleistungen gewährleistet. Gleichzeitig bieten sie den Lehrkräften Unterstützung für die Planung von Unterricht und die Begründung für Entscheidungen, die für die Förderung und Entwicklung reflektierten Geschichtsbewusstseins curricular argumentierbar sind.

5.3 Begründung geschichtsdidaktischer Ideen und Entscheidungen mit dem Lehrplan

Formulierungen zur Begründung kompetenzorientierter fachdidaktischer Ideen orientieren sich am intendierten Lernergebnis in Gestalt reflektierten Geschichtsbewusstseins und bedienen sich dabei des damit zusammenhängenden Vokabulars des Lehrplans (→ VGL. 5.2). So ließe sich die Idee, mit Kleopatra eine große Frau der Antike in das Zentrum einer Unterrichtssequenz zu stellen, beispielsweise wie folgt begründen:

Weil Kleopatra durch ihre Herkunft griechisch, durch ihr Amt ägyptisch und durch ihre Liebhaber auch römisch geprägt war, sind ihre Person und die Kontextualisierung ihres Lebens in der ägyptischen, griechischen und römischen Ereignisgeschichte als Unterrichtsthema geeignet, das Zeit- und das Historizitätsbewusstsein zu fördern. Das Zeitbewusstsein wegen der Zeiten langer Dauer der pharaonischen Herrschaftsform und seines nur graduellen Wandels, das Historizitätsbewusstsein wegen der Zäsur des Alexanderzuges, die dazu führte, dass in Ägypten die makedonische Familie der Ptolemäer an die Macht kam, und der Zäsur der Großmacht Rom, die das Ende der jahrtausendealten Herrschaftsform bedeutete.

Zentrale Vokabeln solcher Begründungen orientieren sich am Lernergebnis. Solche Begründungen sind gekennzeichnet durch ergebnisorientierte Begriffe wie fördern, unterstützen, Lerngelegenheiten schaffen. Das Vokabular verdeutlicht, dass es um geplantes Lehrerhandeln geht, das sich auf Möglichkeiten bezieht, SchülerInnen den Erwerb reflektierten Geschichtsbewusstseins zu ermöglichen. Weitere Operatoren dieser Art sind unterstützen, wahrnehmen las-

Begründungen für kompetenzorientierte fachdidaktische Ideen

Orientierung am Lernergebnis

sen, verunsichern, herausfordern, kognitiv aktivieren, anregen, einen Sprech- oder Schreibanlass bieten, zur Argumentation oder zum Widerspruch anregen, erschließen lassen.

Lernstandserwartungen

Während das zentrale Vokabular des Lehrplans sich um den Zentralbegriff des Geschichtsbewusstseins gruppiert, bieten die Lernstandserwartungen am Ende der Doppeljahrgangsstufen Anhaltspunkte zur Identifizierung des curricularen Potentials geschichtsdidaktischer Ideen. Diese Erwartungen sind meist getrennt in die Kompetenzbereiche des Lehrplans hinein formuliert. Am Beispiel der Kompetenzerwartungen am Ende der gymnasialen Jahrgangsstufe 6, die der Kernlehrplan NRW (2007, S. 24–25) im Bereich der Sachkompetenzen aufführt, sei hier die Idee Kleopatra auf einen weiteren Prüfstand gestellt.

Sachkompetenz: Die Schülerinnen und Schüler
- charakterisieren den historischen Raum als menschlichen Handlungsraum in Vergangenheit, Gegenwart und Zukunft.
- Kleopatra verbindet durch ihre Herkunft und Lebensgeschichte die für die antike Geschichte signifikanten Räume des Kulturkontaktes zwischen Griechenland, dem Vorderen Orient und dem Mittelmeerraum bis nach Italien. Schüler lernen den Wandel des Raumes durch den Vergleich der heutigen Staaten in diesem Raum kennen.
- kennen die Zeit als Dimension, die gemessen, chronologisch eingeteilt oder periodisiert werden kann, und benutzen zutreffende Zeit- und Ortsangaben.
- Durch die Einreihung Kleopatras in die lange Liste der Pharaonen erhalten die SchülerInnen Übung im Umgang mit dem Zeitstrahl und der Orientierung an zentralen Orten sowie dem Wandel ihrer Bedeutungen. Sie können die Zusammenhänge und Überlappungen der Teilkapitel Hochkulturen, Griechenland und Rom erkennen und interpretieren.
- kennzeichnen die Formen der Überlieferung durch Überreste, mündliche und schriftliche Tradierung sowie moderne technische Medien.

Zur Erarbeitung der Person, Herkunft und Kontextualisierung Kleopatras liegen signifikante Medien der Überlieferung wie beispielsweise der Stein von Rosette vor, der als Kombination von Artefakt mit Schrift auf die Ägypter als prominente Schriftentwickler verweist, von denen Griechen wie Römer je unterschiedlich lernten. Durch den Vergleich mit den lateinischen Schriftquellen können sie den Unterschied zwischen Überrest und Tradition erstmals kennenlernen.

- kennen Zeiten und Räume frühgeschichtlicher, antiker sowie mittelalterlicher Überlieferung und charakterisieren mittels eines ersten Orientierungswissens diese Epochen (Schlüsselereignisse, Eckdaten, typische Merkmale; Vorstellungen über das Eigene und das Fremde).

Als epochales Scharnier ist Kleoptra geeignet, die Charakteristika der Ur- und Frühgeschichte, der Hochkulturen und Griechenlands zu wiederholen und in der Kontrastierung zum Römischen Weltreich den historischen Vergleich zu üben sowie die eigene Gegenwartserfahrung auf Analogien und Fremdheit zu befragen.

- beschreiben wichtige Gruppen in den jeweiligen Gesellschaften, ihre Funktionen, Rollen und Handlungsmöglichkeiten.

Kleopatra bietet Anlass dazu, über die Rollen der Frau in der Antike nachzudenken und mit dem Wissen wie Nicht-Wissen aus der Ur- und Frühgeschichte, den Hochkulturen und Griechenlands zu argumentieren.

- erzählen bzw. informieren exemplarisch über Lebensbedingungen und kulturelle Kontakte in frühen Hochkulturen, antiken Großreichen sowie im Mittelalter.

Auch hierfür steht Kleopatra als Repräsentantin des Kulturkontaktes zwischen Hellenismus, Orient und Rom.

- beschreiben epochale kulturelle Errungenschaften und wesentliche Herrschaftsformen der jeweiligen Zeit.

Die kulturellen Errungenschaften des Übergangs zur Sesshaftigkeit, der Schriftkulturen und der damit einhergehenden Ausdifferenzierung verschiedener Herrschaftsformen bei den Hochkulturen sowie das Nebeneinander erster Demokratien, der römischen Republik und der langen Dauer monarchischer Herrschaftsformen lassen sich in Gestalt der Kleopatra rekapitulieren und so auf eine abstraktere Ebene des Denkens transformieren.

- identifizieren Spuren der Vergangenheit in der Gegenwart und erläutern in einfacher Form die historische Bedingtheit heutiger Phänomene.

Kleopatras Beliebtheit in der Geschichtskultur als Diskussionsanlass im Sinne der Orientierungs- und Medienkompetenz ist hier zu thematisieren.

- beschreiben wesentliche Veränderungen und nehmen einfache Vergleiche zwischen „früher" und „heute" sachgerecht vor.

Die historischen Veränderungen über lange Zeiträume sowie die Grenzen historischer Erkenntnisse, die sich an den Überlieferungen und Kontexten der Pharaoninnen Hatschepsut (um 1490–1468 v.

Chr.), Nofretete rund hundert Jahre später (Mitte des 14. Jahrhunderts vor Christus) und der hier fraglichen Kleopatra VII. der Großen (69–31 v. Chr.) ablesen lassen, repräsentieren „wesentliche Veränderungen" in der Vergangenheit. Diesem Wandel lässt sich Wandel, aus dem heraus sich die Stellung mächtiger Frauen in Demokratien ergeben hat gegenüberstellen. Ein punktueller Vergleich wie beispielsweise „Vergleiche Kleopatra mit Angela Merkel" liegt zwar nahe und ist auch einfacher durchzuführen. Fachlich angemessener ist der Vergleich von Wandlungsprozessen. Hier bietet sich Binnendifferenzierung in der Aufgabenstellung an.

- verfügen über ein erstes Grundverständnis zentraler Dimensionen und Fachbegriffe und wenden diese sachgerecht an.

Zentrale Dimensionen, die sich mit der Person der Kleopatra in Verbindung bringen lassen, sind vor allem Raum, Zeit und historische Evidenz (Überrest und Tradition) sowie die Fachbegriffe zur Erläuterung ihrer Herrschaftsform im Vergleich zur griechischen Demokratie und der römischen Republik.

Lehrpläne im Vergleich

Es besteht durch die Kompetenzorientierung der Lehrpläne eine im Unterschied zum kanonbasierten Vorgehen vergleichsweise größere Freiheit des individuellen geschichtsdidaktischen Spielraumes in der Wahl der Fallbeispiele. Diese Wahlfreiheit ist allerdings nicht beliebig. Sie zielt auf eine Auswahl, die sich mit Fokus auf den potentiellen Lernerfolg der SchülerInnen curricular begründen lässt. Ein Grund für die Wahl des Themas Ägypten als Fallbeispiel für eine antike Hochkultur könnte sein, dass die Lehrkraft sich in diesem Thema besser auskennt als in anderen Hochkulturen und keine Zeit hat, sich in neue Thematiken wie etwa die Assyrer oder die Entwicklung Israels oder Mesopotamiens einzuarbeiten. Ein Grund für die Auswahl der Entwicklung Persiens könnte sein, dass es in der Klasse viele Kinder gibt, die ihrer Herkunft nach aus dieser Region stammen. Die Chance auf Motivation und Interesse einerseits und transkulturelles Lernen in der gemischten Klasse andererseits könnten die Lehrkraft ihrerseits motivieren, sich in dieses Thema einzuarbeiten, und gerade den Blick nicht nur auf eine Hochkultur, sondern die Begegnungsgeschichten der Hochkulturen des alten Orient in den Fokus des Unterrichts zu stellen. Damit eröffnet die curriculare Begründung auf Basis der neuen Lehrpläne unterschiedlichen Lehrertypen mit je spezifischen Lerngruppen und Arbeitskontexten die Möglichkeit für die SchülerInnen eine für die je spezifische Situation bestmögliche Lerngelegenheit zu konzipieren.

BEGRÜNDUNG GESCHICHTSDIDAKTISCHER IDEEN

Viele Lehrpläne weisen die Urteilskompetenz als Ausdrucksform argumentativer historischer Narrativität im Sinne reflektierten Geschichtsbewusstseins aus. Dabei lassen sich folgende Urteile unterscheiden:

Sachurteile oder besser „Fachurteile": Sie zielen auf die materialbasierte Argumentation beispielsweise als Antwort auf die Frage „Wie kam es dazu...?" Es wird mit Verweis auf Quellen und Darstellungen ein räumlich-historischer Zusammenhang argumentativ erzählt. In der Diktion des FUER-Modells bewegt man sich im Bereich der Methodenkompetenz innerhalb der Facette der Rekonstruktion oder Synthese.

Fachliche Werturteile: Sie zielen auf die materialbasierte Argumentation als Antwort auf die Frage „Warum kam es zu ...?" Es werden ausgewählte gesellschaftliche Sektoren (Politik, Kultur, Umwelt, Weltdeutung etc.) daraufhin bewertet, welchen Einfluss Akteure und Strukturen auf signifikanten historischen Wandel genommen haben. In der Diktion des FUER-Modells bewegt man sich auch hier im Bereich der Methodenkompetenz innerhalb der Facette der Rekonstruktion oder Synthese.

Historisch-politische und moralische Werturteile mit fachlichem Anspruch: Sie zielen auf die materialbasierte Argumentation auf die Frage der Übereinstimmung oder Abweichung mit den Grundwerten der freiheitlich-demokratischen Grundordnung, der Menschenrechte westlicher Prägung sowie des Menschen- und Gesellschaftsbildes in der Tradition der europäischen Aufklärung. In der Diktion des FUER-Modells bewegt man sich hier im Bereich der Orientierungskompetenzen, denn es geht um Identität und Alterität, um Selbst- und Fremdverstehen und die Re-Organisation von Geschichtsbewusstsein durch fachlich belegbare (Er-)Kenntnisse des Individuums.

Alle drei Formen des fachlichen Urteilens zeichnen sich durch die in die argumentative Erzählung integrierte Belegpraxis des formulierten Urteils durch Verweis auf Quellen und Darstellungen aus.

Der Bereich der Urteilskompetenzen ist vor allem in der Oberstufe in vielen Lehrplänen eine heikle Angelegenheit. Denn durch den Anspruch der Vergleichbarkeit der Lernergebnisse – mancherorts verschärft durch die Erfordernisse des Zentralabiturs –, werden in den „Kompetenzerwartungen vor dem Abitur" einzelne Urteilskompetenzen zu Inhaltsfeldern ausgewiesen. Da sich diese auch im Bereich des historisch-politischen und moralischen Urteilens bewegen, liegt hier der Vorwurf einer Rückkehr des Gesinnungsunterrichts in demokratischem Gewand nicht fern. Es liegt daher in der Verantwortung der

Urteilskompetenz und argumentative historische Narrativität

Werturteile

Urteilskompetenz in der Sekundarstufe II

Lehrkraft, diese Kompetenzerwartungen ihrerseits zum Thema zu machen und in den sozialen Kontext des öffentlichen Schulwesens im Geltungsbereich der freiheitlich-demokratischen Grundordnung der Bundesrepublik Deutschland zu stellen. Dabei liegt es in der Einwanderungsgesellschaft der Gegenwart nahe, den interkulturellen Vergleich der Genese von Menschenrechts- und Bürgergesellschaftsideen als spezifisch kognitive Herausforderung des Geschichtsunterrichts in der Oberstufe zu thematisieren (Rüsen 2011; Laass et al. 2013).

Fragen und Anregungen

- Erstellen Sie ein Vokabelheft zu der zentralen Begrifflichkeit Ihres Lehrplans und sprechen Sie in der Gruppe über eine allgemeinverständliche Definition der einzelnen Begriffe. Entwickeln Sie Beispiele an ausgewählten curricular und / oder fachwissenschaftlich relevanten Inhalten.

- Erklären Sie, inwiefern Geschichtslehrpläne das Geschichtsbewusstsein der Gesellschaft repräsentieren.

- Erörtern Sie Grenzen und Möglichkeiten kompetenzorientierter Lehrpläne für das individuelle Handeln der Geschichtslehrkräfte.

- Entwickeln Sie eine geschichtsdidaktische Idee auf Basis eines fachwissenschaftlichen Seminars / Vorlesung / Monographie / Aufsatz und begründen Sie diese Idee mit dem Lehrplan.

Lektüreempfehlungen

In Deutschland hat die Curriculum-Forschung vor dem Hintergrund der Kompetenzorientierung im Vergleich zu den in den 1970er Jahren geführten Debatten stark abgenommen. Das ist in der anglophonen Welt anders, dort wird vor allem der identitäre, geschichtspolitische Aspekt von Curricula thematisiert. Eines der zentralen Organe dieser Debatten ist das Journal of Curriculum Studies. Aus diesem bieten folgende Aufsätze einen guten Einstieg in die Diskurse, die sich durch einen in den letzten Jahren entstandenen komparatistischen Zugriff auszeichnen:

- Anna Clark: Teaching the Nation's Story. Comparing Public Debates and Classroom Perspectives on History Education in Australia and Canada, in: Journal of Curriculum Studies 41, 2009, Heft 6, S. 745–762.

- Peter Seixas: National History and beyond, in: Journal of Curriculum Studies 41, 2009, Heft 6, S. 719–722.

- Arie Wilschut: History at the Mercy of Politicians and Ideologies. Germany, England, and the Netherlands in the 19th and 20th Centuries, in: Journal of Curriculum Studies 42, 2010, Heft 5, S. 693–723.

Für den Zusammenhang von Schulbuch und Curricula hat die Freiburger Archäologin Miriam Sénécheau beispielsweise die Germanen untersucht:

- Miriam Sénécheau: Archäologie im Schulbuch. Themen der Ur- und Frühgeschichte im Spannungsfeld zwischen Lehrplanforderungen, Fachdiskussion und populären Geschichtsvorstellungen. Schulbücher, Unterrichtsfilme, Kinder-und Jugendliteratur, Band. 1, Freiburg 2008, S. 793–813.

6 Medien und Methoden – Heuristik und Interpretation

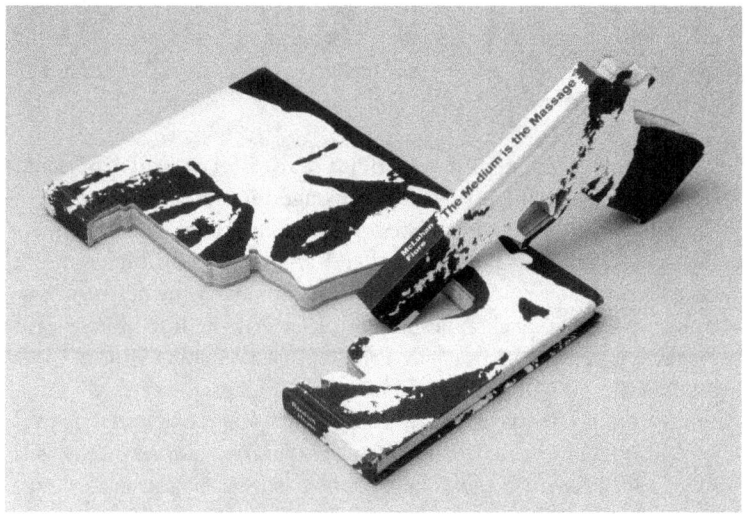

Abbildung 7: Robert The, Bookgun "The Medium is the Massage" (2006)

Medien und ihre Analyse

„The Medium is the Massage" – so nannte Herbert Marshall McLuhan (1911–1980) sein inzwischen zum Klassiker der Kommunikationstheorie gewordenes Buch aus dem Jahr 1967. Der auf eine Pistole gezogene Buchtitel verdeutlicht die Botschaft McLuhans: Als Betrachter verstehe ich sehr gut, dass die Botschaft „Gewalt" lautet, weil die mediale Gesamtkomposition aus Schrift, Bild und Ding auf diese Weise interpretierbar ist. Auf den zweiten Blick ergibt sich durch das Wortspiel „Massage/Message" eine Irritation dieser glatten Interpretation – welch Zynismus, Gewalt mit dem Bedeutungshorizont des Begriffs „Massage" zu verbinden.

Ein Historiker, der diese Pistole in hundert Jahren vielleicht finden wird, könnte genau dies tun – den Gegenstand analysieren, in seinen historischen Kontext stellen und daraus einen Aufsatz über den Medienbegriff in der Mitte des 20. Jahrhunderts schreiben.

Nicht der Inhalt, sondern das Medium selbst ist Träger der Botschaft – das war und ist eine provokante Aussage für alle, die sich um neuer Erkenntnisse willen mit Geisteswissenschaft – auch mit Geschichte – befassen. Doch für alle, die an der Vermittlung von Inhalten interessiert sind, ist der Titel von McLuhans Buch keineswegs provokant, sondern täglicher Bestandteil ihrer Arbeit. In Tübingen gibt es sogar ein eigenes Institut zur Erforschung von sogenannten „Wissensmedien" (IWM), das den Einsatz von Medien beispielsweise daraufhin untersucht, welches Zusammenspiel von Text und Bild welche Wirkungen beim Rezipienten hinterlässt. Dabei stellt sich weniger die Frage, ob der Inhalt obsolet ist, als vielmehr die Frage, wie Inhalt und Form zusammenwirken und welche Schlüsse sich daraus für mögliche Erkenntnisse über die Vergangenheit ziehen lassen.

6.1 **Medien als Quellen historischen Lernens**
6.2 **Die Mischung macht's: Zusammenstellung multipler Medien zur Förderung historischen Denkens**
6.3 **Medienanalytische Arbeitsaufträge in problemorientierten Lernaufgaben**

6.1 Medien als Quellen historischen Lernens

Fachspezifische Medien in Geschichte sind solche, die mittels der Erkenntnis über einen räumlich-zeitlichen Zusammenhang in der Vergangenheit zur besseren Orientierung in Gegenwart und Zukunft beitragen. Es ist daher zwecklos, Listen über Medien zu erstellen, die im Geschichtsunterricht von Belang sein können, da diese Listen endlos wären. Viele Schulbücher treffen daher eine Auswahl von Medien für spezifische Seiten, die im weitesten Sinne als „Methodentraining" verstanden werden. Auf derartigen Seiten wird die Einführung in die Analyse von Textquellen ebenso thematisiert wie Feldpostbriefe, Verfassungsschemata, Statistiken oder historische Karten. Didaktisch lässt sich hier McLuhans Schlagwort gut zur Anwendung bringen: Denn eine Statistik ermöglicht eine andere „Botschaft" für die Entwicklung einer fachlichen historischen Erzählung als eine Papsturkunde oder ein Verfassungsschema. Doch Statistiken, Urkunden und Verfassungsschemata lassen sich dann als fachspezifische Medien begreifen, wenn sie zur Beantwortung historischer Fragen ausgewertet werden, die an der Art chronologischer Zusammenhänge (und manchmal auch der Bedeutung des Zufalls!) interessiert sind. Weil der Begriff des Mediums sowohl den Inhalt als auch die Form historischer Quellen berücksichtigt und zugleich den Vermittlungsaspekt gewissermaßen im Namen trägt, wird er hier anderen Begriffen wie „Text" oder „Material" vorgezogen.

Medien der Geschichtswissenschaft

Das bedeutet in erster Linie, dass Medien daraufhin zu untersuchen sind, welches historische und didaktische Potential sie für die Argumentation eines räumlich-zeitlichen Zusammenhanges besitzen. Damit ist die Auswahl von Medien stets in Abhängigkeit vom intendierten Lernergebnis zu sehen. Im Unterschied zu input-orientierten Herangehensweisen erfordert die Orientierung am Lernergebnis den prüfenden Blick darauf, inwiefern ein Medium geeignet ist, übergeordnete Problemstellung und intendiertes Lernergebnis miteinander zu verbinden. Dabei ist auch zu entscheiden, welche Funktion ein Medium im Lern- und Erkenntnisprozess der SchülerInnen aus sachlichen und didaktischen Gründen einnehmen sollte.

Fachspezifische Auswahl von Medien

Wenn ein Historiker, der die McLuhan-Pistole in hundert Jahren untersucht, das Ergebnis seiner Quellenkritik in einer Fachzeitschrift veröffentlicht, dann steht die Pistole im Fokus seines Erkenntnisinteresses. Die Pistole dient zur Rekonstruktion des chronologischen Zusammenhanges, in den sie sich nach Stand der Forschung in hundert Jahren einordnen lässt. Angenommen, ein Lehrer liest diesen Aufsatz

MEDIEN UND METHODEN – HEURISTIK UND INTERPRETATION

Primär- und Sekundärmedien des Lernprozesses

und beschließt, die Erkenntnisse des Historikers in das Zentrum eines Lernprozesses für seine Schüler zu stellen. Auch er stellt die Analyse der Pistole und ihrer chronologischen Einordnung in einen größeren zeitlichen Zusammenhang in das Zentrum des intendierten Erkenntnisprozesses bei den Schülern. Damit wird die Pistole im Unterricht zum Primärmedium. Alle anderen Medien dienen dazu, die abschließende historische Erzählung (das Lernergebnis) zu ermöglichen. Alle Medien, die das Primärmedium mit notwendigen Zusatzinformationen flankieren, werden dann zu Sekundärmedien. Im geschilderten Fall hätte das intendierte Lernergebnis die Gestalt einer Quelleninterpretation im Sinne der EPA (1989/2005) (→ SIEHE OBEN S. 78). Anders verhielte es sich, wenn der Lehrer beschließt, aus dem Aufsatz des Historikers lediglich die Quintessenz zu nehmen, die in einer Schlussfolgerung über die Entwicklung des Medienbegriffes in der westlichen Welt zwischen 1950 und 2000 bestünde. Die Pistole würde neben weiteren Medien zum Sekundärmedium, während der Aufsatz des Historikers zum Primärmedium geriete. Das intendierte Lernergebnis bestünde dann in einer Darstellung der Geschichte des Medienbegriffes, in der die Hypothese des Historikers zu prüfen wäre.

Das Leitmedium im Geschichtsunterricht übernimmt also die Rolle, die für den forschenden Historiker die Quellenarbeit ausmacht. Die Analyse dieses Mediums „leitet" den Erkenntnisweg hin zu einer neuen historischen Erkenntnis. Dabei ist für die Auswertung der Quelle von Belang, in welcher medialen Gestalt sie vorliegt. Der Medienbegriff im Geschichtsunterricht ist daher unauflösbar mit dem Quellenbegriff der Geschichtswissenschaft verbunden. Wie der Historiker Inhalt und mediale Form in Verbindung bringt, hängt wieder davon ab, welches Erkenntnisinteresse er verfolgt und um welche Art Quelle es sich im Einzelfall handelt. Paul Kirn hat die Frage nach dem Verhältnis von medialer Gestalt der Quelle und ihrem Nutzen für den Historiker in seiner klassischen und bis heute rezipierten Definition des Quellenbegriffs in seiner *Einführung in die Geschichtswissenschaft* (Kirn 1947) in der folgenden Weise beantwortet: „Quellen nennen wir alle Texte, Gegenstände oder Tatsachen, aus denen Kenntnis der Vergangenheit gewonnen werden kann." (Kirn 1968, S. 29). Er geht damit sogar noch einen Schritt weiter als viele postmoderne Medienwissenschaftler, indem er auch „Tatsachen" als Quellen historischer Erkenntnis begreift. Dies sind beispielsweise Institutionen mit langer historischer Tradition, die als Quellen zur Erkenntnis über diejenigen gesellschaftlichen Voraussetzungen beitragen können, die einst an ihrer Entstehung teilhatten. Ein Beispiel für

Unterrichtsmedien und Quellen

eine solche „Tatsache" könnte die Fasnacht ebenso sein wie Definitionen von Demokratie aus der Antike, die in aktuellen Verfassungen zur Anwendung kommen. Der naive – nicht-professionelle – Betrachter entwickelt angesichts der Beobachtung eines Fasnachtsumzuges wie beispielsweise des traditionsreichen „Narrensprungs" in Rottweil am Neckar ein Narrativ über vergangene Zeiten. Damit ist der Narrensprung ein „Medienprodukt" im Sinne der transmedialen Erzähltheorie.

Für die Geschichtsdidaktik ist die *transmediale Erzähltheorie* deshalb eine interessante Entwicklung in der neueren Kulturwissenschaft, weil sie die Rezeptionsmöglichkeiten in den Vordergrund stellt. Erzählbar sind demnach alle Sachverhalte, die sich auf Medien rückbeziehen lassen, unabhängig davon, in welcher Gestalt, daher ist diese Erzähltheorie *transmedial*. In ihrer Einführung in die Transmediale Erzähltheorie beschreibt Nicole Mahne diesen Umstand wie folgt: „Ein Medienprodukt kann dann als narrativ bezeichnet werden, wenn es das narrative Schema des Rezipienten zu aktivieren vermag." (Mahne 2007, S. 16). Zweifelsfrei würden Historiker im Anschluss an Kirn zustimmen, dass sie ungeachtet der medialen Gestalt alle Quellen, „aus denen Kenntnis der Vergangenheit gewonnen werden kann" (Kirn 1968, S. 30) als geschichtswissenschaftlich bedeutungsvoll bewerten würden.

Bliebe man bei dieser Erkenntnis stehen, so wäre die Aussage von McLuhan „The Medium is the Message" widerlegt oder zumindest für geschichtswissenschaftliche und geschichtsdidaktische Belange uninteressant. Denn es geht ja den HistorikerInnen darum, „Kenntnis der Vergangenheit" zu gewinnen, und die Geschichtsdidaktik ist daran interessiert, SchülerInnen den geschichtswissenschaftlichen Prozess der Gewinnung historischer Kenntnisse exemplarisch erschließbar zu machen. Zentral dafür ist daher in erster Linie weniger das Trägermedium der Information als vielmehr dessen Aussagekraft für eine bestimmte Annahme über die Art eines räumlich-zeitlichen Zusammenhanges. Erst in dieser wissenschaftlichen Qualität können historische Argumente in gesellschaftlichen Diskursen wirklich eine größere Gültigkeit als nicht-fachliche Argumentationen für sich beanspruchen – und genau darum geht es, wenn der Geschichtsunterricht SchülerInnen sprachfähig für die Partizipation an historischen Diskursen der Gegenwart machen soll.

Der große Unterschied zwischen den Vertretern der *transmedialen Erzähltheorie* und der geschichtswissenschaftlichen Forschung besteht allerdings darin, dass Historiker seit dem 19. Jahrhundert me-

Transmediale Erzähltheorie

MEDIEN UND METHODEN – HEURISTIK UND INTERPRETATION

Transmediale Erzähltheorie und Geschichtswissenschaft

thodisch Wert darauf legen, Quellen nicht nur nach ihrer medialen Repräsentation, sondern auch danach zu unterscheiden, mit welcher Überlieferungsabsicht sie produziert wurden. Auch heute noch findet sich daher in Einführungswerken in die Geschichtswissenschaft die Unterscheidung Ernst Bernheims von Quellen, deren Produzenten mit bewusstem Überlieferungswillen tätig waren, von solchen, die durch Zufall überliefert sind. Während Bernheim die erste Quellengruppe als „Tradition" bezeichnet, nennt er die zweite Gruppe „Überrest" (Bernheim 1926, S. 104–122). Beide Quellenarten lassen sich im transmedialen Erzählbegriff als „Medienprodukte" beschreiben. Doch während Medien, die als Tradition hergestellt wurden, das „narrative Schema" der Nachwelt fokussieren, ging es den Produzenten der Überreste um die Rezipienten ihrer Entstehungszeit. Für die Auswertung hat diese Unterscheidung Folgen. Es wird deutlich, dass Medien im Geschichtsunterricht keinesfalls für sich selbst sprechen und sich losgelöst von ihren Inhalten selbst erklären. Zugleich lässt sich damit zeigen, dass für das Fach Geschichte in erster Linie nicht das Medium im Vordergrund der Analyse steht, sondern diejenigen Erkenntnisse, die sich für die fachlich adäquate Argumentation für einen räumlich-zeitlichen Zusammenhang aus der Analyse ergeben. Erst eine Argumentation, die eine behauptete Erkenntnis über die Vergangenheit mit Verweis auf die Quellen und deren Einschätzung durch die Forschung stützen kann, ist auch tauglich, falschen historischen „Beweisführungen" in den Diskursen der Gegenwart mit guten Gründen entgegenzutreten.

6.2 Die Mischung macht's: Zusammenstellung multipler Medien zur Förderung historischen Denkens

Medien im Fach Geschichte

Der wohl größte Unterschied in der Auswertung von Medien im Fach Geschichte zum Fach Deutsch kann darin gesehen werden, dass in Geschichte stets die Rekonstruktion der Vergangenheit mit dem Interesse, Gegenwart und Zukunft besser zu verstehen, im Fokus steht. Auch wenn die dabei betrachteten Erzählungen über die Vergangenheit niemals „die Wiedergabe einer vergangenen Wirklichkeit, sondern, überspitzt formuliert, die Fiktion des Faktischen" (Koselleck 1971/2010, S. 91) wiedergeben können, so unterliegen diese Erzählungen doch durch die empirische Begründung den methodischen Rationalitätsstandards der Geschichtswissenschaft. „Nie sagt eine Quelle, was gesagt werden soll, immer aber zeigt sie, was nicht gesagt werden darf. Die Quellen besitzen ein Vetorecht.", so Koselleck in seinem Aufsatz „Fiktion und geschichtliche Wirklichkeit" (1979, S. 206).

Die Vermittlung der Erkenntnis, dass Quellen nicht „für sich sprechen", aber dennoch der einzige empirische Beleg dafür sind, „geschichtliche Wirklichkeit" rational zu deuten, ist eines der zentralen Ziele von Geschichtsunterricht. Dieses Ziel ist anspruchsvoll, weil es die Permanenz des Zweifels bedingt. Allerdings neigen Menschen von Natur aus eher dazu, sich an historischen „Wahrheiten" festzuhalten, frei nach dem Sprichwort „Was nicht sein soll, das nicht sein darf." Prinzipiell fällt es Menschen schwer, sich vorzustellen, dass es mehrere empirisch argumentierbare Rekonstruktionen der Vergangenheit gibt. Dabei machen schon Kinder diese Erfahrung Tag für Tag. Harry Havekes, ein niederländischer Geschichtsdidaktiker (z. B. Havekes et al. 2012), erzählt seinen Studenten in diesem Zusammenhang von seinen streitenden Kindern, einem Mädchen und einem Jungen im Vorschulalter. Ein Spielzeug ist kaputt gegangen und beide Kinder sind von ihrer Version des Geschehens felsenfest überzeugt. Es ist für Eltern gar nicht einfach, die „wirkliche" Geschichte herauszufinden und dabei zu berücksichtigen, wie die Kinder jeweils diesen Hergang überhaupt haben wahrnehmen und interpretieren können.

<small>Vetorecht der Quellen</small>

In der Öffentlichkeit wird meist so über Geschichte gesprochen, als gäbe es nur eine Möglichkeit der Erzählung, wenn man nur die richtigen Leute mit den richtigen Quellen befragte. Diese Art des Wissenschaftsverständnisses nennt man Positivismus, denn die Menschen, die diese Auffassung vertreten, gehen davon aus, dass es eine Erzählung gibt, die sich positiv belegen lässt. Es bedeutet ein hohes Maß an intellektueller Widerstandsfähigkeit des Geschichtslehrers selbst, in seinem Unterricht dieses Verständnis als vorhandene Vorstellung im Geschichtsbewusstsein der Lernenden zur Sprache kommen zu lassen, es aber dann zu irritieren und damit die Erkenntnis der Vielschichtigkeit historischer „Sinnbildung über Zeiterfahrung" (Jörn Rüsen) zu ermöglichen.

<small>Positivismus</small>

Dazu bedarf es der klugen Auswahl multipler Medien, die die Lernenden vom einfachen, linear-positivistischen Erzählstrang über dessen Verunsicherung auf dem Weg zur Fähigkeit eines eigenen fachlichen Urteils begleiten und damit für die Alltagskultur argumentierfähig machen. Aus diesem Grund gehört das Prinzip der Multiperspektivität zu den unhintergehbaren Ansprüchen eines Geschichtsunterrichts in demokratischen Gesellschaften. Ein mediales Gesamtbild für einen Unter-

<small>Medien und Multiperspektivität</small>

richtsentwurf sollte daher nicht nur aus pädagogischen und allgemeindidaktischen Gründen multiple Medien beinhalten. Fachspezifisch lässt sich dieses Erfordernis erstens durch das Prinzip der Multiperspektivität von Quellen und Forschung begründen und zweitens, weil in der Tat verschiedene Trägermedien von Information verschiedene Erzählungen für den Rezipienten ermöglichen. Hier kommt schließlich doch wieder in moderater, den Inhalt berücksichtigender Form McLuhans Diktum „The medium is the message" ins Spiel. Für die Geschichtsdidaktik ließe sich dieses wie folgt transformieren: „The medium influences the message."

Ein dritter Punkt verbindet die lernpsychologische und die fachliche Begründung für die Zusammenstellung multipler Medien im Geschichtsunterricht. Die kognitive Anstrengung, aus Medienprodukten Erzählungen über die Vergangenheit zu generieren, ist je nach Medium völlig unterschiedlich. Aus einer Statistik die Geschichte der Bevölkerungsentwicklung Englands vor und während der industriellen Revolution zu erzählen, erfordert ganz andere Analysetechniken als die Extraktion derselben Geschichte aus einem fachhistorischen Spezialaufsatz oder dem Verfassertext eines Schulbuches. Ebenso verhält es sich damit, wenn Bilder, Karikaturen, Lieder oder literarische Texte als Quellen ausgewertet werden sollen. Entscheidend ist, dass niemals eine Quelle allein genügt, um die Zusammenhänge zwischen zwei Zeitpunkten rational, weil empirisch begründbar, zu verknüpfen. So wird man im Geschichtsunterricht darauf verzichten, einen Roman als Ganzschrift zu lesen und nach der Entwicklung von Charakteren zu fragen, wie es im Deutschunterricht zielführend wäre. Vielmehr wird man danach fragen, welche „Kenntnis der Vergangenheit" an welcher Stelle des Romans die Gestalt einer Vermutung annimmt, und mit Hilfe welcher weiterer Medien diese Vermutung überprüft werden kann. Geschichtsunterricht ist daher auf multiple Medien angewiesen, die dem Schüler Gelegenheit geben zu zeigen, wie gut er darin ist, aus ihnen die empirischen Argumente für historische Erzählungen zu ziehen. Es geht in Geschichte darum, aus den verschiedensten medialen Quellen Vergangenheit zu rekonstruieren, wofür eine spezifische fachliche Kombinationsgabe gefragt ist, die die Forschung *multiple document literacy* oder auch *knowledge integration* nennt (Rouet 2006, Linn 2000). Diese Kombinationsgabe sollte geschichtsdidaktisch im Vordergrund der Förderung von Methodenkompetenzen stehen. Während in der Wissenschaftspropädeutik der Sekundarstufe II dabei die Analyse von Textquellen sicher eine große Rolle spielen sollte (→ KAPITEL 13), sollten SchülerInnen der Sekundarstufe I möglichst viele Gelegenheiten bekommen, Geschichte anhand vieler unterschiedlicher medialer Formate kennen und deuten zu lernen. Nicht nur, weil Geschichte dadurch anschaulicher wird, sondern auch und vor allem, damit im Unterricht Zeit bleibt, über Geschichte und ihre multiplen Argumentationsmöglichkeiten zu diskutieren.

Die Zusammenstellung multipler Medien gehört in den Bereich geschichtsdidaktischer Methodenkompetenz. Diese erfordert die Erkenntnis des Zusammenhangs zwischen dem geschichtswissenschaftlichen Quellenbegriff und dem unterrichtsmethodischen Medienbegriff. In diesem Zusammenhang liegt die Fachspezifik des Schulfaches Geschichte im Bereich des allgemeindidaktischen Themenfeldes „Medien". Diese erfordert auch die Fähigkeit, Primärmedien von Sekundärmedien zu unterscheiden. Außerdem gehört dazu auch das Wissen über die spezifisch fachdidaktische Erfordernis der Kontextualisierung, so dass der im Primärmedium repräsentierte Einzelfall durch solche Sekundärmedien flankiert ist, die die Bedeutung des Einzelfalls für die großen Linien der Epoche erkennen und hinterfragen lassen. Die meisten Schulbücher bemühen sich um diese Qualität der medialen Auswahl für ihre Kapitel. So steht zum Beispiel das Fallbeispiel eines Bildes von Martin Luther (Lucas Cranach der Ältere, um 1520) im Kontext zum Zusammenhangskonzept „Reformation", das durch die Sekundärmedien der Überschrift, des Verfassertextes und weiterer Quellen in Text und Bild flankiert wird (Das waren Zeiten 2 2009, S. 67). Leitmedium ist das Bild aber nur dann, wenn dies durch die Leitfrage und die Arbeitsaufträge (sei es durch das Schulbuch, sei es durch die Lehrkraft) für die SchülerInnen erkennbar wird.

Multiple Medien und Methodenkompetenz

Das Lernergebnis der SchülerInnen im fachspezifischen Umgang mit den Medien sollte darin bestehen, dass sie damit eigenständig fachlich arbeiten können. Das bedeutet, dass sie zum Beispiel das Bild von Cranach nicht mit kunsthistorischer, sondern mit geschichtswissenschaftlicher Perspektive betrachten. Während der Kunsthistoriker den historischen Kontext als Hintergrundvariable zur Erschließung des Bildes nutzt, steht für den Historiker der Erkenntnisgewinn für die Rekonstruktion der vergangenen Wirklichkeit zur Debatte. Allgemein gesprochen bedeutet dies, dass den SchülerInnen bewusst wird, dass der historische Blick das Medium als empirische Hintergrundvariable nutzt, um zu Erkenntnissen über den räumlich-zeitlichen Verlauf eines spezifischen Zeitabschnittes in der Vergangenheit zu gelangen. Dass dieses Lernergebnis erzielt werden kann, liegt in der geschichtsdidaktischen Kompetenz der Lehrkraft und deren Umgang mit den Medien im Geschichtsunterricht.

Lernergebnis

MEDIEN UND METHODEN – HEURISTIK UND INTERPRETATION

Die Auswahl der Fallbeispiele für die Unterrichtung von Lehrplanthemen sollte in der Sekundarstufe I möglichst auf Quellen konzentriert sein, die die zeitgenössische Perspektive von Akteuren, deren Handlungsoptionen und Entscheidungen sowie deren spezifische Wahrnehmung repräsentieren. Die geschichtsdidaktische Methodenkompetenz in der Auswahl oder auch eigenen Konstruktion solcher Medien besteht darin, darauf zu achten, dass komplexe historische Zusammenhänge exemplarisch an repräsentativen Akteuren der Epoche zur Sprache gebracht werden. Besonders in den unteren Klassenstufen empfiehlt es sich aus fachlicher Perspektive durchaus, dazu die lange Zeit verpönten „großen Männer und Frauen" wie Alexander den Großen, Kleopatra und Cäsar als Fallbeispiele für die Entwicklungen von Dauer und Wandel der jeweiligen Großepochen heranzuziehen. Aus fachlicher Perspektive ist das deshalb adäquat, weil die problematische Quellenlage für die Epochen der Antike mit den SchülerInnen am Beispiel der Hinterfragung ihrer Geschichtsbilder zum Thema gemacht werden kann. Es empfiehlt sich im weiteren Durchgang durch die Chronologie, auch solche Medien heranzuziehen, die andere Akteursebenen repräsentieren, um dann die für die Antike genutzten Leitmedien erneut zu prüfen und mit den Leitmedien beispielsweise für die mittelalterliche Geschichte zu vergleichen.

Medien und Akteursebenen

Medien in der Sekundarstufe I

Bereits in der zweiten Hälfte der Sekundarstufe I sollte das mediale Sample für Unterrichtsstunden und -Einheiten allmählich das Abstraktionsvermögen der SchülerInnen fördern und deren Einblick in die Komplexität historischer Zusammenhänge ermöglichen. Dazu bedarf es solcher Medien, mit deren Hilfe die Begriffe historischer Erzählungen kennengelernt und hinsichtlich ihres historischen wie gegenwärtigen Gehalts hinterfragt werden können. Sekundärmedien dieser Art können etwa die Pocket-Lexika der Bundeszentrale für politische Bildung zum Vokabular von Politik, Wirtschaft und Recht der Gegenwart sein. Medial repräsentierte Begriffe sollten alle Konkretions- und Abstraktionsgrade umfassen, die für eine historische Erzählung vonnöten sind. Begriffe der Konkretion sind Namen, Daten, Ereignisse und Orte, Begriffe zur Abstrahierung der konkreten Begrifflichkeiten subsumieren bestimmte Epochen oder Phänomene und können sowohl von den Zeitgenossen selbst stammen, wie beispielsweise im Begriff der „Aufklärung", oder auch durch die Forschung im Nachhinein für die Charakterisierung entwickelt worden sein wie beispielsweise „Konfessionalisierung". Auch die Begrifflichkeit zur geohistorischen Einordnung sollte medial repräsentiert sein, in Gestalt von Kartenmaterial, das es ermöglicht, den konkreten Raum des Fallbeispiels in den größeren historischen Kontext einzuordnen sowie den Vergleich zur heutigen Situation durchzuführen.

In der Sekundarstufe II sollten schließlich auch Auszüge aus geschichtstheoretischen Schriften und geschichtswissenschaftlichen Fachzeitschriften Einzug in den Geschichtsunterricht halten, ebenso wie die Arbeit mit neuen und alten Quelleneditionen sowie archäologischen Artefakten in wissenschaftlichen Begleitbänden zu einschlägigen Sammlungen und Ausgrabungsorten. Ein wichtiges Medium in der Oberstufe ist zudem das Gespräch mit Fachhistorikern und Archäologen, sei es über deren aktuelle Publikationen, sei es – falls möglich – in der persönlichen Auseinandersetzung im Gespräch. Ideale Ergänzung zum medialen Angebot in der Schule bieten Konferenzen wie der Historikertag und der gezielte Besuch von Veranstaltungen zu lehrplanrelevanten Themen und von Nachwuchs-Sektionen (denn nicht immer sind die für Schüler angebotenen Veranstaltungen auch die für die Wissenschaftspropädeutik am meisten zielführenden Lerngelegenheiten).

Medien in der Sekundarstufe II

6.3 Medienanalytische Arbeitsaufträge in problemorientierten Lernaufgaben

Lerngelegenheiten, in denen SchülerInnen den fachlich adäquaten Umgang mit Medien erlernen und üben können, sind solche, in denen die Arbeitsweisen von Archäologen und Historikern zur Anwendung und Reflexion Bestandteil des Unterrichts sind. Ebenso, wie die fachspezifische Auswahl der Medien mit dem fachwissenschaftlichen Quellenbegriff zusammenhängt, gibt es einen unauflösbaren Zusammenhang zwischen der Konzeption medienanalytischer Arbeitsaufträge für den Geschichtsunterricht mit den rationalen Standards der historisch-kritischen Methode.

Jedes Medium, das im Sample für einen Lernprozess vertreten ist, bedarf analytischer Arbeitsaufträge für die Erschließung seines Erkenntnispotentials hinsichtlich der übergeordneten Fragestellung. Dabei steht die Analyse des Primärmediums im Vordergrund. Die Arbeitsaufträge für die Sekundärmedien sollten den Zusammenhang mit dem Leitmedium und der übergeordneten Fragestellung herstellen. In jeder Lerneinheit („Lernaufgaben") sollten sich Arbeitsaufträge aus dem Bereich der historisch-kritischen Methode in Zusammenhang mit Leit- und Sekundärmedien wiederfinden lassen.

Medien und Arbeitsaufträge

MEDIEN UND METHODEN – HEURISTIK UND INTERPRETATION

Ob Antike, Mittelalter oder Neuzeit – die in der Zeit des Historismus entwickelte historisch-kritische Methode ist ein Konsens, über den sich Historiker bei aller Pluralität ihrer Themen und Ansätze nach wie vor verständigen können. Während im Geschichtsstudium allerdings überwiegend Textquellen im Vordergrund stehen, ist es eine spezifische Methodenkompetenz des Geschichtslehrers, diese Methode auch auf alle anderen Medien historischen Lernens anwendbar zu machen. Ihr stets wiederkehrendes Instrumentarium ermöglicht es SchülerInnen letztlich, den Geschichtsunterricht als von Deutsch, Philosophie oder Kunst getrenntes Fach mit spezifischen Leistungserfordernissen wahrzunehmen. Darüber hinaus ist dies der spezifische Anteil des Faches Geschichte an der Entwicklung der Medienkompetenz der heranwachsenden Bürger, indem die Kontextualisierung und kritische Prüfung von Medien für die Erkenntnis von historischen Zusammenhängen zum selbstverständlichen Umgang mit Medien des Alltags wird.

Medien und Lernaufgaben

Dabei steht die Einübung der historisch-kritischen Methode auch im Unterricht nicht als Selbstzweck im Raum, sondern ist durch das erkenntnisleitende Interesse der übergeordneten Fragestellung in den größeren Zusammenhang der *Lernaufgabe* eingebettet. Viele Schulbücher missachten dieses Prinzip, indem sie sogenannte Methodenseiten anbieten, in denen die historisch-kritische Methode meist an einer Textquelle eingeführt und eingeübt werden soll, ohne dass die Quelleninterpretation mit einer übergeordneten Problemstellung in einen Zusammenhang gestellt würde. Die zentrale historische Fähigkeit der Kontextualisierung bleibt hier unberücksichtigt. Das ist nicht nur fachlich falsch, sondern auch lernpsychologisch ein großer Fehler, denn die Relevanz der erforderlichen methodischen Schritte für einen eigenständig zu entwickelnden historischen Gedanken ist nicht erkennbar. Die häufigen Klagen über den quellenbasierten Geschichtsunterricht lassen sich sicher auch auf diesen Umstand zurückführen. Erst im Zusammenhang mit dem Gesamtnarrativ der Lernaufgabe ergeben die Anwendung der historisch-kritischen Methode und vor allem ihr Ziel, die fachlich kundige Interpretation des Mediums, für die Bearbeiter – die SchülerInnen – einen Sinn. Dabei ist der Begriff der Lernaufgabe zur Bezeichnung einer Lerneinheit deshalb hilfreich, weil er zum Ausdruck bringt, dass eine übergeordnete Problemstellung etwas anderes ist als ein medienanalytischer Arbeitsauftrag. Ebenso ist zwischen *medienanalytischen Arbeitsaufträgen* und solchen, die auf *Kontextualisierung* oder *Bewertung* größerer Zusammenhänge als Ergebnissicherung von Medienanalyse und Kontextualisierung zielen, zu unterscheiden. In den Einheitlichen Prüfungsaufgaben für das Abitur (EPA 1989/2005) wird dieser Zusammenhang ebenfalls berücksichtigt. Mit Fokus auf das intendierte Lernergebnis lassen sich Lernaufgaben als Äquivalent zu den übergeordneten Operatoren Quelleninterpretation, Darstellung und Erörterung verstehen. Die untergeordneten Operatoren dienen dann der medienanalytischen Erschließung des gesamten Samples. Sie folgen der erkenntnislogischen Reihung der Informationswahrnehmung (Anforderungsbereich I/AFB I), der Rekonstruktion des medienimmanenten Zusammenhangs (Anforderungsbereich II/AFB II) und der Reflexion des Medieninhalts hinsichtlich der übergeordneten Leitfrage (Anforderungsbereich III/AFB III).

Geschichtsdidaktisch ergibt sich daraus, dass die Feinarbeit an den Arbeitsaufträgen erst nach der Entscheidung für das gesamte mediale Sample, der Identifizierung von Primär- und Sekundärmedien sowie der endgültigen Entscheidung für die Formulierung einer Leitfrage oder einer übergeordneten Problemstellung sinnvoll ist. Hinsichtlich des Zeitmanagements für den Unterricht ist es im Sinne der Orientierung am Lernergebnis der SchülerInnen zentral, möglichst wenige multiple Medien mit möglichst vielen Arbeitsaufträgen und Raum für den Austausch in Klein- und Großgruppen zu versehen. Dadurch wachsen die Möglichkeiten zur Performanz historischer Narrativität für die SchülerInnen und geben den Lehrkräften damit mehr Gelegenheit, individuelle Leistungs- und Förderprofile zu identifizieren.

Arbeitsaufträge bieten den SchülerInnen Lerngelegenheiten für den Erwerb der Dekonstruktionskompetenz im Sinne des FUER-Modells. Dabei gilt eine unhintergehbare Grundregel, die Lingelbach/Rudolph wie folgt auf den Punkt bringen:

Medien und Arbeitsaufträge

„Die Ambivalenz der Quelleninhalte und ihre Deutungsoffenheit machen es unverzichtbar, sie mit einer zuvor formulierten Fragestellung auszuwerten. Im Hinblick auf diese müssten sie abschließend den konkreten Erkenntnisgehalt der Quelle und deren Relevanz für Ihre Fragestellung bestimmen." (Lingelbach/Rudolph 2005, S. 118)

Während Lingelbach/Rudolph die Grundregel vom Zusammenhang zwischen Fragestellung und Quellenarbeit für die Perspektive der Geschichtsstudierenden entwerfen, die eine Hausarbeit schreiben sollen, geht es aus geschichtsdidaktischer Perspektive darum, die Fragestellung der Hausarbeit und die dafür herangezogenen Ergebnisse von Quellenarbeit vom Ergebnis her zu betrachten und für den Unterricht

didaktisch zu rekonstruieren und durch einen transparenten Gegenwartsbezug die Förderung reflektierten Geschichtsbewusstseins damit zu verbinden. Daraus ergibt sich folgende Herangehensweise bei der Entwicklung von Lernaufgaben:
- Korrelation des Lehrplanthemas mit fachhistorischen und geschichtskulturellen Diskursen und Entwicklung einer übergeordneten Problemstellung (Dauer / Wandel, Ursache / Wirkung)
- Zusammenstellung eines medialen Samples und Entscheidung für ein Leitmedium
- Erste Formulierung des intendierten Lernergebnisses in Gestalt eines Antwortnarrativs
- Festlegung der Sekundärmedien
- Entwicklung der Arbeitsaufträge
- Festlegung der medialen und rhetorischen Gestalt des Lernergebnisses durch die SchülerInnen

Medienanalytische Arbeitsaufträge folgen den Arbeitsschritten der historisch-kritischen Methode. Daher zielen sie erstens auf die Erstellung einer Inhaltsangabe des Mediums, zweitens auf die Klärung der konkreten Fakten (wer, was, wann, wo, Gattung, Überlieferungsart, intendierte Leserschaft, Intention des Produzenten) und drittens die Zusammenfassung der Erkenntnisse, die sich für die diskursive Beantwortung der Leitfrage aus dem Leitmedium entnehmen lassen.

Das Ergebnis der historisch-kritischen Analyse ist die Voraussetzung dafür, dass an das gesamte mediale Sample weitere Arbeitsaufträge zur Analyse der übergeordneten Problemstellung gestellt werden können. Hier lassen sich die historisch-analytischen (*Kontextualisierung*) von normativen gesellschafts-politischen und / oder ethisch konnotierten Arbeitsaufträgen (*Bewertung*) unterscheiden. Notwendig ist die ständige Erinnerung daran, dass ohne den Verweis auf konkrete Hinweise in den bearbeiteten Medien die Bearbeitung eines Arbeitsauftrages ungenügend bleibt. Anfängern sollte man dies durch Hilfestellungen immer wieder bewusst machen (Beispiel: „Beziehe dich in deiner Antwort auf M2"), während es bei fortschreitendem Geschichtsunterricht zunehmend zur Selbstverständlichkeit werden sollte, dass im Fließtext die Belege in Klammern in einfacher Zitierweise eingefügt werden.

Historisch-analytische Arbeitsaufträge bedürfen vor allem in der Oberstufe einer klaren Verortung in einem historiographischen Konzept, wie beispielsweise der Ideengeschichte oder der Verfassungsgeschichte. Die Wahl dieses Konzepts ergibt sich meist aus der übergeordneten Problemstellung oder der Quellengattung. Erst dadurch wird den SchülerInnen bewusst, dass Historiker ihre Quellen in ganz verschiedener Hinsicht auswerten, und daher auch ihre eigene Interpretation nur einen kleinen Teilaspekt der historischen Realität beleuchtet. In der Oberstufe können arbeitsteilige Gruppenarbeiten das identische Quellenmaterial unter der Perspektive unterschiedlicher Forschungsansätze bearbeiten und so die Konjunkturen geschichtswissenschaftlicher Fragestellungen und ihre Entstehungsbedingungen vor dem Hintergrund gesellschaftlicher Tendenzen wahrnehmen.

Zentral für die *historisch-analytischen Arbeitsaufträge* ist erstens die Methode des Vergleichs mit vergleichbaren zeitgenössischen Medien und zweitens die Einordnung in das Makronarrativ der Epoche durch die Thematisierung der Exemplarizität oder Querläufigkeit des Leitmediums zu zentralen Entwicklungslinien und Merkmalen. Erst im Anschluss daran ist es möglich, auf fachlich gesicherter Grundlage *normative Arbeitsaufträge* zu formulieren. Häufig greifen diese abschließenden Arbeitsaufträge die normativen Konzepte von Leitfragen wieder auf.

<small>Normative Arbeitsaufträge</small>

Fragen und Anregungen

- Definieren Sie die Begriffe Historisch-kritische Methode und Transmediale Erzähltheorie.
- Erklären Sie den Zusammenhang zwischen dem geschichtswissenschaftlichen Quellenbegriff und dem Thema Medien und Methoden im Geschichtsunterricht.
- Charakterisieren Sie unterschiedliche Arten von Arbeitsaufträgen.
- Erläutern Sie den Begriff der Lernaufgabe.

Lektüreempfehlungen

- **Hilke Günther-Arndt: Methodik des Geschichtsunterrichts**, in: Dies./Meik Zülsdorf-Kersting (Hgg.): Geschichtsdidaktik. Praxishandbuch für die Sekundarstufe I und II, 6. überarbeitete Neuauflage, Berlin 2014, S. 158–204.
- **Jordan, Stefan: Vetorecht der Quellen,** Version: 1.0, in: Docupedia-Zeitgeschichte, 11.2.2010, URL: http://docupedia.de/zg/Vetorecht_der_Quellen.

- Hans-Jürgen Pandel: Quelleninterpretation. Die schriftliche Quelle im Geschichtsunterricht, 3. Aufl., Schwalbach/Ts. 2006.

- Michael Sauer: Quellenarbeit im Geschichtsunterricht. Empirische Befunde, in: Zeitschrift für Geschichtsdidaktik 12, 2013, S. 176–197.

7 Ein Medium eigener Art: Die Arbeit mit dem Schulgeschichtsbuch

Abbildung 8: Geschichtsstudentinnen in der Schulbuchsammlung des Historischen Instituts der Ruhr-Universität Bochum (2015)

Eine erste Auswahl an Schulbüchern zu einem Thema ist nach der Durchsicht der Bestände erfolgt (vgl. Kapitel 3). Aus den fachdidaktischen Veranstaltungen wissen die Studierenden aber, dass beispielsweise die Germanen in Schulgeschichtsbüchern ganz unterschiedlich dargestellt werden – mal als ungehobelte und aufmüpfige Barbaren, mal im friedlichen Austausch von Waren zwischen Römern und den Bewohnern jenseits des Limes (Sénécheau 2010). Es ist ihnen bewusst, dass Narrative in Schulgeschichtsbüchern implizite Deutungen enthalten, die nicht immer in Lehrermaterialien oder Arbeitsaufträgen für die Nutzer der Schulbücher sichtbar gemacht werden. So stellt sich die Arbeit mit Schulgeschichtsbüchern als geschichtsdidaktisch anspruchsvolle Aufgabe dar. Gleichzeitig sind für Berufsanfänger und Wiedereinsteiger Schulgeschichtsbücher und aufbereitete „Unterrichtsmaterialien" eine wichtige Anlaufstelle für das „Überleben" im vollgepackten Stundenplan und zwischen den vielfältigen Anforderungen, die heute über den Unterricht hinaus an Lehrkräfte gestellt werden.

Noch etwas komplizierter, weil der Art nach sehr heterogen gestaltet, verhält es sich mit der Fülle der geschichtskulturell vorgefertigten „Unterrichtsmaterialien" aus den Gedenkstätten, Museen und anderen Zusammenhängen. Sie sind hinsichtlich ihrer Lernwirksamkeit noch nicht ansatzweise untersucht worden. Häufig nennen die Autoren aus der Geschichtskultur ihre Materialsets mit Arbeitsaufträgen „Unterrichtsmaterial", obwohl die Begründung gerade dieser Auswahl von Medien und die Passung zu den mitgelieferten Arbeitsaufträgen fachdidaktisch wie lernpsychologisch wenig Sinn ergibt. Zudem ist die damit verbundene Intention häufig mit einer politisch-moralischen oder einer rein auf die Vergangenheit bezogenen Zielsetzung der „Vermittlung" verbunden. Beide Engführungen – die sich auch in Schulbüchern finden lassen – verstellen den Weg zum historischen Lernen im Sinne der Kompetenzorientierung. Was in diesem Kapitel über die Schulgeschichtsbücher gesagt wird, kann daher auch als Ausgangsbasis für den Umgang mit Unterrichtshilfen herangezogen werden.

7.1 **Das Schulgeschichtsbuch als Mischprodukt der Geschichtskultur**
7.2 **Aufbau und Bestandteile des Schulgeschichtsbuches**
7.3 **Geschichtsdidaktisches Potential von Schulgeschichtsbüchern**
7.4 **Grenzen des Potentials und Erfordernisse geschichtsdidaktischen Handelns**

7.1 Das Schulgeschichtsbuch als Mischprodukt der Geschichtskultur

Schulgeschichtsbücher haben magische Wirkung auf SchülerInnen und Lehrkräfte, das zeigen viele Studien aus der westlichen Welt. Was im Schulgeschichtsbuch steht, stellt für die SchülerInnen die Wahrheit dar, so lässt sich der Kern dieser Faszination beschreiben. Für Lehrkräfte kommt hinzu, dass das Schulgeschichtsbuch den Ausweg aus vielfältigen Dilemmata der Unterrichtsvorbereitung bereithält. Dazu gehört beispielsweise, dass man sich mit einem Thema selbst nicht gut auskennt, weil es an der Universität nicht angeboten wurde und die Zeit fehlt, sich darin einzuarbeiten. Für manche Lehrplanthemen bringt man vielleicht auch selbst keine große Begeisterung auf, weil sie einen schon im Studium nicht interessiert haben. Oder das Gegenteil ist der Fall: Man kennt sich auf dem Gebiet, das zu unterrichten ist, hervorragend aus, und weiß gerade deshalb nicht, wie man den Stoff organisieren soll. Aus alledem weist das Schulbuch einen Weg, der für die Lehrkraft vielleicht klare Schwächen aufweist, aber doch immerhin eine Richtung für die Stunde am nächsten Tag vorschlägt, die man nachvollziehen kann. Es hilft schlicht dabei, Zeit zu sparen und den Alltag zu bewältigen.

Schulgeschichtsbücher im Unterrichtsalltag

Während sich die Faszinationskraft für die Lehrkräfte durch das Anforderungsprofil im Berufsalltag auch leicht rechtfertigen lässt, verhält es sich mit dem zuerst genannten Faszinosum, der vermeintlichen „Wahrheit" und Objektivität aus Schülerperspektive, etwas anders. Diese Ausstrahlung ist gefährlich, wenn sie durch die Lehrkraft nicht als Problem und Chance erkannt wird. Denn das Ziel kompetenzorientierten historischen Lernens ist die Ausprägung reflektierten Geschichtsbewusstseins, das das Wissen um den Konstruktcharakter von Geschichte und damit die standortbedingte Konstruktionsbedingung historischen Erzählens beinhaltet.

Wenn die Gefahr dieser Faszinationskraft nicht erkannt wird, entsteht im Umgang mit dem Geschichtsbuch im Verständnis der SchülerInnen ein positivistisches Bild von Geschichte. Gerade weil in unserer Gegenwart Geschichte im Alltag in vielen Dokumentationen, Spielfilmen, Computerspielen etc. in ihrer positivistischen Spielart omnipräsent ist, sollte der Schulunterricht dem durch den klugen Umgang mit dem Schulbuch die Spielart von Geschichte als forschendem Fach mit vorläufigen Antworten auf sich wandelnde Fragestellungen entgegensetzen. Damit ist das Schulbuch als Medium definiert, das schwachen SchülerInnen dabei hilft, einfache lineare Zusammenhän-

Die Positivismus-Falle

ge mit adäquaten Begriffen erzählen zu lernen. Die Aufgabe der Lehrkraft besteht darin, dieses basale Niveau für alle SchülerInnen zu ermöglichen und wo immer es geht, auf höhere Niveaus des historischen Denkens hin zu fördern. Dazu bedarf es eines Bewusstseins der Lehrkraft für die Produktionsbedingungen, unter denen Schulgeschichtsbücher entstehen.

Zu den zentralen Ausgangsbedingungen für die Produktion von Schulgeschichtsbüchern gehören die Lehrpläne, die durch die Bundesländer verantwortet und veröffentlicht werden (→ KAPITEL 5). Die politische Färbung der je amtierenden Regierung spielt in deren Ausrichtung ebenso hinein wie die geschichtsdidaktische und geschichtswissenschaftliche Prägung der zur Mitarbeit eingeladenen Personen. Der gesellschaftliche Mainstream, der Zeitgeist oder die Ausrichtung des Geschichtsbewusstseins der Gesellschaft spielt dabei eine mal mehr, mal weniger bedeutsame Rolle, wie am Beispiel des Themas Transsexualität in der Diskussion um den baden-württembergischen Lehrplan gezeigt wurde. Die Einhaltung des Lehrplans ist für die Geschichtslehrkräfte justitiable Pflicht, und die Schulgeschichtsbücher werden durch die Kultusbehörden hinsichtlich ihrer Passung zum Lehrplan einem strengen Zulassungsverfahren unterzogen. Unter diesen Voraussetzungen entstehen Bücher, die den Geist des jeweils gültigen Lehrplans repräsentieren. Dieser Geist hat eine Intention, und diese gilt es, sich als Lehrkraft bewusst zu machen und einen eigenen Standpunkt dazu zu entwickeln. So konnte die Archäologin Miriam Sénécheau am Beispiel des Limes, der einmal als Ort waffenstarrender Aggressionsbereitschaft zwischen Römern und Germanen und einmal als Ort friedlichen Warenaustauschs dargestellt wird, sehr eindrücklich zeigen, wie politisch-zeitgeistgesättigte Intentionen sich in offensichtlicher Weise im Schulbuch wiederfinden können (Sénécheau 2010).

Schulgeschichtsbücher und Lehrpläne

Unterhalb der administrativen Ebene der Lehrplanabhängigkeit befindet sich der Einfluss des Redaktions- und Autorenteams des Schulbuches selbst. Hier spielt das Selbstverständnis des Verlages und die in ihm Verantwortung für das Fach Geschichte tragenden Redakteure und Lektoren eine zentrale Rolle. Persönliche Kontakte und die Bereitschaft von KollegInnen im Schuldienst, sich in der Schulbucharbeit zu engagieren, sind maßgeblich für das Endprodukt des Schulbuches. Manche Schulbuchverlage ziehen außerdem Fachhistoriker und/oder Fachdidaktiker mit hinzu. Für alle Beteiligten stellt die Arbeit am Schulbuch eine hohe zeitliche Belastung und/ oder die Gefährdung des Ansehens in den wissenschaftlichen Zusammenhängen dar. Lehrkräfte erhalten keinen Deputatsnachlass, Wis-

Produktionsbedingungen von Schulbüchern

senschaftler erhalten in den eigenen Reihen für derartiges Engagement wenig Anerkennung. Es kommt daher durchaus auf das pädagogische Ethos der Beteiligten im eigentlichen Sinne des Wortes an, das Ethos, mit der Arbeit am Schulbuch SchülerInnen und LehrerInnen das Lernen im Fach Geschichte zu erleichtern und nach Kräften auf dem Stand aktueller Forschung auch zu fördern.

Schließlich unterliegt die Produktion von Schulgeschichtsbüchern ökonomischen Zwängen. Der Markt ist hart umkämpft, denn wenn sich eine Fachschaft Geschichte für die Einführung eines bestimmten Werkes entschieden hat, dann folgt daraus ein großer Absatz für den Verlag, die Autoren und Herausgeber. Die Verlage versuchen daher, ihr Produkt den Lehrkräften so nahe wie möglich zu bringen und sie davon zu überzeugen, das Buch aus ihrem Hause bei sich in der Schule einzuführen. Das geschieht durch Außendienstmitarbeiter der Verlage in den Bundesländern, die in die Schulen reisen und dort die Lehrwerke auslegen und erläutern; auch Gratisexemplare und Vordrucke dienen der Bewerbung des Produkts. Außerdem findet jährlich die Bildungsmesse Didacta statt, eine Handelsmesse, bei der sich die Verlage mit ihren Produkten an verschiedenen Ständen vorstellen und dem Publikum ihre neuen Produkte präsentieren.

Die Ideen der Schulbuchautoren folgen daher stets dem Anspruch, sowohl dem Lehrplan zu genügen als auch offensichtlich attraktiv für möglichst viele LehrerInnnen zu sein. Diese beiden gleichermaßen zu berücksichtigen und dabei den intendierten Lernerfolg der SchülerInnen nicht aus dem Blick zu verlieren, ist durch die curriculare Revolution in Gestalt der Kompetenzorientierung alles andere als trivial. Denn die Autoren der Schulbücher sind von deren Wucht genauso überrollt worden wie alle anderen Lehrkräfte im Lande auch. Gleichzeitig repräsentiert jeder Autor mit seiner Bildungsbiographie und seiner Lehrerpersönlichkeit ganz unterschiedliche individuelle fachwissenschaftliche und fachdidaktische Interessen und Kenntnisse.

<small>Ansprüche der Schulbücher</small>

Unter all diesen Voraussetzungen entstehen Schulgeschichtsbücher. Sie unterscheiden sich von Schulbüchern anderer Fächer darin, dass sie einem starken normativen Druck der Öffentlichkeit und dem stets im Wandel befindlichen Geschichtsbewusstsein der Gesellschaft unterliegen. Während sich für das Fach Chemie die didaktischen Herangehensweisen von Schulbuch zu Schulbuch unterscheiden mögen, lässt sich doch ein Kern an Schulchemie-Wissen identifizieren, der über die Jahre nur wenigen Veränderungen unterliegt. Da sich aber einerseits in der Geschichtswissenschaft der Fokus der Forschung stets wandelt, und andererseits kompetenzorientierte Lehrpläne die inhaltliche Füllung der Lerngelegenheiten zum Kompetenzerwerb sehr unterschiedlich konkret benennen, stehen Schulgeschichtsbücher und ihre Konstrukteure vor der schwierigen Aufgabe, Inhalte und Kompetenzen fachlich wie didaktisch auf der Höhe der Zeit in Zusammenhang zu bringen. So stellt beispielsweise die Implementierung der Globalgeschichte die Produzenten von Schulgeschichtsbüchern vor große Herausforderungen, weil sie hier – im Unterschied zu „klassischen" Themen wie der Französischen Revolution – häufig ganz von vorne anfangen müssen. Es liegt angesichts der Art der Produktionsbedingungen von Schulgeschichtsbüchern auf der Hand, dass das Faszinosum der „Wahrheit" durch die Lehrkräfte geschichtsdidaktisch zu bedenken ist.

7.2 Aufbau und Bestandteile des Schulgeschichtsbuches

Alle Schulbuchverlage haben auf die Kompetenzorientierung in den neuen Lehrplänen reagiert, aus den in 7.1 genannten Gründen. Daher lassen sich gewisse Gemeinsamkeiten in der Umsetzung dieser curricularen Wende vom Lehrinput zum Lernoutcome feststellen.

Insgesamt bemühen sich alle Unterrichtswerke um größere Schülernähe in Bezug auf die Wahl des Covers, der Herangehensweise in den Kapiteln und in der Wahl von Sprache und Medien. Als Qualitätsmerkmal von Schulbüchern, die die Kompetenzorientierung im Sinne der Fokussierung auf intendierte Lernergebnisse adäquat umsetzen, kann die fachwissenschaftliche und fachdidaktisch adäquate Umsetzung dieses Prinzips angelegt werden. Die Kompetenzorientierung ist dann adäquat umgesetzt, wenn die SchülerInnen anregende Lerngelegenheiten erhalten, die allen das Erreichen eines basalen Niveaus historischen Denkens ermöglicht und Fördermöglichkeiten zur Erreichung des mittleren und höheren Niveaus bereitstellt. Daher verzichtet ein anspruchsvolles Buch nicht auf das basale Niveau, sondern bietet diese Fördermöglichkeiten für alle Niveaus.

Kompetenzorientierung

Nach der Aussage, die der Betrachter durch den Titel des Lehrwerkes und die Gestaltung des Covers wahrnehmen kann, werden nach dem ersten Aufschlagen die sogenannten Vorsatzseiten des Bandes häufig bereits für die Einführung in die Arbeit mit dem Schulbuch genutzt. Einige Verlage drucken hier auch einen Überblick über die im Lehrplan definierten Kompetenzen ab. Eine weitere Möglichkeit besteht darin, hier einen Überblick über den im Schulbuch abge-

Auftakt von Schulgeschichtsbüchern

handelten Zeitraum oder die in den Kapiteln thematisierten Regionen in Gestalt von Karten zu bieten. Ebenfalls genutzt werden mit vergleichbaren Ansätzen manchmal auch die Nachsatzseiten. Je nachdem, für welche Jahrgangsstufe die Bände gedacht sind, zeigt sich die Qualität des Schulbuches auf diesen spezifischen Doppelseiten darin, dass das Alter der SchülerInnen dabei berücksichtigt wird.

Nach einem Grußwort an Lehrkräfte und / oder SchülerInnen folgt das Inhaltsverzeichnis, in dem zwischen inhaltlich und methodisch am Lehrplan ausgerichteten Kapiteln häufig farblich unterschieden wird. Die Gliederung des Schulbuches ist daher eng an den Lehrplan und seine begrifflichen und thematischen Orientierungen gebunden. Schon in der Ausrichtung der Kapitelüberschriften sind daher stark normative Unterlegungen vorhanden. So ist es zum Beispiel nicht egal, ob die Einheit „Ur- und Frühgeschichte" oder „Vorgeschichte" heißt. Letzteres Konzept der „Vor"-Geschichte wird von der Archäologie nicht mehr unterstützt, die inzwischen lieber von der „Urgeschichte" spricht, weil damit schriftlose Gesellschaften nicht automatisch von der „Geschichte" ausgeschlossen werden. Die Gliederung und Betitelung des Schulgeschichtsbuches suggeriert die vollständige Abhandlung der Weltgeschichte – nicht aus böser Absicht, sondern weil sich das aus dem Zusammenhang mit dem Lehrplan und der Konvention ergibt. Für Lehrkräfte und bei wachsendem Alter auch für die SchülerInnen stellt das dann kein Problem dar, wenn dem Sog der Wahrheitsfaszination, der sich daraus ergibt, nach Kräften widerstanden wird. Die im Schulgeschichtsbuch erzählten Geschichten sind eine sehr enge Auswahl unzähliger Geschichten, die sich über die räumlich-zeitlichen Entwicklungen dieser Erde erzählen ließen. Häufig allerdings lässt sich diese Auswahl mit den Intentionen des Lehrplans im Sinne der Erziehung mündiger Bürger und hinsichtlich des Standes und der Themen fachwissenschaftlicher Forschung gut begründen.

Viele Lehrpläne sehen als erstes Kapitel Lehrplaneinheiten vor, die in die Grundprinzipien des historischen Denkens und damit in die Epistemologie des Faches einführen sollen. Angesichts der Knappheit der Zeit empfiehlt es sich in der Vorbereitung des Schuljahres zu prüfen, ob sich dieses Kapitel nicht ausschnittweise in die inhaltlich ausgerichteten Kapitel integrieren lässt. AnfängerInnen im Fach Geschichte sind hoch motiviert für das Fach und selbst voller Geschichten. Diesen Anfangsschwung sollte man nicht durch wochenlanges methodisches und biographisches Vorbereiten abbremsen, sondern sich und den Kindern gönnen, direkt zur Urgeschichte überzugehen und bei passender Gelegenheit die Epistemologie zum Thema zu ma-

Inhaltlicher Aufbau

chen. Gelegenheiten dieser Art bieten sich bei jedem Kapitel und im Vergleich der zeitlich wie räumlich weit voneinander entfernten Kapiteln des ersten Bandes, der meist die Zeit von der Urgeschichte bis zum Untergang des Römischen Weltreichs umfasst.

Kapitelinhalte

Die Teilkapitel der Schulbücher beziehen sich auf die im Lehrplan vorgeschriebene Inhalte. Das hört sich leicht an, ist es aber nicht. Wenn im Lehrplan zum Beispiel steht „Merkmale einer Hochkultur an einem ausgewählten Beispiel", dann stehen die Schulbuchmacher vor der Frage, welches Beispiel sie dafür im Buch heranziehen. Häufig läuft die Entscheidung auf Ägypten heraus, das auch in Zeiten vor der Kompetenzorientierung als beliebtes Beispiel in den Schulbüchern anzutreffen war. Doch im Unterschied zu älteren Curricula gehören dann Mesopotamien, Israel und Assyrien bis hin zum Aufstieg des Perserreiches nicht mehr zu diesem Kapitel „Hochkulturen". Das ist insofern aus fachlichen Gründen problematisch, als die Anrainervölker des Mittelmeers in engem Austausch miteinander standen und die isolierte Darstellungsweise Ägyptens dazu verleiten kann, diesen Umstand zu vernachlässigen. Guten Schulbüchern gelingt es allerdings, diese curricular bedingte Engführung durch Arbeitsaufträge, Materialien, Karten und Chronologien zu beheben.

Auftaktdoppelseiten

Den Beginn der Teilkapitel stellen sogenannte Auftaktdoppelseiten dar. Diese sollen in die wesentlichen Fragen der gesamten Einheit überblickartig und kognitiv motivierend einführen, das Vorwissen oder auch die Vorstellungen der SchülerInnen aktivieren und ihre Phantasie anregen. Gute Auftaktdoppelseiten ermöglichen es den Lehrkräften, ein intensives Gespräch mit der Klasse zu führen und dabei die wesentlichen Aspekte des Kapitels in Gestalt von Fragen und Interessen der SchülerInnen in der Auftaktstunde herauszuarbeiten.

Verfassertext und Materialien

Den Teilkapiteln der Schulbücher voran steht eine Überschrift, die manchmal als Frage, manchmal als Thema, manchmal als Hypothese gesetzt ist. Grundprinzip aller Schulbücher ist die Komposition aus einem „Verfassertext", der auch „Darstellung" genannt wird, und Materialien. Häufig befindet sich der Verfassertext als Einführung auf der linken Seite und die Materialien auf der rechten Seite. Dieses „Doppelseitenprinzip" folgt der Idee, dass die Lehrkraft und die SchülerInnen pro Doppelseite eine Schulstunde von 45 Minuten aufwenden. Qualitätsmerkmale der Einzelkapitel sind darüber hinaus vor allem die Arbeitsaufträge und deren Passung zu den Materialien, zum Verfassertext und zum bisher im Buch Gelernten, das sich durch Vergleich oder Analogie mit dem Thema des vorliegenden Kapitels in einen kognitiv aktivierenden Zusammenhang stellen lässt. Dieser Punkt ist lernpsychologisch von besonderer Bedeutung, da sich Wissen dann festigt, wenn es in unterschiedlichen Zusammenhängen, Komplexitätsgraden und Problemstellungen immer wieder reaktiviert wird. Die Materialien sind dann gut ausgewählt, wenn das gesamte Sample sich multiperspektivisch und binnendifferenziert bearbeiten lässt und sich nicht darauf beschränkt, den Verfassertext zu illustrieren oder Teilaspekte des Verfassertextes zu vertiefen. Es sollten auch solche Materialien vorhanden sein, die SchülerInnen in die Lage versetzen, Aussagen des Verfassertextes zu hinterfragen und in neuer Perspektive selbst neu erzählen zu können.

Verfassertexte sind ihrer Art nach der größte Anlass dafür, dass SchülerInnen zu dem Eindruck gelangen, im Schulgeschichtsbuch werde die Wahrheit erzählt. Die Verfasser geben sich entweder gar nicht zu erkennen oder lassen sich nur mühsam herausfinden. Häufig handelt es sich dabei um Texte, an denen bereits viele Generationen von Schulbuchautoren gemeinsam immer weitergearbeitet und von Lehrplan zu Lehrplan modifiziert haben. So bald als möglich sollten Lehrkräfte die SchülerInnen daher dazu befähigen, erstens diese Produktionsbedingungen zu kennen und ggf. zu hinterfragen (reflektiertes Geschichtsbewusstsein) und zweitens selbst zu Verfassern von Überblickstexten zu werden (Narrativität).

Das Gesamtprodukt „Doppelseite" ist ein komplexes Zusammenspiel von Überschrift, Verfassertext, Materialauswahl, Arbeitsaufträgen und den einleitenden Texten sowie der Art der Referenzen zu den einzelnen Materialien. Eine gute Doppelseite zeichnet sich dadurch aus, dass aus Überschrift und Zusammenfassung der Ergebnisse der Arbeitsaufträge eine kohärente Erzählung (Antwortnarrativ) gestalten lässt, für deren fachliche Evidenz die untersuchten Materialien als Referenzen herangezogen werden können. Eine weniger gute Doppelseite erschwert diese Kohärenz dadurch, dass die Arbeitsaufträge in der Summe wenig miteinander zu tun haben und nicht jedes Material entweder im Verfassertext oder durch einen oder mehrere Arbeitsaufträge für den Schüler zur Bearbeitung geöffnet und in einen Zusammenhang mit dem historischen Kontext gestellt wird.

Qualität von Schulbuchdoppelseiten

Das zweite Genre von Teilkapiteln bezieht sich auf Methodenseiten. Diese haben unterschiedliche Medien zum Gegenstand, die für historische Erkenntnis methodisch bearbeitet werden, beispielsweise Bilder, Filme, Architektur und Texte. Dabei ist zu berücksichtigen, dass es zwei zentrale fachspezifische Methoden in Geschichte gibt, und zwar die historisch-kritische Quellen-Analyse und die Kon-

Methodenseiten

textualisierung von Quellenanalysen, die auch die Periodisierung räumlich-zeitlicher Zusammenhänge beinhaltet (→ KAPITEL 5). In beiden Fällen lässt sich die Förderung von Methodenkompetenz im Sinne der Dekonstruktion (Analyse von Quellen und Darstellungen) wie der Rekonstruktion (Synthese aus Analysen von Quellen und Darstellungen) initiieren.

7.3 Geschichtsdidaktisches Potential von Schulgeschichtsbüchern

Kompetenzförderung

Aus dem im vorherigen Abschnitt Dargelegten haben sich schon manche Potentiale für die Kompetenzförderung auf Basis des Schulgeschichtsbuches ergeben. In diesem Abschnitt soll nun noch einmal genauer dargestellt werden, wie sich damit bei Zeitknappheit im Berufsalltag lernerfolgsförderlicher Unterricht gestalten lässt.

Geschichtsunterricht besteht wie anderer Unterricht auch aus einem Einstieg, der den Schülern die übergeordnete Problemstellung der Stunde eröffnet. Es folgen Erarbeitungsphasen, die von einer einfachen Komplexität des kognitiven Anspruches in vertiefende und problematisierende Phasen übergehen. Abschließend werden einfache und komplexere Antwortmöglichkeiten zusammengefasst und bewertet sowie in Fragen der Gegenwart integriert (→ KAPITEL 8). Das geschichtsdidaktische Potential der Schulgeschichtsbücher liegt vor allem in der Vorbereitung und Nachbereitung der einzelnen Stunde und in den Erarbeitungsphasen. Je nach Qualität der Auftaktdoppelseiten und/oder der Themenstellung und Materialien eignen sie sich unter Umständen auch für den Stundeneinstieg.

Unterrichtsvor- und -nachbereitung

Zur Vorbereitung in der Hausaufgabe sind der Verfassertext und die Analyse einer einfach zugänglichen Quelle hilfreich. Die Integration des dabei generierten Wissens lässt sich im Klassengespräch als Grundierung der Erarbeitungsphasen im Unterricht nutzen, prüfen und sichern.

Stundeneinstieg

Für den Stundeneinstieg sind Bildmaterial, Karten oder zentrale Quellen geeignet. Alle Materialien, die an das Vorwissen oder die historische Phantasie der SchülerInnen anschließen und gleichzeitig Fragen aufwerfen, die in das Zentrum der Problemstellung der Stunde führen, können für einen gelungenen Einstieg genutzt werden. Beim Doppelseitenprinzip der Schulbücher sind derartige Materialien in Zusammenhang mit der Überschrift leicht zu identifizieren. In unserem Fallbeispiel des Limes ist das Konzept der Grenze den Schüler-

Innen bekannt. Ursache und Dauer von Bau, Funktionalität und Folgen des Limes lassen sich unter der Fragestellung nach der Entwicklung des Verhältnisses zwischen Germanen und Römern thematisieren und mit Grenzziehungen der Gegenwart problematisieren.

Für die Erarbeitungsphasen lassen sich für eine 45-minütige Stunde für die ganze Klasse mindestens zwei Medien zur Vertiefung und Problematisierung auswählen. Diese sollten durch Arbeitsaufträge historisch-kritisch erschlossen, und mit Hilfe des Verfassertextes und der Verknüpfung miteinander zur Kontextualisierung und Beantwortung der Leitfrage anregen. Dies kann entweder durch geeignete Arbeitsaufträge des Buches und/oder durch selbst konzipierte Arbeitsaufträge erfolgen. Für schnellere SchülerInnen sollte ein drittes Medium zur gezielten Förderung des reflektierten Geschichtsbewusstseins ausgewählt werden. Die Ergebnisse aus dieser Arbeit können in die abschließende Plenumsdiskussion integriert werden, so dass die ganze Klasse davon profitiert.

Erarbeitungsphase

Zur Integration der Ergebnisse im vorletzten Teil der Stunde sollte auf alle untersuchten Medien Bezug genommen werden. So erschließt sich den SchülerInnen die spezifische Anforderung historischen Denkens in Form der materialgestützten, empirischen Argumentation über räumlich-zeitliche Zusammenhänge. Für die Vertiefung und Übung der Sachkompetenz sollten zentrale Begriffe noch einmal mit Hilfe des Schulbuchglossars und der im Schulbuch vorhandenen Karten und Chronologien herangezogen werden. Für die Vertiefung und Übung der narrativen Kompetenz sollten Zusammenhänge mit Begriffen, Akteuren, Räumen und Quellen aus den vorherigen Kapiteln gezielt angesprochen und mit den Ergebnissen der aktuellen Stunde zusammengeführt werden.

Integration der Ergebnisse

Für die Nachbereitung der Stunde ist die narrative Anwendung zentraler Begriffe, Akteure, Räume und Quellen im Schulbuch als Zusammenfassung der Stunde hilfreich für den Aufbau nachhaltigen historischen Wissens im Geschichtsbewusstsein der SchülerInnen. Dies kann auch durch den sukzessiven eigenständigen Aufbau eines Vokabelhefts, einer Chronologie, eines Quellenverzeichnisses zum Schulbuch sowie der eigenständigen Erstellung historischer Karten erfolgen. Ebenso lassen sich die Ergebnisse der Stunden durch Hinzunahme von weiterem Material vertiefen, problematisieren und in einen größeren Zusammenhang mit Gegenwartsbezug stellen.

Nachbereitung

Für die Lernerfolgskontrolle bieten viele Schulbücher Fragebögen zur Selbsteinschätzung an. Diese sind allerdings nur dann hilfreich, wenn die Lehrkraft den SchülerInnen Rückmeldung hinsichtlich ihrer

Lernerfolgskontrolle

Fähigkeit, ihre Kompetenzen realistisch einzuschätzen, gibt. Auch für die Vorbereitung für Tests und Klassenarbeiten kann das Schulgeschichtsbuch bei geschichtsdidaktisch zielführender Planung für LehrerInnen wie SchülerInnen eine zuverlässige Grundlage sein. Dafür ist eine genaue Protokollierung des gemeinsam erarbeiteten Stoffes vonnöten.

7.4 Grenzen des Potentials und Erfordernisse geschichtsdidaktischen Handelns

Das Schulgeschichtsbuch hat hinsichtlich der Realisierbarkeit eines größtmöglichen Lernerfolgs der SchülerInnen an mindestens vier Stellen deutliche Grenzen.

Vorkonzepte der SchülerInnen

Erstens ist das Fach Geschichte viel stärker als andere Fächer auf die Vorprägung der SchülerInnen verwiesen, deren Vorstellungen und Wissen über Geschichte, eigene und soziale Identitäten sowie präferierten Freizeitaktivitäten in Zusammenhang mit Geschichtskultur. Bildungsferne oder -nähe des Elternhauses und des sozialen Umfeldes spielen gerade für dieses Fach eine große Rolle. Das Schulgeschichtsbuch kommt daher aus lerngruppenspezifischen Gründen, bei denen auch die Klassengröße eine Rolle spielt, an seine Grenzen. Daraus folgt das Erfordernis, die Lerngruppenspezifik zu erheben und den Unterricht daran zu orientieren. Im Gymnasium kann dies nicht bedeuten, das abiturable Niveau zu senken. Vielmehr gilt es zu prüfen, mit welchen Fördermaßnahmen dieses Niveau zu erzielen, den SchülerInnen zu ermöglichen ist. Häufig ist die Lesekompetenz eine zentrale Hürde. Da aber historische Kompetenz nicht in Lesekompetenz aufgeht, sondern sich auch durch den Umgang mit Karten, Statistiken und Artefakten entsprechend fördernde Erzählanlässe schaffen lassen, sollte neben der Lese- und Schreibbefähigung der Umgang mit diesen Medien in den Vordergrund gestellt werden.

Zeitanalyse und Schulbucharbeit

Zweitens können Schulgeschichtsbücher die politisch-sozialen Aktualitäten und Tendenzen nur begrenzt integrieren, da auch diese regional und lerngruppenspezifisch variieren, aber auch von tagesaktuellen Entwicklungen abhängig sind. Daraus ergibt sich das Erfordernis der Beobachtung von „Zustand und Wandel des Geschichtsbewusstseins in der Geselllschaft" (Jeismann 1977), das heißt eine genaue Zeitanalyse. Daher sind Geschichtslehrkräfte sehr gut informiert über die Gegenwart, was sich durch tägliche Lektüre der Zeitung und anderer berichterstattender Medien bewerkstelligen lässt. Das Schulgeschichtsbuch kommt an Grenzen hinsichtlich der Tagesaktualität von Diskursen, die Fragen an die Vergangenheit und in Bezug auf die Geschichtskultur aufwerfen. Weil dies die Anlässe sind, aus denen das Ziel historischen Lernens für ein besseres Verstehen der Gegenwart und entsprechende Partizipation in gesellschaftlichen Diskursen erst hervorgeht, sind diese Grenzen des Schulgeschichtsbuches nur durch die zeitanalytische Kompetenz der Lehrkraft zu bewältigen.

Drittens lassen sich fachhistorische Entwicklungen, neue Problemstellungen, Quellen-Editionen und Arbeitsweisen nur mit großer Zeitverzögerung im Schulgeschichtsbuch repräsentieren, aus den oben geschilderten Umständen von dessen Produktionsbedingungen (→ VGL. 7.1). Hieraus ergibt sich eine Bringschuld der Lehrkraft, sich fachlich durch die Lektüre einschlägiger Fachzeitschriften, Monographien und Spezialliteratur oder auch den Besuch von Ausstellungen und Museen auf dem Laufenden zu halten. *Fachwissenschaftliche Entwicklungen und Schulbucharbeit*

Viertens ist es manchmal erforderlich, die epistemologischen Grenzen von Schulbuchnarrativen geschichtsdidaktisch aufzufangen. Dies erfordert eine kritische Prüfung aller Bestandteile des Schulbuchnarrativs eines Kapitels hinsichtlich dessen fachspezifischen Lernpotentials. Eine zentrale Rolle kommt dabei der Prüfung der Überschriften zu. Hier besteht Handlungsbedarf, wenn darin das historische Problem, das in den Texten zentral bearbeitet wird, nicht zum Ausdruck kommt. Es ist in diesem Falle hilfreich, mit den SchülerInnen gemeinsam eine Leitfrage oder Problemstellung zu Beginn oder als Problematisierung am Ende der Stunde zu entwickeln. Zweitens geht es hier um die bereits angesprochene Problematik des Verfassertextes, der auf den ersten Blick selten als standortgebundenes Narrativ transparent dargestellt wird. Drittens ist ein Blick auf die Materialien, deren Kontextualisierungen, und deren Funktion innerhalb des Verfassertextes zu werfen und zu fragen, wozu diese dienen sollen – als Veranschaulichung, Mehrwert für die historische Erkenntnis oder einem Zugewinn an einer weiteren Perspektive. Arbeitsaufträge sind entsprechend des Ausganges dieser Prüfung anzupassen. *Epistemologische Grenzen*

Das Ziel von Schulbucharbeit sollte darin bestehen, den SchülerInnen die Möglichkeit eines fachspezifischen Lernerfolgs in Gestalt eines erzählbaren räumlich-historischen Zusammenhangs mit der Möglichkeit der empirischen Argumentationsführung zu ermöglichen. Durch den binnendifferenzierten Einsatz der Materialien lassen sich außerdem auch verschiedene Niveaus historischen Denkens bei den Lernenden diagnostizieren und gezielt fördern. *Ziel von Schulbucharbeit*

Fragen und Anregungen

- Fassen Sie die Produktionsbedingungen des Schulgeschichtsbuches zusammen.
- Erörtern Sie die Ursachen für die Einstellung vieler SchülerInnen, dass im Schulbuch „die Wahrheit" geschrieben stehe.
- Teilen Sie sich in Gruppen auf und untersuchen Sie gezielt verschiedene Lehrwerke hinsichtlich der Potentiale und Grenzen, die diese für den Lernerfolg der SchülerInnen aufweisen.
- Erarbeiten Sie im Team und mit dem Material, das Sie in einem fachwissenschaftlichen Kurs kennengelernt haben, eine Schulbuchdoppelseite zu einem Thema. Untersuchen Sie zunächst, zu welchem Lehrplanthema Sie die Doppelseite entwickeln möchten.
- Tauschen Sie die erarbeiteten Doppelseiten zwischen den Gruppen aus und geben Sie der je anderen Gruppe kriteriengeleitet (Lernerfolg der SchülerInnen) Rückmeldung.

Lektüreempfehlungen

Die Empfehlungen orientieren sich an den Auswirkungen der Orientierung an reflektiertem Geschichtsbewusstsein als Ziel schulischen Geschichtsunterrichts auf die geschichtsdidaktische Einordnung und Erforschung dieses Mediums.

- Bodo von Borries: **Schulbuch-Gestaltung und Schulbuch-Benutzung im Fach Geschichte. Zwischen empirischen Befunden und normativen Überlegungen,** in: Ders.: Historisch Denken Lernen – Welterschließung statt Epochenüberblick. Geschichte als Unterrichtsfach und Bildungsaufgabe, Opladen et al. 2008, S. 241–253.
- Penney Clark: **Representations of Aboriginal People in English Canadian History Textbooks: Towards Reconciliation,** in: Elizabeth A. Cole (Hg.): Teaching the Violent Past. History Education and Reconciliation. Lanham 2007, S. 81–120.
- Wolfgang Jacobmeyer: **Das deutsche Schulgeschichtsbuch 1700–1945. Die erste Epoche seiner Gattungsgeschichte im Spiegel der Vorworte,** 3 Bände, Berlin 2011.

- Siegfried Lamnek: **Qualitative und quantitative Inhaltsanalyse. Forschungsmethoden im Kontext von Schulbuchanalysen zum Geschichtsunterricht,** in: Waltraud Schreiber (Hg): Die religiöse Dimension im Geschichtsunterricht an Europas Schulen. Ein interdisziplinäres Forschungsprojekt. Tagungsband. Neuried 2000, S. 319–347.

- Waltraud Schreiber / Carola Gruner: **Geschichte durchdenken. Schüler de-konstruieren internationale Schulbücher. Das Beispiel „1989 / 1990 – Mauerfall",** Neuried 2010.

- Bernd Schönemann / Holger Thünemann: **Schulbucharbeit. Das Geschichtslehrbuch in der Unterrichtspraxis,** Schwalbach / Ts. 2010.

8 Theoriebasierte Planung von Geschichtsunterricht

Der Mensch lebt durch den Kopf.
Sein Kopf reicht ihm nicht aus.
Versuch es nur, von deinem Kopf
Lebt höchstens eine Laus.
Denn für dieses Leben
Ist der Mensch nicht schlau genug.
Niemals merkt er eben
Diesen Lug und Trug.

Ja, mach nur einen Plan!
Sei nur ein großes Licht!
Und mach dann noch'nen zweiten Plan
Gehn tun sie beide nicht.
Denn für dieses Leben
Ist der Mensch nicht schlecht genug.
Doch sein höhres Streben
Ist ein schöner Zug.

Ja, renn nur nach dem Glück
Doch renne nicht zu sehr
Denn alle rennen nach dem Glück
Das Glück rennt hinterher.
Denn für dieses Leben
Ist der Mensch nicht anspruchslos genug.
Drum ist all sein Streben
Nur ein Selbstbetrug.

Der Mensch ist gar nicht gut
Drum hau ihn auf den Hut.
Hast du ihm auf dem Hut gehaun
Dann wird er vielleicht gut.
Denn für dieses Leben
Ist der Mensch nicht gut genug
Darum haut ihm eben
Ruhig auf den Hut!

Bertolt Brecht, Ballade von Unzulänglichkeit menschlichen Strebens (1928)

Bauvorhaben, Finanzierungspläne, Pläne zur Organisation des Zusammenlebens einer WG – jeder Mensch macht Erfahrungen, die zeigen, dass Pläne häufig scheitern. Man muss allerdings den Pessimismus, den Bertolt Brecht in seiner Ballade aus der „Dreigroschenoper" (Uraufführung 31.8.1928 in Berlin) beschwört, trotz solcher Erfahrungen nicht teilen. Mit Immanuel Kant können Pläne als Ausdruck vernunftgeleiteter, „regulativer Ideen" verstanden werden, die das darauf basierende realisierte Handeln nicht vollumfänglich vorhersagbar machen, wohl aber dessen Richtung und Ziel vorgeben (Kant, Kritik der reinen Vernunft, 1781). Auch Geschichtsunterricht ist daher selbstverständlich nicht auf Lehr- und Unterrichtsverlaufspläne reduzierbar. Er wird aber dann erst in seiner Wirkung auf den intendierten Lernerfolg des Schülers berechenbarer, wenn die Elemente der Planung und die Elemente der Abweichung von der Planung transparent gemacht werden können.

In diesem Kapitel geht es um das vernunft- bzw. konkreter theoriegeleitete Planen von Lernprozessen aus geschichtsdidaktischer Perspektive. Die übergeordnete Theorie ist die Outcome- und Kompetenzorientierung. Gerade für Berufseinsteiger und -Anfänger ist die Planungssicherheit ein wichtiger Punkt, um die Herausforderungen der ersten Praxiserfahrungen auch emotional im Sinne der Berufszufriedenheit bewältigen zu können. Die Ausführungen in diesem Kapitel beziehen sich bewusst auf theoriegeleitete Planung als Vorbereitung von Unterricht und damit auf die Planung von Lernprozessen. Damit stellt es die Grundlagen dafür bereit, durchgeführte Lehrprozesse hinsichtlich der Wirksamkeit der für die Planung getroffenen Entscheidungen zu evaluieren. Dazu bedarf es der Integration der in den vorangegangenen Kapiteln vorgestellten Theorien und Konzepte, deren Berücksichtigung beim Planen intendierter Lernergebnisse der SchülerInnen die zentralen Regulative darstellen.

8.1 **Entwicklung und Begründung einer geschichtsdidaktischen Idee**
8.2 **Planung von Lernaufgaben – Fachdidaktische Entscheidungen**
8.3 **Planung nachhaltiger Lernaufgaben**
8.4 **Der Unterrichtsentwurf – Methodische Entscheidungen**

8.1 Entwicklung und Begründung einer geschichtsdidaktischen Idee

Der Ausgangspunkt jeder Unterrichtsplanung sind Ideen, die sich mit einem möglichst wahrscheinlichen Lernerfolg der SchülerInnen begründen lassen. Zu einer solchen theoriebasierten Begründung lassen sich all jene Konzepte und Theorien anwenden, die in den vorherigen Kapiteln vorgestellt wurden, weitere finden sich in den Literaturempfehlungen und weiterer Literatur. Geschichtsdidaktische Konzepte und Theorien lassen sich in drei Kategorien teilen:

Unterrichtsplanung

- Geschichtsdidaktische Basiskonzepte für den Unterricht: Kompetenzorientierung, Inhaltliche Fachorientierung & Epistemologische Prinzipien, Geschichtskultur, Gegenwartsbezug, Multiperspektivität
- Administrative Vorgaben und Planungshilfen: Medien & Methoden, Lehrplan- und Schulbucharbeit
- Lernzielorientierte Konzepte: Argumentative historische Narrativität (siehe auch S. 23), reflektiertes Geschichtsbewusstsein

Im Folgenden soll am Beispiel der Idee, Kleopatra für eine integrative Unterrichtsreihe „Frühe Hochkulturen" bis „Ende der römischen Republik" als Leitfigur zu setzen, die Entwicklung und Begründung einer vollständigen geschichtsdidaktischen Idee exemplarisch durchgeführt werden. Eine vollständige geschichtsdidaktische Idee besteht aus dieser selbst, ihren Voraussetzungen und ihren Zielen. Neben Ideen für Unterrichtsreihen können sich Ideen auf alle anderen – kleinere wie größere – Elemente von Lernprozessen beziehen. Generell lassen sich Ideen danach unterscheiden, ob sie sich auf einen abgeschlossenen Lernprozess (Lernaufgabe im Sinne einer Stunde oder einer Reihe) oder auf einzelne Elemente darin beziehen.

Das Beispiel „Kleopatra" ist sicher ungewöhnlich und lädt alle LeserInnen dieses Buches zur geschichtsdidaktischen Diskussion ein. Das oben angewandte Schema lässt sich aber auch für ganz konventionelle Lehr-Ideen für den Einsatz einer spezifischen Quelle, die Präsentationsform des Lernergebnisses als Schülerzeitungsbeitrag, Blog etc. nutzen. Ziel der Anwendung des Schemas für die Planung von Lernaufgaben besteht darin, den Zusammenhang eigener Interessen der Lehrkraft am zu unterrichtenden Gegenstand stets mit dem Blick auf das intendierte Schülerergebnis in Übereinstimmung zu bringen.

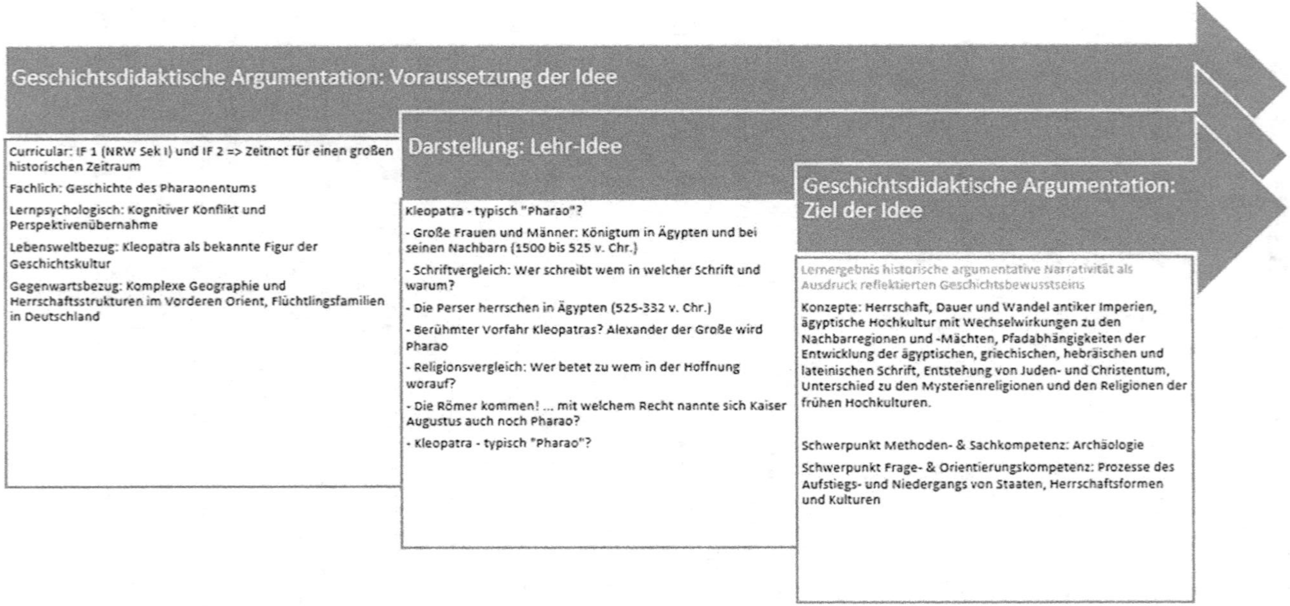

THEORIEBASIERTE PLANUNG VON GESCHICHTSUNTERRICHT

Geschichtsdidaktische Argumentation: Voraussetzung der Idee

Curricular: IF 1 (NRW Sek I) und IF 2 => Zeitnot für einen großen historischen Zeitraum

Fachlich: Geschichte des Pharaonentums

Lernpsychologisch: Kognitiver Konflikt und Perspektivenübernahme

Lebensweltbezug: Kleopatra als bekannte Figur der Geschichtskultur

Gegenwartsbezug: Komplexe Geographie und Herrschaftsstrukturen im Vorderen Orient, Flüchtlingsfamilien in Deutschland

Darstellung: Lehr-Idee

Kleopatra - typisch "Pharao"?
- Große Frauen und Männer: Königtum in Ägypten und bei seinen Nachbarn (1500 bis 525 v. Chr.)
- Schriftvergleich: Wer schreibt wem in welcher Schrift und warum?
- Die Perser herrschen in Ägypten (525-332 v. Chr.)
- Berühmter Vorfahr Kleopatras? Alexander der Große wird Pharao
- Religionsvergleich: Wer betet zu wem in der Hoffnung worauf?
- Die Römer kommen! ... mit welchem Recht nannte sich Kaiser Augustus auch noch Pharao?
- Kleopatra - typisch "Pharao"?

Geschichtsdidaktische Argumentation: Ziel der Idee

Lernergebnis historische argumentative Narrativität als Ausdruck reflektierten Geschichtsbewusstseins

Konzepte: Herrschaft, Dauer und Wandel antiker Imperien, ägyptische Hochkultur mit Wechselwirkungen zu den Nachbarregionen und -Mächten, Pfadabhängigkeiten der Entwicklung der ägyptischen, griechischen, hebräischen und lateinischen Schrift, Entstehung von Juden- und Christentum, Unterschied zu den Mysterienreligionen und den Religionen der frühen Hochkulturen.

Schwerpunkt Methoden- & Sachkompetenz: Archäologie

Schwerpunkt Frage- & Orientierungskompetenz: Prozesse des Aufstiegs- und Niedergangs von Staaten, Herrschaftsformen und Kulturen

Abbildung 9: Argumentationslinie zur wissenschaftlichen Begründung einer Idee für eine Unterrichtsreihe „Frühe Hochkulturen"

8.2 Planung von Lernaufgaben – Fachdidaktische Entscheidungen

Lernaufgaben (→ KAPITEL 3) sind geplante Lehr-/Lernprozesse. Die im Alltag am häufigsten anzutreffenden Formen sind Schulstunden von 45-minütiger oder 90-minütiger Dauer, wobei vor allem das kürzere Format eine wirkliche Herausforderung an die didaktische Professionalität der Lehrkraft darstellt. Doch auch ganze Unterrichtsreihen lassen sich als Lehr-/Lernprozesseinheiten verstehen. Voraussetzung dafür ist die Kohärenz der Reihenplanung mit Fokus auf die leitende Problemstellung zur Erschließung der gesamten Lehrplaneinheit (→ VGL. ZUM BEISPIEL OBEN ABBILDUNG 9). Das Verhältnis von Einzelstunde und Unterrichtsreihe wird in Abbildung 10 dargestellt. Es lässt sich in Anschluss daran von Lernaufgaben erster Ordnung im Sinne von Unterrichtsreihen und Lernaufgaben zweiter Ordnung im Sinne der darauf bezogenen Unterrichtsstunden sprechen. Die erste und letzte Stunde einer Reihe stehen dabei für die Lernaufgabe erster Ordnung, die Teilergebnisse aus den Teilschritten für die Bearbeitung der übergeordneten Problemstellung finden sich in den Stunden zwischen der ersten und der letzten Stunde.

Weitere Formen von Lernaufgaben sind Projekttage, die Organisation von Angeboten für ein Schülerlabor zur Wissenschaftsvermittlung und andere unregelmäßig stattfindende Lerngelegenheiten wie etwa der Besuch außerschulischer Lernorte wie Gedenkstätten oder historische Stadterkundungen.

Lernaufgaben

Unterrichtsreihe mit Leitfrage/n oder einer übergeordneten Problemstellung (Lernaufgabe erster Ordnung)	Stunde 1 Problemstellung/Leitfrage der Lernaufgabe erster Ordnung
	Stunde 2 bis x Operationalisierung der Problemstellung (zum Beispiel chronologisch, nach Räumen, Sektoren oder Quellen)
	Abschließende Stunde nach Stunde x Integration der Ergebnisse von 2 bis x zur – abschließenden Beantwortung, Diskussion und Bewertung der übergeordneten Leitfrage der Lernaufgabe erster Ordnung – Entwicklung weiterer historischer Fragestellungen & Diskussion der Konsequenzen für die Einschätzung vergleichbarer Phänomene in Gegenwart und Zukunft

Abbildung 10: Zusammenhang von Lernaufgaben erster und zweiter Ordnung

THEORIEBASIERTE PLANUNG VON GESCHICHTSUNTERRICHT

Planung von Lernaufgaben

Die Planung von Lernaufgaben besteht aus drei zentralen Entscheidungsfindungen, die alle aufeinander zu beziehen sind, weil dadurch die mögliche Gestalt des intendierten Lernergebnisses vorentschieden wird (Brauch et al. 2015). Erstens die Entscheidung für die Formulierung der Leitfrage/Problemstellung. Zweitens die Zusammenstellung der Medien und drittens die Formulierung der Arbeitsaufträge für die Erschließung der Medien und integrativer Arbeitsaufträge, in denen mehrere Medien für die Bearbeitung übergeordnete historischer Fragestellungen herangezogen werden müssen (Tabelle 7).

Tabelle 7: Entscheidungsfelder geschichtsdidaktischer Planung

Entscheidungsfeld	Art der Entscheidung	Art der Begründung: Beispiele
Inhalt	Formulierung übergeordnete Problemstellung / Leitfrage	Lehrplan, Gegenwart, Lebensweltbezug.
Medien	Zusammenstellung von Quellen und Darstellungen und Entscheidung für ein oder zwei Leit-Medien	Multi-Document-Literacy, Multiperspektivität, Leitmedium, Sekundärmedien Kontextualisierung.
Arbeitsaufträge	Medienerschließende Arbeitsaufträge (Anforderungsbereiche 1 bis 3) und integrierende Arbeitsaufträge für den Rückbezug des Ergebnisses aus der Medienerschließung auf die übergeordnete Leitfrage	Kognitive Aktivierung, Binnendifferenzierung, Unterstützung (Scaffolding).

Entscheidungsfelder

Die Entscheidungsfelder (→ TABELLE 7) sind in der Tabelle in einer formal logischen Reihenfolge genannt, ebenso wie in Abbildung 10 die Planung der Unterrichtsreihe (Lernaufgabe zweiter Ordnung) in ein chronologisches Schema von der ersten bis zur letzten Unterrichtsstunde dargestellt ist. Das bedeutet aber nicht, dass die Reihenfolge des Planens in genau dieser Reihenfolge stattfinden wird. Im Unterschied zur individuellen Abarbeitung der Planungserfordernisse lässt sich der Abschluss der theoretischen Planung allerdings daran feststellen, dass zu allen Planungsfeldern entsprechende Entscheidungen getroffen wurden und mit der Anfertigung der konkreten Reihen- und Stundenplanung begonnen werden kann (Tabelle 8).

Tabelle 8: Strukturierung einer Unterrichtsplanung mit intendiertem Lernergebnis

Lehrplaneinheit:
(Übergeordnete Problemstellung des Inhaltsfeldes („Epochales", „historisches" Ereignis, Person, Raum etc.): Quelleninterpretation, Darstellung oder Erörterung)

Stunde Nr.	Übergeordnete Problem / Fragestellung: Wie kam es zum Ausbruch des Ersten Weltkrieges?			Medien-Sample	Vokabular / „Konzepte" (Zeitgenössisch, Forschung, Geschichtskultur)	Kontextualisierung: Zusammenhang Fallbeispiel / Epoche
T1–T2 1887–1914	Räume / Orte Europa, Fokus Balkan, Sarajevo, St. Petersburg	Akteure Staaten, involvierte Politiker, Militärs, gesellschaftliche Gruppierungen		Fotos, offizielle Dokumente, Forschung (Clark 2014, Henke-Bockschatz 2014)	Aus dem Bereich von: Kriegsursachen, Kriegsschuldfragen, Julikrise.	Nationalismus, Imperialismus, Industrialisierung.

Rhetorische Gestalt des Lernergebnisses gemäß der übergeordneten Operatoren (EPA 1989/2005): Quelleninterpretation, Darstellung oder Erörterung.

Auf Basis der basalen Grundentscheidungen (→ TABELLE 7) lässt sich dann die konkrete Planung der Lernaufgaben in Angriff nehmen. Dazu gilt es allerdings auch, Motivation und Interesse der SchülerInnen zu bedenken, da sich diese beiden Aspekte – wenig überraschend – in der Lernforschung als zentral für die Nachhaltigkeit des Lernerfolges erwiesen haben.

8.3 Planung nachhaltiger Lernaufgaben

Aus den didaktischen Entscheidungen ergeben sich am Lernergebnis zu orientierende Möglichkeiten für diejenigen Unterrichtsmethoden und Sozialformen, die für die Erreichung des Lernergebnisses besonders große Chancen versprechen. An dieser Stelle wird die Integration der Ergebnisse der Lehr-/Lernforschung relevant (vgl. zum Beispiel die kurze Einführung von Kunter/Trautwein 2013). Das bedeutsamste Kriterium für die Auswahl der Unterrichtsmethoden und Sozialformen ist die bestmögliche, differenzierte kognitive Akti-

Unterrichtsmethoden und Sozialformen

vierung der SchülerInnen zur Erzielung von individuell voneinander unterscheidbaren und nach klaren Kriterien bewertbaren Schülerleistungen (→ VGL. 8.4). Lernpsychologen haben herausgefunden, dass Lernergebnisse dann am nachhaltigsten im Gedächtnis haften bleiben, wenn darüber hinaus drei weitere Kriterien zur Aufrechterhaltung von Motivation und Interesse in der Unterrichtsgestaltung berücksichtigt werden (Deci/Ryan 1987): Kompetenzerfahrung, Autonomieerfahrung und soziale Eingebundenheit. Diese drei Aspekte führen dazu, dass Lernende subjektiv den Eindruck haben, während des Lernens selbstbestimmt zu handeln, daher spricht man hierbei auch von der Selbstbestimmungstheorie des Lernens. Diese Erfahrung lässt sich nur durch hinreichende Berücksichtigung bei der Planung durch die Lehrkraft der Theorie nach ermöglichen.

Kompetenzerfahrung

Kompetenzerfahrung — Kompetenzerfahrung stellt sich dann ein, wenn ein Individuum alleine oder mehrere Individuen in Arbeitsteilung eine Lösung für ein Problem alleine oder gemeinsam gefunden und zur Diskussion gestellt hat/ haben. Die kognitive Anforderung, die durch die Planung zu berücksichtigen ist, besteht darin, den Zuwachs an Kompetenz durch den Lernprozess erkennbar zu machen. Das heißt, dass die Lernaufgabe SchülerInnen die Anwendung von neu gewonnenen oder gesteigerten Kompetenzen ermöglichen sollte. Am Beispiel der Unterrichtsreihe mit Kleopatra als erkenntnisleitendem Ausgangspunkt in der Verknüpfung der Zeit zwischen dem Beginn der Hochkulturen im Vorderen Orient und dem Antritt des Augustus als römischem Kaiser und ägyptischem Pharao in Personalunion besteht die neue Kompetenz darin, zu wissen, wie Archäologen arbeiten, und in exemplarischer Weise deren Arbeits- und Erkenntnisweisen selbst anwenden zu können. Zugleich wird dadurch das Zeit- und Historizitätsbewusstsein gefördert, da die Dauer des untersuchten Zeitraumes mehrere Tausend Jahre beträgt, die es zu erfassen und entlang von Zäsuren zu strukturieren gilt. Dabei ist der Zuwachs an faktualem und prozeduralem Wissen in engem Zusammenhang zu sehen. Wenn SchülerInnen zunächst den Begriff Pharao aus ihrem Alltagswissen kennen und mit dem alten Ägypten in Verbindung bringen, so drückt sich der Zuwachs an historischer Kompetenz darin aus, dass sie um die lange Praxis dieser Herrschaftsform und den Wandel der ethnischen Zugehörigkeit ägyptischer PharaonInnen wissen. Dieses Wissen kann in der Erzählung der Geschichte, wie es zum Pharaonentum der makedonischen Prinzessin Kleopatra gekommen ist, zum Ausdruck gelangen.

In der Planung ist daher zu berücksichtigen, wie genau der Mehrwert der im Unterricht zu erfahrenden Gegenstände im Unterschied zum alltagsmäßigen Denken und Erzählen über Geschichte zu identifizieren ist. Die Planung von Kompetenzerfahrung hängt daher eng mit dem Grad der Neuigkeit und der Differenziertheit von Medien und Arbeitsaufträgen ab (Tulodziecki/Herzig/Blömeke 2009). Sie kann sowohl in individuell organisierten als auch in kollaborativen Lernsettings geplant werden. Im Falle der Schulbucharbeit sollten gezielt Mediensamples zusammenstellt werden, die unterschiedlichen Lernerniveaus die Möglichkeit zur Kompetenzerfahrung bieten.

Autonomieerfahrung

Das Kriterium der Autonomieerfahrung beinhaltet, dass das lernende Subjekt die Möglichkeit erhält, eigene Entscheidungen bei der Bearbeitung des übergeordneten Problems der Lernaufgabe zu treffen. Für die Planung bedeutet das, dass mehrere fachlich adäquate Möglichkeiten für die Problemlösung bereit zu stellen sind. Dieser Punkt ist im Fach Geschichte bislang wenig beachtet worden, und daher ist die Planungskompetenz der Lehrkraft hier von besonders großer Bedeutung. Für das Fach Geschichte sind hier die Kategorien der Multiperspektivität, verschiedener Ergebnisse von Quellenanalysen sowie konkurrierende Bewertungen durch HistorikerInnen und der Geschichtskultur anzuwenden. Lernpsychologisch ist dabei der Begriff des kognitiven Konflikts entscheidend. Das bedeutet, dass auch dieses Kriterium für die Auswahl des Mediensamples und der Ermöglichung von Autonomieerfahrung durch die Konzeption entsprechender Arbeitsaufträge heranzuziehen ist (→ VGL. AUCH KAPITEL 6). Auch Autonomieerfahrung lässt sich sowohl in individuell als auch kollaborativ organisierten Lehr-/Lernsettings planen.

Soziale Eingebundenheit

Das Kriterium der Sozialen Eingebundenheit erfordert die Integration von Phasen des individuellen und kollaborativ organisierten Lernens. Im Fach Geschichte bedeutet das die Planung von Erzähl-, Schreib- und Diskursanlässen, in denen individuell gewonnenes Wissen, Erkenntnisse und Bewertungen dargestellt, argumentiert und in Auseinandersetzung in der Gruppe zur Debatte gestellt werden können.

Soziale Eingebundenheit fördert daher die individuelle Performanz argumentativer historischer Narrativität.

Die Planung der theoretisch begründbaren Nachhaltigkeit von Lernprozessen lässt sich durch die Sichtung der Medien und Arbeitsaufträge, die sich aus dem geschichtsdidaktischen Entscheidungsprozess ergeben haben, unterstützen. Für die Outcome-Orientierung ist diese zweite Ebene der Entscheidungsfindung zwingend notwendig. Sie bleibt allerdings genauso zwingend zurückgebunden an die notwendig vorgängig zu treffenden geschichtsdidaktischen Entscheidungen, die unter dem Aspekt des intendierten Lernergebnisses noch nicht hinreichend begründet sind.

8.4 Der Unterrichtsentwurf – Methodische Entscheidungen

Unterrichtsentwürfe

Unterrichtsentwürfe stellen eine Möglichkeit der Ablaufplanung konkreter Unterrichtsprozesse dar. Sie enthalten die notwendigen zeitlichen Angaben und verbinden sie mit den Arbeitsschritten und den diesen zugrundeliegenden Medien, Methoden und Sozialformen. Elaborierte Unterrichtsentwürfe im Sinne der Outcome-Orientierung enthalten darüber hinaus den jeweiligen intendierten Zugewinn an Wissen und Kompetenzen, der mit den einzelnen Schritten verfolgt werden soll. Ein Beispiel dafür ist in Tabelle 9 gegeben.

Arbeitsformen

In diesem Entwurf sind nur sehr basale Arbeitsformen entsprechend des Grades individuellen und kollaborativen Arbeitens genannt. In Abhängigkeit von den didaktischen und motivationalen Entscheidungen – also der Art der Medien im Sample und deren Funktion für die Erzielung des historischen Erkenntnisgewinnes – lässt sich entscheiden, welche Sozialform die jeweils geeignete ist. Die Entscheidung für eine Sozialform bedeutet, dass man aus didaktischer, am Lernerfolg des Schülers orientierter Perspektive entscheidet, a) wie stark die Lehrkraft sich in das Geschehen involviert und b) in welchen Zusammensetzungen sich SchülerInnen gemeinsam um die Bearbeitung von Arbeitsaufträgen kümmern sowie c) die Berücksichtigung von ausreichend Zeit zur narrativen Bearbeitung von Erkenntnissen für das Individuum wie auch in größeren sozialen Einheiten.

DER UNTERRICHTSENTWURF – METHODISCHE ENTSCHEIDUNGEN

Tabelle 9: Outcome-Orientierter Unterrichtsentwurf für eine Lernaufgabe von 45 Minuten

Lehrplaneinheit:					Stunde 4 von 9
Übergeordnete Problemstellung:					
Kompetenz- und Autonomieerfahrung, Soziale Eingebundenheit berücksichtigt durch:					
Kurzfassung des intendierten Schülernarrativs (Abstract):					
Zeit	Schritt	Sozialform	Ziel	Medien / Arbeitsaufträge	Art des intendierten Lernergebnisses
7.45–7.55	Einstieg und Exposition der Leitfrage	Plenum	Kognitive Verunsicherung	Plakativer Widerspruch	Fragen, Vorwissen / Einstellungen aktivieren
7.55–8.10	Erarbeitungsphase I	Einzelarbeit / arbeitsteilige Einzelarbeit	Informationen ermitteln und / oder Integration der Hausaufgabe (AFB I) • Monoperspektive	Medien gezielt wahrnehmen und Inhalte kennenlernen	Fragen, Methoden und Sachen
8.10–8.15	Plateau-Bildung	Plenum	Sichern und Zusammenhänge herstellen, Weiterführung (AFB II)	Tafel / Heft	Narrativieren, Beginn des Aufbaus einer Argumentation
8.15–8.25	Erarbeitungsphase II	Kollaboratives Arbeiten	Reflektieren und Bewerten (AFB I bis III) • Multiperspektivität	Weitere, komplexere Medien mit weiteren Perspektiven: Erschließen und hinsichtlich der übergeordneten Problemstellung in einen Zusammenhang mit Erarbeitungsphase 1 bringen	Integration von Fragen, Methoden und Sachen bei ansteigender Komplexität
8.25–8.30	Integration der Ergebnisse	Plenum	Problemlösung, Vergleich und Zusammenfassung • Auswirkung der Vergangenheit auf Gegenwart / Zukunft	Tafel / Heft Hausaufgabe: Anwendung (AFB II und III), Weiterführung und Bewertung (AFB III), neue Inhalte wahrnehmen (AFB I)	Argumentative historische Narrativität durch individuelle und im Diskurs ausgehandelte Beantwortung der übergeordneten Problemstellung

Grundsätzlich ist das Planen und Agieren der Lehrkraft von herausragender Bedeutung für den Lernerfolg, das zeigen inzwischen viele wissenschaftliche Studien und Meta-Studien (Hattie 2009). Die während des letzten Jahrzehnts mancherorts gepflegte Rechnung – „Grup-

Methoden und Inhalte

penarbeit" versus „Lehrerzentrierter Unterricht" ist schlicht falsch, weil in der Schlichtheit dieser Formel häufig die Maxime „Methode vor Inhalt" das Planungshandeln leitet. Das Gegenteil ist der Fall, und wenn der Inhalt gut begründet ist, dann ergeben sich daraus auch spezifische Unterrichtsmethoden, die sich mit der theoretischen Ermöglichung der Erreichung des Lernergebnisses begründen lassen müssen.

Sozialformen und Unterrichtsmethoden

Dabei kommt dem Planen bei aller Anfälligkeit des Scheiterns eine entscheidende Rolle zu. Denn dass die Lehrkraft von entscheidender Bedeutung für den Lernerfolg ist, bedeutet nicht, dass SchülerInnen nicht selbständig lernen sollen. Doch die Selbständigkeit des Lernens bedarf einer Lehrkraft, die anleitet, unterstützt, Rückmeldung gibt und schrittweise im Plenum zusammenführt. In Tabelle 10 findet sich eine Liste der häufigsten Sozialformen, die nicht zu verwechseln sind mit Unterrichtsmethoden wie Gruppenpuzzle, Fishbowl und ähnlichem. Die Wahl der Unterrichtsmethoden ist Spielarten für die abwechslungsreiche Nutzung von Sozialformen und daher der Entscheidung für eine spezifische Sozialform untergeordnet. Für Berufseinsteiger und -anfänger sind die Entscheidungen auf geschichtsdidaktischer Ebene die wichtigsten. Das Aneignen komplexer Unterrichtsmethoden lässt sich nach und nach in Zusammenhang mit solchen Unterrichtsstunden einüben, die geschichtsdidaktisch bereits gut geplant und bewährt sind. Geschichtsdidaktisch von Belang ist, dass die SchülerInnen eine Chance erhalten, etwas im Sinne des Faches und ihres eigenen Lernbedürfnisses zu lernen. Kognitive Aktivierung durch fachliche Probleme mit Relevanz für die Lernenden in ihrer Gegenwart steht damit im Zentrum geschichtsdidaktischen Planens, und dafür, dass dies im Geschichtsunterricht gewährleistet wird, trägt die Lehrkraft die Verantwortung. Dieses Kriterium ist nicht zu verwechseln mit alltagssprachlichem „Spaß an Geschichte". Im Umgang mit den sogenannten „innovativen" Methoden empfiehlt sich deren sensibler Einsatz je nach den Bedürfnissen der Lerngruppe. Manche Schulklasse – vor allem solche mit großer Erfahrung mit Unterricht von Referendaren – ist dankbar, zur Abwechslung auch einmal sehr konventionellen Unterricht mit hoher Transparenz der Art des erwarteten Lernerfolges zu erhalten. Andere hingegen freuen sich, auch einmal „etwas anderes" als Schulbuchunterricht mit Lehrer-Schüler-Gespräch zu erleben.

Tabelle 10: Kompetenzorientierte Planung von Sozialformen

Phase des Unterrichts	Intendierter Lernerfolg	Sozialform	Beispiel für eine Unterrichtsmethode
Beginn bis Erarbeitungsphase II	Informationen aneignen (AFB I)	Schlichte Informationen: • Lehrervortrag mit Hefteintrag Komplexere Informationen: • Einzelarbeit zur Erschließung eines Mediums, Austausch zu zweit • Arbeitsteilige Partnerarbeit zur Erschließung zweier unterschiedlicher Medien, Austausch zu zweit oder zu viert	• Das Glossar im Schulbuch nutzen lassen • Ein Glossar erstellen lassen, • Sich gegenseitig Begriffe und Sachverhalte erklären lassen.
Erarbeitungsphase I, II und Schluss	Räumlich-zeitliche Zusammenhänge herstellen (AFB II)	Lineare, monoperspektivische historische Zusammenhänge: Partnerarbeit • Erweiterung der Perspektiven: • (Arbeitsteilige) Gruppenarbeit	• Erschließung verschiedener Medien und Auswertung hinsichtlich der Erkenntnisse für die Beantwortung der übergeordneten Problemstellung • Anlässe zur Narrativierung und Diskussion der Ergebnisse • Gruppenpuzzle
	Reflektieren und Bewerten (AFB III) a) der einzelnen Medien hinsichtlich ihres Erkenntnisgewinnes für die übergeordnete Problemstellung und b) schrittweise des Ertrages jedes Mediums und dessen Gewichtung hinsichtlich der Beantwortung der übergeordneten Problemstellung	• Plenum • Gruppe • Partnerarbeit • Einzelarbeit mit anschließender schrittweiser Öffnung zu größeren Diskussionsgruppen	• Podiumsdiskussion • Fishbowl

Tabelle 10 gliedert sich nach den Anforderungsbereichen (AFB) innerhalb des Prozesses eines Erkenntnisgewinns. Dabei ist der unterste Bereich der Informationsaneignung die zwingende Voraussetzung für die beiden höheren Anforderungsbereiche. Es ist daher für diesen Anforderungsbereich ausreichend Zeit einzuplanen, weil hier die Begriffe zu klären sind, mit denen später Zusammenhänge narrativiert und diskutiert werden.

Anforderungsbereiche

Generell gilt die Regel, dass es nach der Exposition der übergeordneten Problemstellung der Klärung basaler Begriffe und Fakten in

Begriffe und Fakten

Raum und Zeit bedarf, ohne deren Kenntnis das Problem fachlich nicht zu analysieren ist. Im Anschluss daran wird durch die schrittweise Analyse verschiedener Medien, die Quellen und Darstellungen repräsentieren dieses Fachvokabular (Begriffe und Fakten) um die Anwendung der epistemologischen Prinzipien erweitert. Dabei sollten die SchülerInnen die Chance erhalten, Fragen zu stellen. Fragen, die die Lehrkraft bei der Planung antizipieren kann, sind durch Glossare und Karten vorzuentlasten um Zeit zu sparen für ausreichend Sprech-, Schreib- und Diskussionsanlässe. Weil diese Anlässe das Herz des Unterrichts darstellen, dessen Ziel die Förderung argumentativer historischer Narrativität ist, ist die Auswahl der zu bearbeitenden Medien gering zu halten. Das bedeutet für die Planung zunächst zwei Medien auszuwählen und als Plan B weitere ein bis zwei Medien in der Hinterhand zu haben, die für schnellere SchülerInnen oder auch für den Fall zum Einsatz kommen, wenn man sich in der Zeitplanung schlicht verschätzt hat. In manchem Unterricht ist es üblich geworden, in Gruppenarbeiten sehr viele unterschiedliche Medien bearbeiten zu lassen. Der Nachteil dabei ist, dass die Lehrkraft (vor allem die ungeübte) selbst häufig den Inhalt und die Lernwirksamkeit dieser Medienflut nicht überblicken und daher Erzähl- und Diskussionsanlässe nicht adäquat moderieren oder aus Zeitnot gar nicht in den Unterricht integrieren kann. Daher gilt für die Anzahl der im Geschichtsunterricht zu erarbeitenden Medien die Faustregel „weniger Medien und bessere Medienausschöpfung".

Fragen und Anregungen

- Erörtern Sie die Reichweite und Grenzen von Unterrichtsplänen. Nutzen Sie dabei den Begriff der „regulativen Idee" (I. Kant).
- Erklären Sie, was man unter einer „geschichtsdidaktischen Idee" versteht.
- Bringen Sie folgende Aspekte der Unterrichtsplanung in eine hierarchisch angemessene Reihenfolge aus geschichtsdidaktischer Perspektive: Motivation und Interesse bei der Planung der Lernaufgabe berücksichtigen, Unterrichtsmethoden auswählen, Entwicklung einer geschichtsdidaktischen Idee, Anfertigung des Unterrichtsentwurfs, Auswahl und geschichtsdidaktische Begründung einer Problemstellung mit passendem Medien-Sample und Arbeitsaufträgen.

- Suchen Sie sich alleine oder in der Gruppe ein Thema aus – am besten ein unkonventionelles, das Sie möglicherweise gerade in einem interessanten fachwissenschaftlichen Seminar kennenlernen und für unterrichtenswert erachten – und arbeiten Sie mit Hilfe der Darstellungen und Tabellen in diesem Kapitel Pläne aus.

Lektüreempfehlungen

Die Empfehlungen stehen repräsentativ für die Breite der derzeitigen Herangehensweisen. Es spiegelt sich darin allerdings auch das Desiderat, die Kompetenzorientierung auch in den Bereich der Planungskompetenz künftiger Geschichtslehrkräfte weiter zu denken.

- **Nicola Brauch: Lernaufgaben im kompetenzorientierten Geschichtsunterricht,** in: Patrick Blumschein (Hg.): Lernaufgaben – Didaktische Forschungsperspektiven, Bad Heilbrunn 2014.

- **Horst Gies (in Zusammenarbeit mit Michele Barricelli und Michael Toepfer): Von der Planung zum Plan,** in: Ders.: Geschichtsunterricht. Ein Handbuch zur Unterrichtsplanung, Köln u. a. 2004, S. 279–291.

- **Jelko Peters: Geschichtsstunden planen,** Sankt Ingbert 2014.

- **Holger Thünemann: Planung von Geschichtsunterricht,** in: Hilke Günther-Arndt/Meik Zülsdorf-Kersting (Hgg.): Geschichts-Didaktik. Praxishandbuch für die Sekundarstufe I und II, Berlin 2003, 6. überarbeitete Neuauflage 2014, S. 205–213.

- **Norbert Zwölfer: Die Vorbereitung einer Geschichtsstunde,** in: Hilke Günther-Arndt (Hg.): Geschichts-Didaktik. Praxishandbuch für die Sekundarstufe I und II, Berlin 2003, 2. Auflage 2005, S. 197–205.

9 Unterrichtsbeobachtung planen

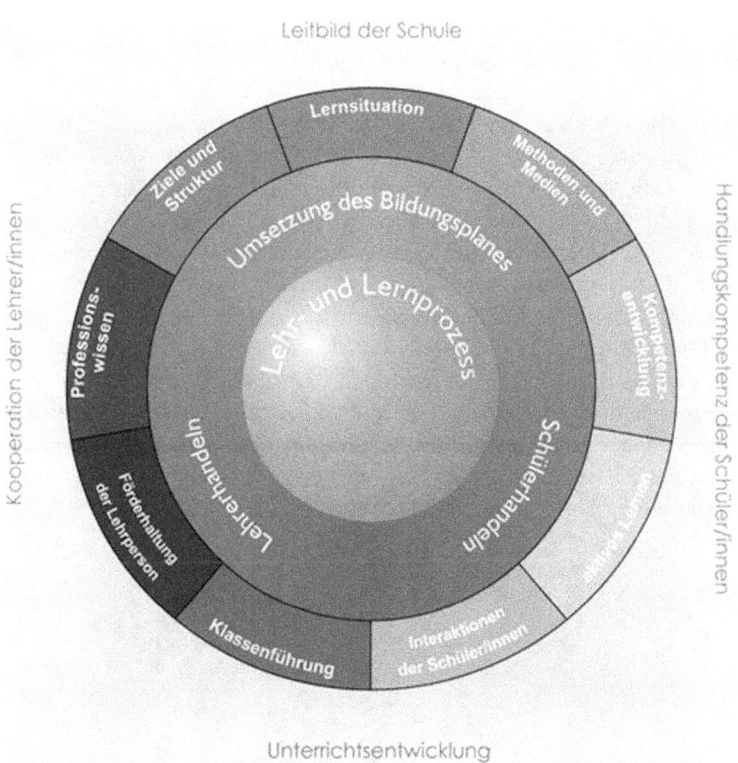

Abbildung 11: Basismodell der Unterrichtsbeobachtung, Baden-Württemberg

UNTERRICHTSBEOBACHTUNG PLANEN

Das Basismodell der Unterrichtsbeobachtung aus Baden-Württemberg (www.seminare-bw.de) ist nur eines von vielen Modellen, mit denen in der Lehrerbildung gearbeitet wird. Etwas ratlos würde die Muse der Geschichtsschreibung – Clio auf dem Titel dieses Bandes – auf dieses Modell blicken: An welcher Stelle ist das spezifisch fachliche und auf das Fach Geschichtsunterricht orientierte Beobachten zu verorten? Denn der Aspekt des Faches und seiner Didaktik wird in Modellen wie diesem kaum deutlich, und in der Anwendung für geschichtsdidaktisch fokussiertes Beobachten fällt es auf den ersten Blick nicht ganz leicht, die neun Teilaspekte des Lehr-Lernprozesses im äußeren Kreis fachspezifisch zu füllen.

Der damit verbundenen Herausforderungen geschichtsdidaktischer Art nimmt sich dieses Kapitel an, indem es auf die spezifisch geschichtsdidaktischen Anteile des Basismodells als Ausgangspunkt für die Planung von Unterrichtsbeobachtung fokussiert. Die hier vorgeschlagenen Planungs-Hinweise lassen sich je nach Ausbildungskontext mit solchen aus den Bildungswissenschaften kombinieren oder auch als Schwerpunkte der Beobachtung isolieren.

Die Gliederungspunkte setzen an den drei Aspekten des mittleren Ringes des Basismodells an. Auf eine Berücksichtigung der bildungswissenschaftlichen Aspekte des äußeren Ringes wird verzichtet (Klassenführung, Interaktionen der SchülerInnen, aktives Lernen, Lernsituation, Förderhaltung), da es hier um die geschichtsdidaktische Planung von Unterrichtsbeobachtung gehen soll.

9.1 **Lehrerhandeln**
9.2 **Lehrplanbezug**
9.3 **Schülerhandeln als Reaktion auf den Lehrprozess**
9.4 **Auswirkungen auf die Ausprägung von Professionswissen als Geschichtslehrperson**

9.1 Lehrerhandeln

Für die Beobachtung des Lehrerhandelns sind aus fachlicher und fachdidaktischer Perspektive folgende der neun Teilaspekte des äußeren Kreises zentral: das Professionswissen, Methoden und Medien sowie die Ziele und Struktur des Lehrprozesses. Der wichtigste Punkt zur Planung von Unterrichtsbeobachtung ist das Professionswissen, weil sich daraus Auswirkungen auf die beiden anderen Teilaspekte ergeben.

Beobachtung des Lehrerhandelns

Der Begriff des Professionswissens stammt aus der empirischen Lehrerbildungsforschung der letzten Jahre. Dieses lässt sich nach Kunter/Trautwein (2013, S. 147) in vier Kompetenzaspekte unterteilen, nämlich in die Aspekte Wissen, Überzeugungen, Motivation und Selbstregulation. Unter geschichtsdidaktischer Perspektive gehören zum Kompetenzaspekt des Wissens das Fachwissen und das fachdidaktische Wissen sowie die epistemologischen Überzeugungen der Lehrkraft hinsichtlich der Natur der Geschichtswissenschaft (→ KAPITEL 1) sowie der Natur des Ergebnisses von Geschichtsunterricht (→ KAPITEL 2). Die Beobachtung der im betrachteten Lehrprozess repräsentierten Wissensaspekte und Überzeugungen lässt sich fachdidaktisch gut planen. Rückschlüsse auf Motivation und Selbstregulation der Lehrkraft sind für den spezifisch geschichtsdidaktischen Lerneffekt im vorliegenden Zusammenhang von sekundärer Bedeutung und werden hier nicht weiter thematisiert.

Professionswissen

Ausgehend vom Kompetenzaspekt des Wissens professioneller Geschichtslehrerkompetenz lassen sich Beobachtungen festhalten, die das gesamte geschichtswissenschaftliche Narrativ des Lehrprozesses in den Blick nehmen (→ TABELLE 11). Die leitende geschichtsdidaktische Frage bezieht sich auf die historische Erzählung, die sich aufgrund des Lehrprozesses durch den Rezipienten wahrnehmen lässt. Dazu dient vor allem die Notierung des Fachvokabulars, das während des Lehrprozesses zum Einsatz kommt. Gemeinsam mit der Art der Evidenz, also der Nachprüfbarkeit des Gesagten, ergibt sich ein Grundgerüst derjenigen Erzählung, die sich für den Rezipienten durch die Teilnahme an diesem Lehrprozess ergeben könnte. Die Tabelle folgt der konventionellen Unterteilung in Quelle und Darstellung, wie sie in Schulbüchern und vielen fachdidaktischen Einführungen üblich ist. Es handelt sich also um eine oberflächliche Ausweisung der Evidenz-Referenz, bei der das Genre und die spezifische mediale Gestalt unberücksichtigt bleiben.

Geschichtslehrerkompetenz

Tabelle 11: Beobachtungsplanung Lehrerhandeln Fachwissen

Vokabular & mediale Repräsentation	Akteure	Ereignisse	Orte / Räume	Fach-konzepte	Problem-Konzepte	Zeiten / Daten
Übergeordnete Thematik / Problemstellung / Leitfrage	Wie kam es zur Kaiserkrönung Karls des Großen?					
Quelle	Karl	Krönung	Rom			
Darstellung	Karl der Große	Sachsen-kriege	Franken-reich		Krönungs-wille Karls	800 n. Chr.
Sprachakt der Lehrkraft			Aachen	Fränkisches Kaisertum		

In der Tabelle sind sehr konventionelle Vokabeln aus dem Thema „Karl der Große" als Beispiel herangezogen worden. Zusammengesetzt könnte sich daraus eine Lücken aufweisende Geschichte der Krönung Karls am Weihnachtstag 800 in Rom ergeben. Durch diese Art der Unterrichtsbeobachtung lassen sich Reflexionen über die fachliche und fachdidaktische Angemessenheit des historischen Narrativs und des Einsatzes der Medien bei der Förderung von Sachkompetenz im Sinne des FUER-Modells prüfen. Einerseits lassen sich die Potentiale begrifflichen Lernens und der fachwissenschaftlichen Angemessenheit in der Auswahl von Begrifflichkeiten unterschiedlicher Abstraktionsgrade prüfen. Andererseits ergibt die Zusammenschau der medialen Repräsentationen, über die das Begriffsgerüst für das Gesamtnarrativ im Unterricht für die SchülerInnen erfahrbar wird, einen Einblick in die Angemessenheit der epistemologischen Lerngelegenheiten hinsichtlich der empirischen Belegung der im Narrativ behaupteten räumlich-zeitlichen Zusammenhänge. Maßstab der Angemessenheit ist die Repräsentation des epistemologischen Prinzips des empirischen Evidenznachweises für die Argumentation historischer Zusammenhänge. Durch die Rekonstruktion des historischen Narrativs ergibt sich auch die Passgenauigkeit zu Thema / Problemstellung / Fragestellung der gesamten Lernaufgabe.

Epistemologische Überzeugungen

Neben dem Fachwissen gehören die im Lehrerhandeln repräsentierten epistemologischen Überzeugungen zum Professionswissen künftiger Lehrkräfte (→ TABELLE 12).

Tabelle 12: Beobachtungsplan epistemologische Überzeugungen im Lehrerhandeln

Bezug zwischen Überzeugungen und Lehreraktivität	*Epistemologie des Faches*	*Epistemologie des Unterrichtsfaches: Lerngelegenheiten zur Erkenntnis der Epistemologie des Faches*
Konzeption von Leitfrage / Thema / Problematik der Lernaufgabe	Räumlich-zeitlicher Zusammenhang	Förderung von Kompetenzen historischen Denkens
Auswahl des Medien-Samples	Repräsentation von Quellen und Darstellungen unter Berücksichtigung von Multiperspektivität	
Konzeption von Arbeitsaufträgen	Historisch-kritische Methode, Kontextualisierung, Periodisierung, räumlich-zeitliche Zusammenhänge in Dauer und Wandel	Förderung und Entwicklung argumentativer historischer Narrativität und reflektierten Geschichtsbewusstseins

Diese Tabelle dient als Beobachtungsplan im Unterricht, insofern er die Reflexion des Beobachters darauf lenkt, an welchen Stellen genau die Überzeugungen der Lehrkraft zum Ausdruck kommen. Zentral ist die Identifizierung und Sammlung solcher Leitfragen, Medien und Arbeitsaufträge, die besonders für die Förderung reflektierten Geschichtsbewusstseins der SchülerInnen geeignet scheinen. Indikatoren dafür sind die Schülerprodukte in Gestalt von Wort- und Schriftbeiträgen als Reaktion auf das Lehrerhandeln.

Unterrichtsbeobachtungsplan

In den beiden oben dargestellten Tabellen wird deutlich, wie das Professionswissen der Lehrkraft sich in Lehrerhandeln niederschlägt. Dabei sind die beiden anderen Aspekte des Basismodells der Planung bereits involviert.

Im Basismodell steht der Begriff *Medien und Methoden*. Dieses Verhältnis ist aus geschichtsdidaktischer Perspektive umzukehren, da die Auswahl der Methoden der Auswahl der Medien folgt (→ KAPITEL 6). Durch die Planung der Unterrichtsbeobachtung mit Hilfe der oben dargestellten Tabellen wird die fachliche und fachdidaktisch adäquate Auswahl erstens des Medien-Samples mit dem darin repräsentierten Fachvokabular (→ TABELLE 11) und zweitens die epistemologisch stimmige Idee des unterrichtlichen Einsatzes dieses Samples zur Förderung reflektierten Geschichtsbewusstseins deutlich (→ TABELLE 12). Darüber hinaus lassen sich in den Entscheidungen über Leitfrage,

Methoden und Medien

Mediensample und Arbeitsaufträge die *Ziele und Strukturen* des Lehrprozesses erkennen. Dabei sind unter *Zielen* die intendierten Lernergebnisse der SchülerInnen zu verstehen (Kompetenzausprägungen), während die *Strukturen* im geplanten Ablauf der Lernaufgabe im Unterricht erkennbar werden.

9.2 Lehrplanbezug

Beobachtung des Lehrplanbezugs

Für die Planung der Beobachtung des Lehrplanbezugs bei unterrichtlich umgesetzten Lernaufgaben empfehlen sich ebenfalls tabellarische Herangehensweisen. Der im Unterricht wahrnehmbare Lehrplanbezug gehört zum Ausdruck von *Professionswissen* im Lehrerhandeln. Weil kompetenzorientierte Lehrpläne vom Lernergebnis der SchülerInnen ausgehen, stellt der Lehrplanbezug die Schnittstelle zwischen Lehrerhandeln und Schülerhandeln dar.

Lehrpläne

Lehrpläne bestehen aus zwei systematischen Ebenen. Erstens die Rahmentexte, in denen die Philosophie des Lehrplans beschrieben wird. In Analogie zur Epistemologie des Faches und des Schulfaches ließe sich hier von der Epistemologie des Curriculums oder von curricularer Epistemologie sprechen. Die Rahmentexte der kompetenzorientierten Lehrpläne bestehen aus einem fächerübergreifenden Rahmentext zu Beginn des Lehrplans und in einem fachspezifischen Rahmentext als Einleitung zu den fachlichen Konkretionen von Kompetenzen und Inhalten. Beispiele sind in Tabelle 13 gegeben. Hier liegt der Lehrplan für die Sekundarstufe I in NRW für das Gymnasium (2007) zugrunde, bei dem es sowohl einen Rahmentext für die Verortung des Faches Geschichte im „Lernbereich Gesellschaftswissenschaften" als auch einen weiteren als Einleitung für das Kapitel „Der Unterricht im Fach Geschichte in den Jahrgangsstufen 5 bis 9 des Gymnasiums" (S. 15) gibt. Die zweite systematische Ebene definiert mal mehr, mal weniger konkret die Inhalte, anhand derer der Kompetenzerwerb sich in Lernergebnissen niederschlagen sollte. Im ausgewählten Fallbeispiel Nordrhein-Westfalen heißen diese Kapitel „Kompetenzerwartungen und zentrale Inhalte" (S. 28ff.). Vorgeschaltet sind wiederum Rahmentexte, die die Auswahl der Inhaltsfelder begründen und im Überblick darstellen (z.B. „Stufen zur Erreichung der Anforderungen am Ende der Sekundarstufe I" S. 23ff.). Die Konkretionen folgen gestuft nach den Jahrgangsstufen 5 bis 6 und 7 bis 9.

In der Tabelle sind diese Anteile nicht vollständig erschlossen. Es geht darum, die Methode der Beobachtungsplanung zu zeigen, die darin besteht, die Anforderungen des Lehrplans begrifflich zu identifizieren und den Unterricht in Bezug auf Auswirkungen des Lehrplans auf das Lehrer- und Schülerhandeln zu beobachten.

Beobachtungsplanungen

Die Nutzung der dargestellten Tabelle 3 dient zur fokussierten Beobachtung der realen Präsenz oder Absenz von Grundgedanken der Rahmentexte und Konkretionen aus den Inhaltsbeschreibungen im Geschichtsunterricht.

Tabelle 13: Systematische Ebenen von Lehrplanbezügen am Beispiel des Kernlehrplan NRW GYM Sek I (2007)

Textstelle	Beispiel	Mögliches beobachtbares Lehrerhandeln im Unterricht
Vorbemerkungen (S. 9–11)	„Kompetenzorientierte Lehrpläne sind Lehrpläne, bei denen die erwarteten Lernergebnisse im Mittelpunkt stehen." (S. 9)	Zusammenfassung der Lernergebnisse durch die Lehrkraft am Ende der Stunde.
Der Beitrag des Lernbereichs Gesellschaftslehre zur Bildung und Erziehung in der Sekundarstufe I (S. 12–14)	„Das Fach [Geschichte] trägt auch zur Orientierung bei, indem es […] die historische Gebundenheit des gegenwärtigen Standortes erkennbar werden lässt und damit die Möglichkeit zu dessen kritischer Würdigung eröffnet." (S. 13)	Arbeitsaufträge oder Impulse zur kritischen Würdigung der historischen Gebundenheit des gegenwärtigen Standortes als Ausgangspunkt historischer Urteilsfindung.
Aufgaben und Ziele des Faches Geschichte (S. 15–17)	„Im Geschichtsunterricht geht es daher, aufbauend auf der Ermittlung von einzelnen Sachverhalten der Vergangenheit, um deren deutende Verbindung zu historischen Zusammenhängen (Sinnbildung über Zeiterfahrung)." (S. 16)	Arbeitsaufträge oder Impulse zur Deutung historischer Zusammenhänge durch die SchülerInnen.
Inhaltsfeld 4 Europa im Mittelalter	Teilaspekt „Die Grundlagen: Romanisierung, Christentum, Germanen" (S. 27)	Karl der Große wird im Kontext der Begriffe Romanisierung, Christentum und Germanen behandelt.

Da sich die Lehrpläne der Länder stark voneinander unterscheiden, empfiehlt es sich, die Auswahl der zentralen Merkmale für die Planung von Unterrichtsbeobachtung nach Absprache mit Fachkollegen zu entscheiden oder als Gegenstand der Lehre zur Diskussion zu stellen.

Eine weitere Möglichkeit zur Umsetzung des Lehrplanbezuges besteht darin, die curriculare Philosophie sowie die Auswahl der inhalt-

Analyse des Lehrplanbezuges

lichen Konkretionen gemeinsam mit den SchülerInnen kritisch zu analysieren und gegebenenfalls auf Intentionen der Lehrplanautoren hin zu prüfen (Anregungen dazu finden sich in (→ KAPITEL 5)). Diese Umsetzungsmöglichkeit lässt sich mit dem curricularen Ziel der Bildung mündiger BürgerInnen, d. h. mit den Lehrplänen selbst, argumentieren und ist eine Möglichkeit zur Förderung reflektierten Geschichtsbewusstseins, weil auf diese Weise der Lehrplan als zeitgenössisches historisches Dokument mit Gegenwarts- und Zukunftsbezug gleichsam als „Quelle" eigenen zeitgeschichtlichen Wahrnehmens zum Gegenstand des historischen Lernens wird.

9.3 Schülerhandeln als Reaktion auf den Lehrprozess

Lehrerhandeln ist im Idealfall der Ausdruck geschichtsdidaktischer Entscheidungen über die Gestalt des intendierten Lernergebnisses in Anschluss an einen Lehr-/Lernprozess, in dem eine Lernaufgabe im Unterricht durchgeführt wird. Von den neun Teilaspekten des Basismodells zur Unterrichtsbeobachtung (siehe Auftaktseite) berühren vor allem die Felder Interaktion der Schüler/innen, aktives Lernen und Kompetenzentwicklung die beobachtbaren Reaktionen der SchülerInnen auf das Lehrerhandeln im Unterricht.

Sozial- und Arbeitsformen

Während die ersten beiden Aspekte je eine lernprozessanregende Sozialform (Interaktion der Schüler/innen) und eine lernpsychologisch notwendige Arbeitsform (aktives Lernen) beschreiben, geht es bei dem Aspekt der Kompetenzentwicklung um die Beobachtung individueller Fortschritte im Kompetenzerwerb historischen Denkens bei einzelnen SchülerInnen. Letztlich zielen alle drei Aspekte aus geschichtsdidaktischer Perspektive auf das intendierte Schülerhandeln in Gestalt argumentativer historischer Narrativität. In Tabelle 14 wird eine Möglichkeit vorgeschlagen, die Beobachtung des Schülerhandelns in den drei genannten Teilaspekten des äußeren Ringes im Basismodell vorzubereiten. Aus geschichtsdidaktischer Perspektive ist es zentral, die Teilaspekte fachspezifisch zu schärfen hinsichtlich eines beobachtbar adäquaten Einsatzes im Unterricht, das sich in Schülerhandeln niederschlägt, das zum Kompetenzerwerb historischen Denkens beobachtbar beiträgt.

Tabelle 14: Planung von Unterrichtsbeobachtung: Schülerhandeln

Teilaspekt des Basismodells	Fachspezifisch adäquater Einsatz (Lehrerhandeln)	Mögliches beobachtbar fachspezifisches Schülerhandeln im Unterricht
Interaktionen der SchülerInnen	Arbeitsaufträge / Impulse zu diskursivem Aushandeln historischer Begriffe, Zusammenhänge sowie von Sach- und Werturteilen.	Diskurse zu Begriffsbestimmungen, Zusammenhängen und Sach- und Werturteilen.
Aktives Lernen	Arbeitsaufträge / Impulse zur Aneignung von Begriffen und Zusammenhängen sowie zur Analyse von Quellen und Darstellungen zur eigenständigen Beantwortung / Argumentation übergeordneter historischer Fragestellungen. Arbeitsaufträge / Impulse zur Einübung von Gelerntem. Arbeitsaufträge / Impulse zur metakognitiven Prüfung des individuellen Lernfortschrittes.	Zielgerichtete Aktivitäten, die zur Entwicklung einer selbständig entwickelten argumentativen historischen Narration beitragen. Üben von Gelerntem durch Anwendung historischen Wissens zum Beispiel in neuen Zusammenhängen oder in selbständigen Zusammenfassungen. Reflexion über den eigenen Lernfortschritt.
Kompetenzentwicklung	Sequenz von Lernschritten, die den individuell (unterscheidbaren) Aufbau von Kompetenzen historischen Denkens ermöglicht mit Arbeitsaufträgen, die in die individuelle Performanz historischen Denkens / Erzählens münden.	Sukzessive Produktion eigener historischer Begriffsbestimmungen und (argumentativer) Narrationen über räumlich-zeitliche Zusammenhänge mit eigenständiger Integration empirischer Evidenz aus dem Medien-Sample der Lernaufgabe.

Schülerhandeln im Geschichtsunterricht sollte beobachtbar zielgerichtet auf das intendierte Lernergebnis in Gestalt argumentativer historischer Narrationen fokussiert sein. Das bedeutet, dass das Lehrerhandeln diese Zielrichtung intendiert und dem in der unterrichtsmethodischen Operationalisierung der geschichtsdidaktischen Idee für eine Lernaufgabe als Lehr- / Lernprozess Rechnung trägt.

Schülerhandeln

Die Planung des Beobachtens von Schülerhandeln stellt daher für künftige Lehrkräfte in Geschichte eine zentrale Aufgabe für die Unterrichtsbeobachtung dar. Denn hieran ist beobachtbar, ob und ggf. wie Lehrerhandeln sich auf Schülerhandeln auswirkt, das sich in fachspezifischen Produkten als Ausdruck individuell unterscheidbarer Kompetenzen historischen Denkens niederschlägt. Dabei geht es auch darum, fachspezifische Interaktionen von SchülerInnen ebenso wie fachspezifisches aktives Lernen von fachunspezifischem Schülerhandeln in diesen beiden wichtigen Bereichen unterscheiden zu können. Nicht jede Interaktion zwischen SchülerInnen ist dem

Beobachten von Schülerhandeln

historischen Lernen sachdienlich. Ein Indikator für den fachlich adäquaten Einsatz der Sozialform der Interaktion ist der hohe Zeitbedarf für derartige Unterrichtsphasen. Generell ist Interaktivität dann sinnvoll eingesetzt, wenn es um das Aushandeln von Konsens oder der Identifizierung von Gründen für Dissens bei der Begründung räumlich-zeitlicher Zusammenhänge, der Interpretation von Quellen oder der Positionierung in einer geschichtskulturellen oder -wissenschaftlichen Debatte geht (vgl. die übergeordneten Operatoren der EPA (1989/2005), vorne S. 78). Denn in derartigen interaktiven Aushandlungsprozessen stehen Sprechanlässe für die Einübung individueller argumentativer historischer Narrativität im Zentrum. Es ist allerdings zu berücksichtigen, dass die Interaktivität der SchülerInnen die Interaktivität mit der Lehrperson beinhaltet. Denn Initiierung, Rückmeldung, Korrekturen und Zusammenfassung für den Abschluss einer solchen Phase sollten (im Regelfall) bei der Lehrperson liegen, die die Expertise der Geschichtswissenschaft in der Klasse repräsentiert.

Nachhaltigkeit des Lernprozesses

Für die Nachhaltigkeit des Lernprozesses wird in der bildungswissenschaftlichen Literatur auch dem aktiven Lernen eine wesentliche Bedeutung zugeschrieben. Aktives Lernen bedeutet, dass SchülerInnen Kompetenzen historischen Denkens aktiv nutzen, um neues Wissen zu erwerben, einzuüben und in neuen Zusammenhängen anzuwenden. Es bedeutet auch, sich der eigenen Lernfortschritte immer wieder bewusst zu werden und Verstehensschwierigkeiten oder Wissenslücken eigenständig zu erkennen und zu beheben. Eine gute Methode der Lernpsychologie für aktives Lernen ist die medienbasierte Erarbeitung übergeordneter historischer Problemstellungen in Lerntagebüchern, in denen der Reihe nach Medien erschlossen, auf ihre Erkenntnispotentiale zur Beantwortung der Problemstellung geprüft und der eigene Lernprozess reflektiert werden. Als Faustregel für die Planung von Unterrichtsbeobachtung mit Fokus auf dem Schülerhandeln gilt, dass aktives Lernen oder Schüleraktivierung kein Selbstzweck zur „Auflockerung" der Stunde sind. Aktives Lernen bedeutet stets auf das Fach bezogene Aktivität zur Erreichung intendierter Lernergebnisse von im Unterricht umgesetzten Lernaufgaben zur Förderung und Entwicklung reflektierten Geschichtsbewusstseins.

9.4 Auswirkungen auf die Ausprägung von Professionswissen als Geschichtslehrperson

Um das eigene Professionswissen weiterzuentwickeln, ist die Verortung der Erkenntnisse aus den fachlichen und fachdidaktisch fokussierten Unterrichtsbeobachtungen im Gesamtmodell professioneller Lehrerkompetenzen sinnvoll (→ ABBILDUNG 12).

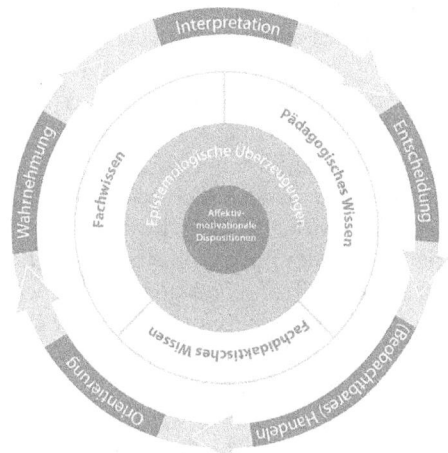

Abbildung 12: Fachunspezifisches Modell professioneller Lehrerkompetenzen (Andreas Körber, Nicola Brauch, Monika Waldis, Jörgen Wolf; Grafik: Nadine Pütter)

Der Lernerfolg der SchülerInnen ist abhängig von der professionellen Kompetenz der Lehrkraft. Der Zusammenhang von Lehrer- und Schülerhandeln, der in den vorangegangenen Abschnitten im Einzelnen fachspezifisch ausdifferenziert wurde, lässt sich im Begriff des Professionswissens bündeln. Der Mehrwert der Unterrichtsbeobachtung gegenüber geschichtsdidaktischen Lerngelegenheiten vor der Praxis besteht a) in der Anwendung geschichtsdidaktischer Kategorien auf konkreten Unterricht (→ VGL. 9.1 BIS 9.3) und b) in der Reflexion der Auswirkungen der anderen Variablen, vor allem der affektivmotivationalen Dispositionen und des pädagogischen Wissens auf die Qualität des realisierten, individuell unterscheidbaren Lernergebnisses der SchülerInnen. Auch der Fokus der Auswertung der Beobachtungen lässt sich bereits vor Beginn der Beobachtungssituation planen.

Lernerfolg

UNTERRICHTSBEOBACHTUNG PLANEN

<small>Geschichtsdidaktisches Denken</small>

Eine Möglichkeit besteht darin, sich einen Schwerpunkt aus den oben ausgeführten Beobachtungsmöglichkeiten auszuwählen, und diesen auf den Kreislauf fachdidaktischen Denkens (äußerer Kreis der Grafik) anzuwenden. Im Falle der Unterrichtsbeobachtung beginnt dieser Kreis bei der Wahrnehmung beispielsweise eines Schülerhandelns im Bereich aktives Lernen von historischen Begriffen. Nach der Beobachtungssituation lässt sich diese Wahrnehmung durch Aktivierung aller disziplinärer Konzepte aus dem Fach, der Didaktik und der Pädagogik mit Blick auf die fachliche Qualität der Schülerhandlung interpretieren. In den Sozialwissenschaften unterscheidet man bei derartigen multiplen Abhängigkeitsverhältnissen zwischen abhängigen und unabhängigen Variablen. Im vorliegenden Fall ist abhängige Variable die geschichtsdidaktische Qualität des Schülerhandelns beim aktiven Lernen. Diese hängt davon ab, ob es hier wirklich um fachliche Aktivität oder um Aktivität in anderen Bereichen handelt. Die wahrgenommene geschichtsdidaktische Qualität lässt sich auf unterschiedliche Beeinflussungen unabhängiger Variablen wie des Professionswissens der Lehrkraft in den Bereichen Fach, Fachdidaktik und Pädagogik sowie deren epistemologischen Überzeugungen und affektiv-motivationaler Dispositionen interpretieren. Unabhängig sind diese Variablen deshalb, weil ihr Effekt auf die Schüleraktivität das Erkenntnisziel ist. Das lässt sich auch in Frageform zum Ausdruck bringen: In welchen Abhängigkeitsverhältnissen steht die geschichtsdidaktische Qualität des aktiven Lernens im Geschichtsunterricht zu den anderen Variablen professioneller Lehrerkompetenz? Fragen dieser Art gehören zu den bislang noch wenig empirisch erforschten Gegenständen geschichtsdidaktischer Forschung – andererseits haben Lehrkräfte dazu Erfahrungswissen, das sich in Forschungsprojekte zu deren Prüfung operationalisieren lässt. Doch auch unterhalb der Ebene von Forschungsprojekte lassen sich die Beobachtungen zur Förderung der eigenen geschichtsdidaktischen Kompetenzen nutzen. Dabei ließe sich in Anschluss an den in der Grafik dargestellten Kreislauf folgendes Vorgehen denken:

<small>Qualität des Schülerhandelns</small>

Die Interpretation der wahrgenommenen geschichtsdidaktischen Qualität des Schülerhandelns ließe sich in eine geschichtsdidaktische Entscheidung zur Optimierung der Qualität oder zur Prüfung der Ursachen für deren hohe Qualität transformieren. Im Anschluss daran ließe sich ein experimentelles Unterrichtsprojekt entwickeln, in dem wiederum beobachtbares Handeln der Schüler im Bereich des aktiven Lernens im Zentrum stünde. Es ergäbe sich daraus optimaler Weise neue Erkenntnis, die zur besseren Orientierung für die Planung weiterer Unterrichtsbeobachtungen dienen könnte.

Fragen und Anregungen

- Erläutern Sie die fachspezifische Auslegung des Basismodells auf der Auftaktseite als Antwort auf die in der Einleitung aufgeworfenen Fragen.
- Finden Sie weitere Beispiele für die Bearbeitung der Tabellen in den Kapiteln.
- Falls Sie derzeit keine Möglichkeit zur Unterrichtsbeobachtung haben, können Sie entweder auf Unterrichtsclips im Netz zurückgreifen, oder ein Schulbuchkapitel zur eigenständigen Füllung zu einem anderen Thema der Tabelle in 9.1 (Lehrerhandeln Fachwissen) nutzen.
- Erarbeiten Sie eine Lernaufgabe, in der Sie die fachliche Angemessenheit Ihrer eigenen epistemologischen Überzeugungen zum Fach und zum Unterrichtsfach unter Beweis stellen.
- Finden Sie weitere potentiell beobachtbare Situationen für die Tabellen in 9.2 und 9.3.
- Entwickeln Sie in Anschluss an Abbildung 12 auf Basis einer Wahrnehmung aus eigener Unterrichtsbeobachtung oder der Erinnerung an eigenen Geschichtsunterricht ein Forschungsprojekt zur Prüfung der Einflüsse der anderen Variablen auf die Qualität geschichtsdidaktischer Entscheidungen (z. B. der Einfluss pädagogischen Wissens auf die geschichtsdidaktische Qualität des Lehrerhandelns in der Auswahl des Material-Samples).

Lektüreempfehlungen

Die empfohlenen Titel spiegeln die derzeitige Debatte über die Unterrichtsbeobachtung im Fach Geschichte. Es lässt sich unterscheiden zwischen Unterrichtsbeobachtung als professioneller Lehrerkompetenz (Brauch 2015, Monte-Sano 2011), der empirischen Analyse von gehaltenem Unterricht (Gautschi 2011, Hodel/Waldis 2007) und der Meta-Reflexion über Kriterien guten Geschichtsunterrichts (Henke-Bockschatz 2011, Zülsdorf-Kersting 2010 und 2011).

- Nicola Brauch et al.: Das Lernergebnis im Visier – Theoretische Fundierung eines fachdidaktischen Kompetenzstrukturmodells „Kompetenz zur Entwicklung und Bewertung von Aufgaben im

Fach Geschichte", in Barbara Koch-Priewe et al. (Hgg.): Kompetenzen von Lehramtsstudierenden und angehenden ErzieherInnen. Bad Heilbrunn: Klinkhardt (2015), S. 104–122.

- Peter Gautschi: **Beurteilung von Geschichtsunterricht – Aspekte und Folgerungen,** in: Geschichte in Wissenschaft und Unterricht 62, 2011, Heft 5/6, S. 316–324.
- Gerhard Henke-Bockschatz: **Guter Geschichtsunterricht aus fachdidaktischer Perspektive,** in: Geschichte in Wissenschaft und Unterricht 62, 2011, Heft 5/6, S. 298–315.
- Jan Hodel / Monika Waldis. **Sichtstrukturen im Geschichtsunterricht. Die Ergebnisse der Videoanalyse,** in Peter Gautschi et al. (Hgg.): Geschichtsunterricht heute. Eine empirische Analyse ausgewählter Aspekte. Bern 2007, S. 91–142.
- Chauncey Monte-Sano: **Learning to Open Up History for Students: Preservice Teachers' Emerging Pedagogical Content Knowledge,** in: Journal of Teacher Education 62, 2011, Heft 3, S. 260–272.
- Meik Zülsdorf-Kersting: **Was ist guter Geschichtsunterricht? Qualitätsmerkmale in der Kontroverse – eine Einführung,** in: Geschichte in Wissenschaft und Unterricht 62, 2011, Heft 5/6, S. 261–270.

10 Diagnose von Schülerleistungen planen

„Das ist eine großartige Leistung: Der hat richtig **gelernt**, die Daten und Fakten **sitzen**!"

(Kollege Fakthuber)

„Das ist unerhört! Nicht **ein** Zusammenhang, *nicht einmal die Spur* einer historischen **Bewertung**!"

(Kollege Weiserknabe)

Abbildung 13: Wer hat die besten Kriterien für die Bewertung von Schülerleistungen? (Collage)

DIAGNOSE VON SCHÜLERLEISTUNGEN PLANEN

„Also lautet ein Beschluß, dass der Mensch was lernen muß." So beginnt Wilhelm Busch (1832–1908) das Gedicht über den vierten Streich seiner beiden Helden Max und Moritz (erschienen erstmals 1865). „Nicht allein das Abc bringt den Menschen in die Höh" so geht es in der ersten Strophe weiter und es folgt eine Aufzählung mannigfacher Gegenstände, die zu lernen sind (leider ist die Geschichte nicht dabei...). „Dass dies [das Lernen] mit Verstand geschah, war Herr Lehrer Lämpel da", wird abschließend festgestellt, bevor Max und Moritz mit ihrem Pfeifenattentat den Lehrer außer Gefecht setzen.

Für Wilhelm Busch und seine Zeitgenossen war das Lernen in der Schule eine Selbstverständlichkeit und Bürgerpflicht. Das Gelernte wurde abgefragt und der Lernende erhielt eine Zensur für die Wiedergabe des Lernstoffes. Im Unterschied zur Praxis des Untertantenstaats des 19. Jahrhunderts, die sich in der heutigen Notengebung durchaus hier und da noch finden lässt (hier karikiert in der Figur des Kollegen Fakthuber), steht die kompetenzorientierte Lehr-Lernforschung und die mit ihr verbundene Fachdidaktik vor der Herausforderung, Fakten und eigenes Denken (Kollege Weiserknabe) gleichermaßen als Lernergebnis zu bewerten. Für die gesellschaftswissenschaftlichen Fächer ergibt sich daraus eine bislang stets bekannte, aber wenig wissenschaftlich analysierte Problematik, die sich im mangelnden Konsens sowohl adäquater Aufgabenformate wie auch über die Kriterien der Bewertung niederschlägt. Für den Beitrag des Faches Geschichte zur Bildung heranwachsender Demokraten ist diese Frage schon wegen des Gebots der Bildungsgerechtigkeit notwendig zu beantworten.

In diesem Kapitel wird ein pragmatischer Vorschlag für die Planung von Lernstandsdiagnosen im Geschichtsunterricht ausgeführt. Es wird in den Geisteswissenschaften wohl nie Konsens im Sinne naturwissenschaftlicher Fächer über Diagnose und Förderkonzepte („Therapien") geben. Vor diesem Hintergrund ist sich die Autorin des vorläufigen Charakters der Ausführungen in diesem Kapitel wohl bewusst.

10.1 **Wege der Forschung**
10.2 **Diagnose- und Fördermöglichkeiten während einer Unterrichtseinheit**
10.3 **Unterscheidung von Kompetenzen historischen Denkens und Lesekompetenz**

10.1 Wege der Forschung

Es ist hier nicht der Ort, den Stand der Forschung zu referieren. Vielmehr sollen in diesem Abschnitt solche Wege der Forschung charakterisiert werden, die sich im Anschluss an die Kompetenzorientierung mit dem Thema der Leistungsdiagnose im Fach Geschichte befasst haben. Es geht im Allgemeinen um die Frage, mit welchen Prüfungsformaten Kompetenzen historischen Denkens erfasst werden können und nach welchen Kriterien die Performanz historischen Denkens bewertet werden kann.

Der Test scheint im Fach Geschichte ganz aus dem Blickfeld der Forschung verschwunden zu sein. Dass und warum dieses Format allerdings auch im kompetenzorientierten Unterricht von Wert sein kann und darin einen Platz haben sollte, wird in Abschnitt 10.2 thematisiert.

Ein entscheidender Indikator und Prädiktor für die Qualität historischen Erzählens und Argumentierens scheinen die epistemologischen Überzeugungen über die Erkenntnisziele und Methoden des Faches zu sein. In der anglophonen empirischen geschichtsdidaktischen Forschung gab es hierzu in den letzten Jahrzehnten des 20. Jahrhunderts große Anstrengungen, die durch die qualitative Analyse von Schülernarrativen zu einem breiten Konsens über die Indikatoren für adäquate epistemologische Überzeugungen geführt haben. Protagonist dieser Forschungsrichtung war der englische Geschichtsdidaktiker Peter Lee, der mit seinen Kollegen über Jahre entsprechende Studien durchführte.

Die unten abgebildete Tabelle 1 fasst das Modell zusammen, das Lee 2004 als Ergebnis dieser Studien veröffentlicht hat. Lee bezieht sich darin auf die geschichtsdidaktische Annahme, dass sich die Qualität von historischem Denken darin zeigt, inwiefern SchülerInnen der Zusammenhang zwischen dem standortgebundenen Charakter historischer Erzählungen und ihrem Erkenntniswert für die Erschließung von Vergangenheit bewusst ist. Das Bewusstsein darüber, so Lee, ist dann am stärksten ausgeprägt, wenn SchülerInnen eigenständig mit Quellen und historischen Interpretationen umgehen. Die höchste Stufe erreichte ein Lernender – so ließe sich der Gedanke weiterführen –, wenn er Fachbegriffe und theoretische Konzepten der Geschichtswissenschaft bei der Bearbeitung und Entwicklung von historischen Fragestellungen kreativ anwenden kann. Dass die Art des Umgangs mit Primärquellen beziehungsweise des in Darstellungen repräsentierten Auswertens empirischen Materials für die

Wege der Forschung

Epistemologische Überzeugungen

Der Vorschlag von Peter Lee (2004)

Argumentation eines räumlich-zeitlichen Zusammenhangs ein zuverlässiger Prädiktor für die Qualität der schriftlichen Leistung zu sein scheint, zeigen inzwischen auch Untersuchungen zur Fragestellungskompetenz von Studienanfängern in Geschichte (Brauch / Bihrer / Seifert 2015). Mit dem Fokus auf der empirischen Belegpraxis eigenen historischen Erzählens ist ein strikt fachspezifischer Indikator definiert, der in der Beantwortung einer übergeordneten historischen Fragestellung mit fachspezifischen Methoden und Erkenntniszielen zur Anwendung gelangt. In der Art des Umgangs mit Quellen und analytisch-historischen Darstellungen zeigt sich daher, inwiefern eine Person in der Anwendung von Kompetenzen historischen Denkens kompetent ist.

Niveaustufen   Dabei ist es zunächst wichtig, sich vor Augen zu halten, dass Niveaustufen in der empirischen Bildungsforschung nicht mit Schulnoten gleichzusetzen sind. Während in der empirischen Bildungsforschung die Niveaus von unten nach oben durchgezählt werden, also das schlechteste Niveau über Null den Wert 1 und das beste empirisch gefundene Niveau den höchsten Wert erhält (in der Tabelle unten und auch bei PISA ist das der Wert 6), funktioniert das in Deutschland übliche Notensystem genau umgekehrt. Hier ist der Wert 1 für die beste und der Wert 6 für die schlechteste Leistung vorgesehen (→ VGL. ABB. 14). Inzwischen haben sich vielerorts ausformulierte Bewertungen an Stelle des numerischen Notensystems eingebürgert. Diesen fehlt jedoch in aller Regel die statistische Prüfung der Reliabilität (Zuverlässigkeit). Es ist insofern fragwürdig, ob diese Art des Ersatzes wirklich eine Verbesserung der Bewertung gegenüber einem klar indizierten Ziffernsystem bedeutet, denn die Möglichkeit unterschiedlichster Auslegungen durch die Lehrkräfte ist sehr groß. Dort, wo solche verbalen Bewertungen eingeführt sind, empfiehlt es sich auf jeden Fall, mit den Fachkollegen durch getrenntes Bewerten desselben Schülermaterials einen Konsens über die Interpretation der vorgegebenen Textbausteine herzustellen. Peter Lee und seine Kollegen sind letztlich auch diesen Weg gegangen: verbale Beschreibungen der Niveaus auf Basis der getrennten Analyse desselben Materials zu validieren und in trennscharfe Niveaustufen zu überführen.

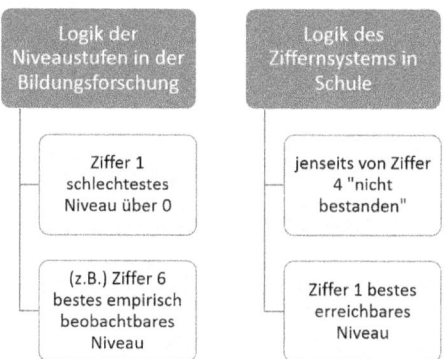

Abbildung 14: Verhältnis der Niveaustufen in der Bildungsforschung zum schulischen Notensystem

Für die Praxis in der Schule empfiehlt es sich daher zu prüfen, ab welchem Niveau in der Logik der Bildungsforschung das Etikett „nicht bestanden" zu vergeben ist. Diese Entscheidung ist nicht trivial, allerdings lassen sich theoriebasierte Lösungsvorschläge für dieses Problem am Beispiel der von Peter Lee übernommenen Tabelle exemplarisch zeigen.

Tabelle 15: Niveau-Stufen der epistemologischen Überzeugungen in Schülernarrationen (Lee 2004)

Stufe	Beschreibung der Vorstellungen von Lernenden über historische Erzählungen	Kriterium: Warum unterscheiden sich historische Erzählungen?
VI Sehr gut	Die Vergangenheit als Rekonstruktion in Erzählungen, die als Antwort auf Fragen entstehen. Dabei werden theoretische Kriterien berücksichtigt, um zu einem historischen Werturteil zu gelangen. Perspektivwechsel: Über den Autor und seinen Text hinaus liegt der Fokus auf der Natur historischer Erzählungen. Es liegt in der Natur historischer Erzählungen, dass sie sich unterscheiden.	Fokuswechsel auf die Natur historischer Erzählungen. Begründung: Unterscheidung als notwendiges Merkmal.
V gut	Die Vergangenheit als das Ergebnis einer Auswahl, die unter einem subjektiven Aspekt vorgenommen wird. Erzählungen werden aus einer begründeten Position des Autors heraus geschrieben. Unterschiede zwischen Erzählungen sind das Ergebnis unterschiedlicher Auswahl und Bewertung. Erzählungen sind keine Abbilder der Vergangenheit.	Begründung: Auswahl und Bewertung durch den Autor

Tabelle 15: (Fortsetzung)

Stufe	Beschreibung der Vorstellungen von Lernenden über historische Erzählungen	Kriterium: Warum unterscheiden sich historische Erzählungen?
IV Befriedigend	Die Vergangenheit als Bericht, der mehr oder weniger problematisch ist. Perspektivwechsel hin zum Autor als Konstrukteur der Erzählung. Unterschiede zwischen den Erzählungen sind das Ergebnis von Missverständnissen (Lügen, Dogmatismus); das Problem ist nicht nur das Fehlen von Information.	Fokuswechsel auf den Autor als aktiven Konstrukteur der Erzählung. Begründung: Absicht des Autors
III Ausreichend	Die Vergangenheit ist eine begrenzte Geschichte. Geschichten hängen davon ab, welche Information zugänglich ist: Nur was überliefert ist, kann nacherzählt werden. Unterschiede sind das Ergebnis von fehlender oder fehlerhafter Information.	Begründung: fehlende oder fehlerhafte Information
II Mangelhaft	Die Vergangenheit als unzugänglicher Zeitraum. Wir können nichts wissen, weil wir nicht dabei waren. Unterschiede sind das Ergebnis dessen, dass wir später leben.	Begründung: fehlende Zeitzeugenschaft.
I Ungenügend	Die Vergangenheit ist gegeben. Geschichten erzählen, wie es gewesen ist.	Keine Begründung, weil Unterschiede nicht gesehen werden.

Quelle: Lee (2004/2006, S. 154). Adaption durch N. Brauch.

Bewertung epistemologischer Überzeugungen

Der Indikator für die Bewertung der epistemologischen Überzeugungen von SchülerInnen lässt sich an der Schwelle des dritten zum vierten Niveau festmachen. Erst wenn ein Grundverständnis über die Konstruktionsbedingungen historischer Erzählungen feststellbar wird, lässt sich von reflektiertem Geschichtsbewusstsein sprechen. Den Zusammenhang zwischen den fachlichen Überzeugungen über die Erkenntnisziele und Arbeitsweisen mit der Ausprägung individueller fachlicher Leistungen und deren Niveaus diskutiert die Lehr-/Lernforschung in jedem Fach. Fachspezifisch in Geschichte ist die Fokussierung auf die Integration des empirischen Materials in die Konstruktion von Schülernarrationen. In der Tradition Peter Lees stehen auch die jüngsten niederländischen empirischen Forschungen zur Leistungsmessung, die ebenso wie eben dargestellt die epistemologischen Überzeugungen fokussieren. So unterscheiden Harry Havekes und seine Kollegen (2012) drei Stufen, die sie mit den Metaphern des „Kopierers" (*Copier Stance*), des „Entleihers" (*Borrower Stance*) und des „Kritikers" (*Criterialist Stance*) beschreiben. Der Kopierer nimmt historische Erzählungen als Kopie der Vergangenheit in Erzählungen der Gegenwart wahr. Der Entleiher ist sich darüber im Klaren, dass historische Erzählungen von Menschen gemacht und daher fehleranfällig sind. Er leiht sich solche Erzählungen von Experten, die er mit seinem eigenen Geschichtsbild am besten in Einklang bringen kann und hofft auf möglichst viele Informationen. Demgegenüber ist der Kritiker in der Lage, sich durch die Rezeption von Quellen und Darstellungen, die er kriteriengeleitet auf Evidenz überprüft, ein eigenes Bild zu machen und so eine eigene historische Erzählung zu generieren. Gar nicht so weit von dieser Graduierungslogik entfernt ist die Herangehensweise im FUER-Modell. Andreas Körber und Kollegen gehen davon aus, dass es an jedem sozialen Ort des historischen Erzählens Konventionen, das heißt einen gesellschaftlichen Konsens über die Art der historischen Erzählungen gibt. Im sozialen Ort Geschichtsunterricht ergibt sich dieser Konsens aus den im Schulbuch und den weiteren Unterrichtsmedien repräsentierten Erzählungen. Davon ausgehend lässt sich das niedrigste Niveau historischen Denkens als a- oder prä-konventionell, das mittlere als konventionell und das höchste als trans-konventionell beschreiben.

All diesen Logiken der Leistungsmessung eignet ein sehr großer Grad an Abstraktion, weshalb die Schulpraxis bislang wenig von den theoretischen und empirischen Forschungsbemühungen rezipieren konnte (oder wollte). Der Weg in die Praxis führt in die Analysen der historischen Details, derjenigen Fakten und Zusammenhänge, die sich sehr konkret etwa in den Schulbuchnarrativen finden lassen. Da Letztere bislang wenig an der Grundüberzeugung der Forschung orientiert sind, dass die Förderung epistemologischer Überzeugungen die Qualität des selbständigen historischen Erzählens und Argumentierens beeinflussen können, dieser Zusammenhang aber für kompetenzorientiertes Unterrichten unhintergehbar ist, liegt es an der Professionalität der Geschichtslehrperson, diesen Indikator als *conditio sine qua non* in den eigenen Unterricht zu integrieren. Dabei sind Rubriken wie diejenige von Peter Lee und seinen Kollegen heuristische Instrumente ohne Alleinstellungsanspruch. Sie könnten sich aber als außerordentlich gewinnbringend für die Vorbereitung binnendifferenzierten Unterrichts erweisen, um mit gezielten Arbeitsaufträgen dem „Kopierer" und dem „Entleiher" Lerngelegenheiten zum Wechsel in die nächsthöhere/n Stufe/n zu ermöglichen.

Leistungsmessung

10.2 Diagnose- und Fördermöglichkeiten während einer Unterrichtseinheit

Unterrichtseinheiten zu Lehrplanthemen geben den konventionellen Takt des Schuljahres an. Die Schulbücher sind daran orientiert und werden hier als Basis für die vorgeschlagenen Diagnose- und Förderformate vorausgesetzt, die aber auch für alle anderen Medien des Geschichtsunterrichts übertragen werden können.

Unterrichtseinheiten haben implizit, seltener explizit eine Leitfrage durch ein gesamtes Lehrplanthema – zumindest geben sie durch die Auswahl ihrer Unterkapitel, von Medien und Themenformulierungen und vor allem durch die Richtung der Arbeitsaufträge die Möglichkeiten der Diagnosebezüge vor. In Abbildung 15 wird ein Vorschlag gemacht, wie die epistemologischen Überzeugungen im Verlauf der Durchführung einer Unterrichtseinheit diagnostiziert und gefördert werden können. Das einfachste und zentralste Dokument für die Diagnose der Leistungen der SchülerInnen sind das Schulheft und ein dazu geführtes Glossar („Vokabelheft") zur Dokumentation und Einübung der Begriffe.

Diagnose und Förderung epistemologischer Überzeugungen

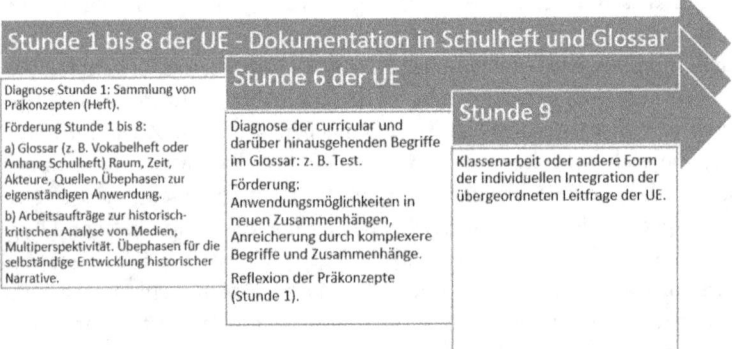

Abbildung 15: Diagnose- und Förderformate während einer Unterrichtseinheit (UE)

Binnendifferenzierung

Für binnendifferenzierendes Fördern der SchülerInnen ist das konventionelle Schulgeschichtsheft das einfachste Instrument, dessen sich die Lehrkraft bedienen kann. Ein nach Stand der Unterrichtsforschung besonders wirkungsvolles Format der Diagnose und Förderung ist dabei die Methode des Lerntagebuchschreibens (Glogger et al. 2012). Lerngegenstände werden unter einer übergeordneten historischen Leitfrage erfasst und auf ihr Potential hinsichtlich der Be-

Lerntagebücher

antwortung der Leitfrage geprüft und interpretiert (kognitive Strategie der Organisation). Anschließend werden Analogien, Vergleiche oder Gegenwartsbezüge hergestellt (Elaboration) und im dritten Schritt kann der im Schreiben zurückgelegte kognitive Erkenntnisweg meta-kognitiv reflektiert werden. Dabei geht es darum, sich selbst zu prüfen, welche historischen Zusammenhänge, Begriffe oder Medieninhalte bislang unklar geblieben sind und welche Möglichkeiten man selbst sieht, diese Unklarheiten auf fachlich adäquatem Wege zu beseitigen (Meta-Kognition). Diese drei kognitionspsychologisch für die Nachhaltigkeit des Wissenserwerbs notwendigen Strategien der Organisation, Elaboration und Meta-Kognition sind wirkungsvolle Methoden für die Einübung selbst-regulierten Lernens. Gleichzeitig bieten sie der Lehrkraft wichtige Daten zur Leistungsdiagnose und zum individuell spezifischen Förderbedarf.

Eine formalisierte Anleitung zum Lerntagebuchschreiben könnte so aussehen, wie in Abbildung 16 vorgeschlagen.

Übergeordnete historische Problemstellung / Leitfrage / Thema	Schreibauftrag 1: Fasse die Erkenntnisse der Stunde / der Schulbuchseite in eigenen Worten zusammen, belege Deine Aussagen mit den Medien, auf die Du Dich beziehst. (Organisation)
	Schreibauftrag 2: Beantworte auf Basis aller Erkenntnisse die Leitfrage der Stunde. Untersuche, welche möglichen weiteren Interpretationsmöglichkeiten sich anbieten könnten und begründe Deine Entscheidung für die Interpretation, die Dir am plausibelsten erscheint. Belege Deine Aussagen. (Organisation)
	Schreibauftrag 3: Überlege, welche historischen oder gegenwärtigen Entwicklungen / Persönlichkeiten / Ereignisse sich damit vergleichen lassen. Erläutere auch die Grenzen der Vergleichbarkeit. (Elaboration)
	Schreibauftrag 4: Beschreibe diejenigen Zusammenhänge / Begriffe/Medieninhalte, die Dir noch unklar sind. Lies dazu Deine Antwort (Schreibauftrag 2) nochmals durch und prüfe diese auf Fehler und Lücken. Entwickle einen Plan, mit welchen Informationsmedien Du diese Fehler und Lücken beheben kannst. (Meta-Kognition)

Abbildung 16: Lerntagebuchschreiben als Diagnose- und Fördermittel aktiven Lernens in Geschichte

Dieses Instrument ist natürlich flexibel einsetzbar und die vier Vorschläge für Schreibaufträge lassen sich je nach Anlass und Zielgruppe variieren. Die Methode ist als Hausaufgabe und punktuell auch als Methode in der Mitte oder am Ende einer Unterrichtseinheit einsetzbar. In der Forschung wird der Gewinn vor allem darin gesehen, dass Lerntagebücher nicht bewertet, sondern lediglich als Rückmeldeinstrumente für die Lehrkraft dienen. Da im Fach Geschichte mancherorts schriftliche Klassenarbeiten ganz abgeschafft sind, ist aber durchaus auch das punktuell bewertete Lerntagebuch vorstellbar.

Das Schulheft einzusammeln und auszuwerten, ist ein bewährtes Instrument der Diagnose und Analyse von Förderbedarf. Damit die SchülerInnen die fachspezifische Arbeitsweise auch in den Elementen ihres Schulheftes wiedererkennen, sollte zu Beginn der Arbeit in einer neuen Lerngruppe die Arbeit mit dem Heft sorgfältig eingeführt und begründet werden. In Tabelle 16 wird ein Vorschlag gemacht, wie eine die epistemologischen Überzeugungen fördernde Struktur des Geschichtsheftes aussehen könnte. Diese Struktur sollte sich in der Anlage des Tafelbildes wiederfinden.

Planung: Strukturierung des Geschichtsheftes

Tabelle 16: Strukturierungsvorschlag für das Geschichtsheft (Sek I) im kompetenzorientierten GU

Erste Seite	Schuljahr / Inhaltsverzeichnis		
Dokumentation von Unterrichtseinheiten	Kopfzeile Überthema. Beispiel: Antike Lebenswelten (ca. 800 v. Chr. bis Christi Geburt)		
	Leitfrage der Schulstunde (Angabe des historischen Zeitraumes), Datum		
Arbeitsaufträge zur Förderung der epistemologischen Überzeugungen	Untersuchung von Dauer/Wandel, Ursache/Wirkung, Identifizierung von Zäsuren, Diskussion von Epochengrenzen (Bezug zum historischen Raum).	Untersuchung eines Quellen-Autors und Prüfung von Intentionalität und historischem Erkenntnisgewinn.	Vergleich zweier zeitgenössischer Perspektiven / zweier Perspektiven der Forschung.

Dieser Vorschlag ermöglicht die Diagnose und Förderung epistemologischer Überzeugungen durch die konsequente Nennung der historischen Zeiträume und Daten sowie durch den konsequenten Bezug zum historischen Raum. Die Vorschläge für Arbeitsaufträge beziehen sich auf die gezielte Einübung fachlich-historischen Erzählens, mit seinen charakteristischen Merkmalen räumlich-zeitlicher Zusammenhänge und deren Erzählbarkeit unter der Voraussetzung einer übergeordneten historischen Leitfrage sowie der Notwendigkeit, diese Zusammenhänge durch den Bezug zum empirischen Material und den Perspektiven der Forschung (repräsentiert im Verfassertext oder anderen Medien wie Statistiken oder Lehrervortrag etc.) zu

Historische Zeiträume und Daten

argumentieren. Während sich in derartigen Strukturelementen die epistemologischen Prinzipien des Faches wiederfinden, kann das nach Unterrichtseinheiten geführte Glossar entweder „wild", das heißt in der Chronologie des Vorkommens der relevanten Begriffe, oder systematisiert nach Akteuren, Ereignissen, Fachbegriffen und zentralen Quellen/Medien geführt werden. Die rechten und/oder linken Tafelseiten eignen sich dafür, Begriffsklärungen, die während der Stunde anfallen, aufzugreifen, zu dokumentieren und den SchülerInnen Zeit für den Übertrag in ihr eigenes Glossar zu geben. Die Unterscheidung zwischen den Begriffen und den epistemologischen Prinzipien beschreibt die anglophone Geschichtsdidaktik mit der Unterscheidung von *First* und *Second Order Concepts*. Während Begriffe, die Fakten repräsentieren (Akteur, Ereignis, Fachbegriff, Ort, Quelle) als *First Order Concepts* bezeichnet werden, gelten die epistemologischen Prinzipien wie Dauer/Wandel, Ursache/Wirkung und empirische Evidenz als *Second Order Concepts*. In der deutschsprachigen Debatte werden beide Konzepte unter dem Dach der Sachkompetenzen subsumiert. First and Second Order Concepts

Für viele Fachschaften und in Lehrplanempfehlungen nehmen auch die mündliche Beteiligung und das Engagement im Unterricht einen großen Stellenwert ein. Hierbei ist allerdings die Vergleichbarkeit der Bewertung noch anspruchsvoller in der Umsetzung als bei schriftlich vorliegenden Daten einzelner SchülerInnen. Letztlich gibt es auch für diesen Bereich bislang zu wenig Forschung. Die Alltagserfahrung im Unterricht stützt aber die Stimmigkeit der Hypothese, dass die schriftliche Einzelleistung im Zweifel die größere Aussagekraft hat als die Note für Mitarbeit im Unterricht. Um sprachlich schwachen SchülerInnen auch eine Chance für den Ausdruck starker historischer Kompetenzen zu ermöglichen, eignen sich ersatzweise auch Visualisierungen historischer Zusammenhänge. Prinzipiell ist, wie unten in 10.3 erläutert wird, darauf zu achten, bei der Auswahl der Medien vor allem in der unteren Sekundarstufe I auf eine Mischung aus visuellen und textgebundenen Quellen und Darstellungen zu achten. Mündliche und schriftliche Leistungen

10.3 Unterschiede zwischen Kompetenzen historischen Denkens und Lesekompetenz

Eine gewisse Herausforderung für Geschichtslehrkräfte bietet die Unterscheidbarkeit der Fächer Geschichte und Deutsch. Diese Herausforderung verringert sich bei steter Prüfung des im Stunden-

Historische Kompetenzen und Lesekompetenz

thema / Leitfrage / Problemstellung fokussierten Erkenntniszieles. Vereinfacht gesagt lässt sich die Herausforderung etwa so beschreiben: Nicht jeder gute Leser im Sinne der *Reading Literacy* des PISA-Tests ist auch ein guter historischer Denker – und umgekehrt. Auch wenn hierzu bislang empirische Evidenz fehlt, so lässt sich dieser Umstand an einer Aufgabe erläutern, die in Zusammenhang mit der PISA Reading Literacy Studie 2009 entwickelt wurde.

PISA Aufgabe „Demokratie in Athen"[1]

Teil-Text 1

Thukydides war ein Historiker und Soldat, der im fünften Jahrhundert vor Christi Geburt während der Klassischen Periode gelebt hat. Er wurde in Athen geboren. Während des Peloponnesischen Krieges (431 v. Chr. bis 404 v. Chr.) zwischen Athen und Sparta war er Kommandant einer Flotte, die den Auftrag hatte, die Stadt Amphipolis in Thrakien zu beschützen. Die Flotte fiel in die Hände von Brasidas, einem General Spartas, der Thukydides in ein zwanzig Jahre dauerndes Exil zwang. Dies bot diesem die Möglichkeit, vielfältige Informationen von den beiden kriegführenden Parteien zu sammeln und die Möglichkeit, Untersuchungen für sein Werk „Geschichte des Peloponnesischen Krieges" durchzuführen.

Teil-Text 2

Thukydides widmet Perikles (5. Jahrhundert v. Chr.), dem Herrscher Athens, die folgende Rede zu Ehren der Soldaten, die im ersten Jahr des Peloponnesischen Krieges gefallen waren.

Unser Regierungssystem kopiert nicht die Gesetze benachbarter Staaten, wir sind eher ein Vorbild für andere als unsererseits Nachahmer der anderen. Unser System nennt sich Demokratie, weil seine Verwaltung von den Vielen abhängt anstatt von den Wenigen. Unsere Gesetze erfordern gleiche Rechte für alle in ihren persönlichen Angelegenheiten, während das Ansehen im öffentlichen Leben eher von den Leistungen als von der sozialen Klasse abhängt.

Die soziale Klasse hindert eine Person auch nicht daran ein öffentliches Amt zu bekleiden [...]. Und, während wir uns in persönliche Angelegenheiten nicht einmischen, achten wir auch das öffentliche Recht. Wir schenken unseren Gehorsam denjenigen, die wir in Autoritäts-Positionen bringen, und wir gehorchen den Rechten selbst, besonders denjenigen, die für den Schutz der Unterdrückten gemacht sind, und denjenigen ungeschriebenen Gesetzen, die zu brechen eine anerkannte Schande darstellt.

Darüber hinaus stellen wir viele Möglichkeiten zur geistigen Vergnügung bereit. Die Spiele und Opfer, die wir über das ganze Jahr hindurch feiern, und die Eleganz unserer Häuser bilden eine tägliche Quelle des Vergnügens, das dabei hilft, jegliche Sorge zu vertreiben; während die vielen Einwohner der Stadt Erzeugnisse aus aller Welt nach Athen bringen, so dass die Athener mit den Früchten anderer Länder ebenso vertraut sind wie mit den eigenen.

---

[1] Übersetzung aus dem Englischen durch N. Brauch, 2011. Übersetzung in Anlehnung an: http://www.oecd.org/pisa/pisaproducts/PISA%202009%20reading%20test%20items.pdf.

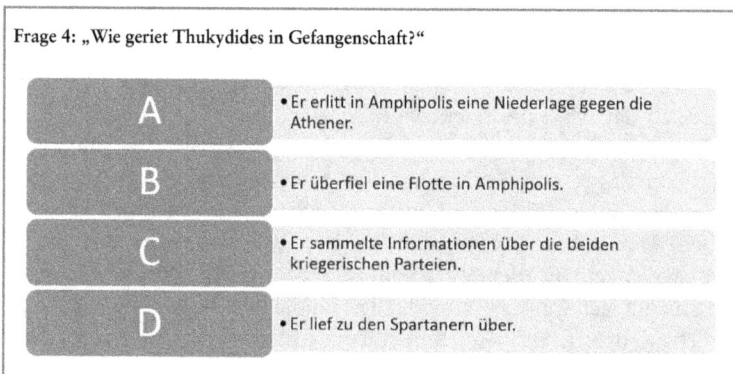

Diese Aufgabe war für die SchülerInnen eher schwer. Die Problematik liegt in der Komplexität der beiden Texte. Text 1 ist ein Einführungstext, Text 2 ein Quellentext, in dem der griechische Geschichtsschreiber Thukydides Perikles eine fiktive Rede halten lässt.

Die darauf bezogene Aufgabe 4 lässt sich nur dann lösen, wenn man den Text sorgfältig liest und versteht. Doch obwohl der Gegenstand eindeutig aus dem Bereich der Geschichtswissenschaft stammt, prüft die Aufgabe Lesekompetenz. Das richtige oder falsche Ankreuzen erlaubt daher keine Rückschlüsse auf die Kompetenzen historischen Denkens des Probanden. Um mit demselben Textbezug (Text 2) eine historische Kompetenzaufgabe zu generieren, bedürfte es einer übergeordneten Fragestellung, die sich beispielsweise auf das epistemologische Prinzip der empirischen Evidenz der Quelle für die Rekonstruktion der Geschehnisse während des Peloponnesischen Krieges beziehen könnte. Der Einleitungstext 1 müsste entsprechend umgeändert werden. Als geschlossene Aufgabe im Stile der hier abgedruckten Aufgabe könnten dann Aussagen über die historische Evidenz von Text 2 zur Rekonstruktion des Peloponnesischen Krieges als Antwortoptionen generiert werden.

Kompetenzaufgaben

Im Unterschied zu allgemeiner Lesefähigkeit (*reading literacy*) und den im Fach Deutsch benötigten Kompetenzen (Frederking et al. 2013) dient die Medienanalyse des Historikers der evidenzbasierten Rekonstruktion vergangener Wirklichkeiten. Historiker sprechen dann von einer guten Quellenlage, wenn sie für die Rekonstruktion bestimmter Zusammenhänge möglichst viele unterschiedliche Quellen heranziehen können. Das Erkenntnisziel des Historikers liegt außerhalb der von ihm analysierten Medien, dasjenige des Germanisten

Medienanalyse

oder im Alltag Lesenden befindet sich im analysierten Medium selbst. Daher ist bei der Konzeption von Lernaufgaben, Arbeitsaufträgen und Diagnoseinstrumenten darauf zu achten, dass dieser Unterschied der Erkenntnisziele deutlich wird.

Einsatz unterschiedlicher Quellenarten

Durch den gezielten Einsatz nicht-textueller Medien und durch die Durchmischung von Textquellen mit Artefakten oder Abbildern von Artefakten lässt sich dieser Umstand auch den SchülerInnen verdeutlichen. Den SchülerInnen sollte die Unterscheidung ebenfalls transparent gemacht werden. Es sollte deutlich werden, dass die Note in Geschichte sich auf das individuelle Handeln im historischen Denken bezieht und nicht auf sinnentnehmendes Lesen. Der Unterschied liegt im Erkenntnisziel.

Kriterien guter Testaufgaben

In der allgemeinen Didaktik spricht man bei derartigen Prüfungen von drei Kriterien guter Testaufgaben. Erstens der Validität (Gültigkeit): Das bedeutet, die Aufgabe ist fachlich valide – sie misst das, was sie zu messen vorgibt, nämlich beispielsweise die Qualität des historischen Denkens. Zweitens die Reliabilität (Zuverlässigkeit der Bewertungskriterien): Das bedeutet, die wiederholte Auswertung der Aufgabe führt zu demselben Ergebnis. Um die Reliabilität zu gewährleisten, brauchen Sie daher ein präzise auf das intendierte Lernergebnis abgestimmtes Kriterien-Raster (→ VGL. TABELLE 15 OBEN). Drittens die Objektivität. Das bedeutet, dass Ihr Kollege, der Ihre Kategorien für die Bewertung der Geschichtsarbeit anwendet, die Klassenarbeit unabhängig von Ihnen bewertet, und Sie beide zu demselben Ergebnis kommen (Beobachterunabhängigkeit). Für alle drei Qualitätssicherungsprüfungen von Aufgaben bedarf es mindestens zweier Experten, die zu demselben Ergebnis kommen.

Fragen und Anregungen

- Fassen Sie die unterschiedlichen Modelle für die Niveaubestimmungen historischen Denkens zusammen.

- Stellen Sie auf Basis eines Schulbuchkapitels eine Auswahl von Begriffen für das Schülerglossar zusammen und konzipieren Sie einen Kurztest mit offenen und geschlossenen Aufgaben.

- Verfassen Sie eigene historische Narrationen unter Verwendung dieser Begriffe unter Berücksichtigung der *Second Order Concepts*.

- Erläutern Sie den Zusammenhang zwischen Epistemologischen Prinzipien und den Niveaus historischen Denkens.

- Entwickeln Sie eine je eine geschlossene (PISA) und eine offene Testaufgabe (Essay) und prüfen Sie diese auf Validität, Reliabilität und Objektivität.

Lektüreempfehlungen

Der erste Link führt zu validierten PISA Aufgaben mit Auswertungsmanualen aus allen getesteten Fachbereichen, daraus lassen sich vielfältige Rückschlüsse für die Konzeption und Auswertung von offenen bis geschlossenen Aufgaben auch für das Fach Geschichte ziehen.

Der zweite Link führt zum Internetauftritt der amerikanischen Initiative der Standford Group. Hier sind vielfältige Anwendungsbeispiele mit Auswertungstabellen und exemplarischen Schülerantworten für die Förderung historischen Argumentierens zu finden.

Die Literatur ist so ausgewählt, dass sich daraus die Verbindungslinien zwischen empirischer Bildungsforschung zu Assessment allgemein (Glogger et al. 2012, Weinert 2001) und der englischsprachigen Entwicklung herstellen lassen. In der deutschen Tradition der Geistes- und Gesellschaftswissenschaften gibt es hingegen nach wie vor eine große Skepsis gegenüber den hier gewählten Herangehensweisen.

Links

- http://www.acer.edu.au/files/pisa_relitems_rd_prior2012.pdf.
- https://beyondthebubble.stanford.edu/.

Literatur

- **Christiane Bertram: Entwicklung standardisierter Testinstrumente zur Erfassung der Wirksamkeit von Geschichtsunterricht**, in Holger Thünemann/Maik Zülsdorf-Kersting (Hg.): Methoden der Geschichtsunterrichtsforschung, Schwalbach/Ts. (im Druck).
- **Kadriye Ercikan/Peter Seixas (Hgg.): New Directions in Assessing Historical Thinking**, London 2015.
- **Inga Glogger et. al: Learning Strategies Assessed by Journal Writing. Prediction of Learning Outcomes by Quantity, Quality, and Combinations of Learning Strategies**, in: Journal of Educational Psychology 104, 2012, S. 452–468.

- Linda Maggioni / BruceVanSledright / Patricia A. Alexander: **Walking on the Borders.** A Measure of Epistemic Cognition in History, in: The Journal of Experimental Education, 77, 2009, Heft 3, S. 187–214.

- Chauncey Monte-Sano / Susan De La Paz / Mark Felton: **Reading, Thinking, and Writing About History.** Teaching Argument Writing to Diverse Learners in the Common Core Classroom, Grades 6–12, Columbia 2014.

11 Diskurse und Begriffe: Das Thema Holocaust im Geschichtsunterricht

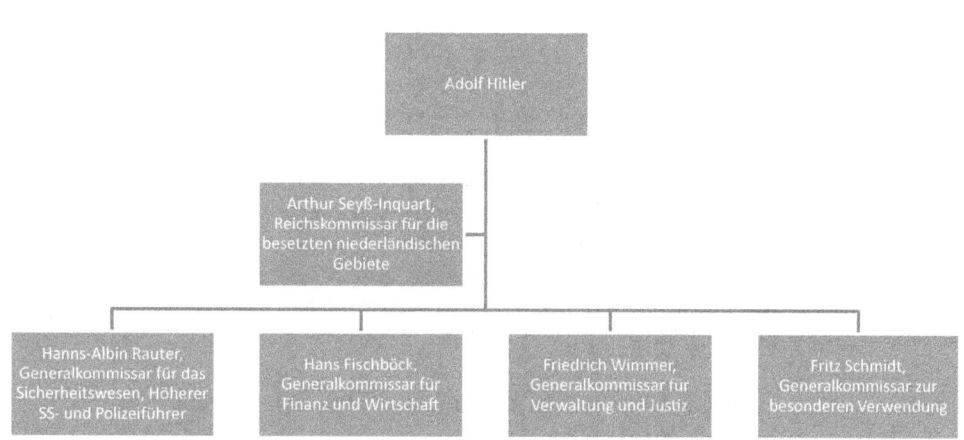

Abbildung 17: Deutsche Verwaltung der Niederlande während des ersten Jahres der Deportationen (1942–1943, nach Bob Moore 1998)

DISKURSE UND BEGRIFFE

Das Organigramm wirkt kalt, schematisch und auf den ersten Blick wenig dazu geeignet, Betroffenheit über all das Leid hervorzurufen, das sich aus der Arbeit dieser Administration in Wechselwirkung mit vielen weiteren Variablen, die darauf nicht verzeichnet sind, für viele Millionen Menschen im Kontext des Holocaust ergeben hat. Befasst man sich näher mit der Organisation der Verwaltung zur Zeit der deutschen Besatzung in den Niederlanden, indem man sich Spezialwissen über die Zusammenhänge aneignet, die dazu beitrugen, dass in den Niederlanden 75% (102 000) der bis 1940 dort lebenden 140 000 Juden im Holocaust und seinen Kontexten ums Leben kamen, dann ändert sich das Bild. Es verändert sich erst recht, wenn durch die Aneignung der Kontexte der sehr große Unterschied gegenüber den Opferzahlen etwa im benachbarten Frankreich zum Vorschein kommt, wo von 320 000 Juden 75% überlebten (Griffioen/Zeller 2006). Über historisches Fallwissen und die daraus möglichen Rückschlüsse hinsichtlich der Ursachen des Holocaust ergibt sich „Empörung" – wie der Autor Per Leo es nennt (→ KAP. 11.) *– entweder von selbst oder der Bedarf an Nachschulung in Sachen freiheitlich-demokratischer Grundordnung tritt zu Tage.*

Mit der eher pädagogischen als didaktischen Maxime „Ihr sollt euch nicht empören, ihr sollt wissen, was passiert ist" (Leo 2015) wird ein seit Jahrzehnten diagnostizierter stabiler Befund des Wissens über den Holocaust auf den Punkt gebracht. Dieser besteht darin, dass statt evidenzbasiertem raum-zeitlichen Zusammenhangwissen gesellschaftlich korrekte Haltungen gelernt beziehungsweise zu stabilen Überzeugungen (*beliefs*) ausgeprägt werden (Henke-Bockschatz 2004, Zülsdorf-Kersting 2009, Galda 2012).

Im Geschichtsunterricht in Deutschland ist der Holocaust ein curricular flächendeckend verankertes Thema im Kontext von Lehrplaneinheiten zum Thema Nationalsozialismus. In diesem Buch steht er pars pro toto für die schwierige fachlich adäquate Thematisierung der Geschichte extrem gewalttätiger Gesellschaften.

11.1 „Ihr sollt euch nicht empören, ihr sollt wissen, was passiert ist"
11.2 **Die Faktizität des Holocaust**
11.3 **Die Historisierung des Holocaust als Herausforderung in Wissenschaft und Unterricht**

11.1 „Ihr sollt euch nicht empören, ihr sollt wissen, was passiert ist"

Empörung und Wissen sind keine Gegensätze. Dennoch treffen die Ausführungen des Historikers und Romanschriftstellers Per Leo, die er im Kontext der Erinnerung an die Befreiung des Vernichtungslagers Auschwitz durch die Rote Armee am 27. Januar 1945 in einem Aufsatz in der Frankfurter Allgemeinen Zeitung (Leo 2015) veröffentlichte, eine Kernproblematik des Geschichtsunterrichts. Diese Kernproblematik besteht in der Verhältnisbestimmung moralischen Urteilens, subjektiven Empörens und dem Kompetenzerwerb historischen Denkens.

Moralische Urteile, Empörung und historische Kompetenzen

Das Organigramm auf der Auftaktseite ist das Produkt historischen Denkens und Arbeitens mit Quellen und der Auseinandersetzung mit dem Stand der Forschung. Zusammengelesen mit der vielfältigen Forschungsliteratur und den veröffentlichten Quellen über die Niederlande unter deutscher Besatzung (Happe 2012 und 2015) ergibt sich daraus ein Wissen, das in Auseinandersetzung mit Holocaust-Leugnern sprachfähig macht. Die Argumentation mit fachlich gestützten, evidenzbasierten Aussagen macht die Sprachfähigkeit aus, die SchülerInnen jeder Schulform am Ende ihrer Schulzeit als Unterschied zu Meinungsäußerungen mit zufalls- und emotionsgenerierten Setzungen mit auf den Weg gegeben werden sollte. So wird ihnen die Partizipation an geschichtskulturellen Diskursen in demokratischen Gesellschaften ermöglicht.

In dem genannten Aufsatz in der FAZ berichtete Leo über seine Erfahrungen im Kontext einer Reise nach Güstrow, wohin er zu einer Autorenlesung seines Buches *Flut und Boden* (2014) gefahren war. Offensichtlicher Anlass dieses Reiseberichts war Leos Empörung über die ARD, die für ihre Filmbeiträge zum siebzigsten Jahrestag der Befreiung von Auschwitz mit der Zeile „#Auschwitz ist für mich: _____" geworben hatte. Die Art des Lernens, das sich aus den ausgestrahlten Filmen für den Zuschauer ergeben sollte, war nach Wahrnehmung des Autors „Empörung": „Gleich die ersten beiden Filme handelten von jungen Menschen, die in der Gedenkstätte Auschwitz-Birkenau Gefühle haben. Für einige von ihnen, so der Programmhinweis, sei der Besuch eine biographische Zäsur gewesen." Leo kommentiert diesen Programmhinweis mit der Bemerkung:

Per Leo

„Auschwitz wird dein Leben verändern – vor siebzig Jahren hätte diese Aussage noch einen starken Konditionalsatz erfordert: wenn du nicht ermordet wirst. Heute meint sie ein psychohygienisches Angebot: wenn du es zulässt."

<small>Gedenkstätten-pädagogik</small>

Die Kritik an der in den Filmen vertretenen Gedenkstättenpädagogik, die er anschließend formuliert, ist in polemischer Sprache gehalten. Sie beschreibt aber sehr genau die möglichen Ursachen für den in der Einleitung zu diesem Kapitel beschriebenen Forschungsstand über die Dominanz der Haltungen bei anhaltendem Nichtwissen über die historischen Gegebenheiten. Das folgende Zitat regt daher aus geschichtsdidaktischer Perspektive zum Nachdenken darüber an, welchen Beitrag der Geschichtsunterricht leisten könnte, um SchülerInnen einen medien- und genrekritischen Blick bei der Rezeption derartiger Filme zu ermöglichen. Leo schreibt:

„Jedenfalls war das stärkste Gefühl, das die Filme in mir auslösten, nicht die Wut auf die Täter und nicht das Mitgefühl mit den Opfern, sondern Wut auf die Filmemacher. Und Mitgefühl mit den Menschen, die sie zeigen. Ständig müssen sie vor der Kamera sagen, was dieser Ort mit ihnen macht. Was fühlt und denkt ein junger Mensch, wenn man ihn mit der Faktizität des Grauens alleinlässt? Wenn man ihn vor haushohe Berge von Schuhen, Brillen und Koffern hinter Panzerglas stellt? [...] Wenn man dem Grauen seine Geschichte nimmt? Er denkt und fühlt voll viel. Aber nichts Bestimmtes, nichts Neues. Und der Zuschauer bekommt, was er auch nach einem Länderspiel bekommt: Phrasen und Emotionen. Was Menschen Menschen antun können. Heftig. Krass."

<small>Faktizität des Grauens</small>

Leo beobachtet in diesen Filmen, was mit vielen Jugendlichen, die die Gedenkstätten besuchen, passiert, wenn der Geschichtsunterricht oder eine kluge Gedenkstättenpädagogik den Gedenkstättenbesuch nicht vorbereiten. Wäre das der Fall, dann käme in Interviews mit den Jugendlichen die Empörung über die Art des Films von diesen selbst. Doch Leo beobachtet richtig, dass diese Jugendlichen offensichtlich „mit der Faktizität des Grauens" alleine gelassen werden. Das Grauen hat einen Anlass in einem historischen Prozess, der faktisch ist. An dieser Stelle offenbart sich ein weiteres Dilemma, das es Lehrkräften erschwert, mit dem Thema Nationalsozialismus im Geschichtsunterricht umzugehen. Nicht erst seit der Kompetenzorientierung, aber vor allem durch die in Ausbildung und Praxis zuweilen falsch verstandene Kompetenzorientierung als Abschied von den historischen Fakten dezidierte Aufforderung an die Geschichtslehrkräfte, SchülerInnen nicht mit Fakten zu langweilen, gehört es mancherorts zum guten Ton, herablassend über faktenorientierten Unterricht zu sprechen. Für Berufsanfänger, die sich nach Lerngelegenheiten an der

Universität zu Spezialthemen der historischen Forschung und der Theorie und Didaktik der Geschichtswissenschaft mit der Fülle des curricularen Fachwissens konfrontiert sehen, bedeutet dieses weit verbreitete Missverständnis der Kompetenzorientierung einen fatalen Ausweg aus dem eigenen Defizit historischen Wissens.

Dieses Dilemma der mangelnden Lerngelegenheiten an der Hochschule zum Erwerb einer vertieften, fachlich fundierten Allgemeinbildung (nicht nur zum Thema Holocaust) im Bereich des curricularen Schulgeschichtswissens lässt sich nur dann konstruktiv wenden, wenn es den Studierenden rechtzeitig bewusst gemacht wird und sie gleichzeitig im Rahmen fachdidaktischer Veranstaltungen Lerngelegenheiten zu exemplarischen curricularen Themen erhalten. Diese Herangehensweise zielt auf die eigenständige Erarbeitung des vertieften Allgemeinwissens auf Basis derjenigen Kompetenzen, die im Bachelor-Studium curricular verankert sind (Einführungsveranstaltungen, Pro-Seminare mit Tutoraten, etc.).

Erwerb von Allgemeinbildung

Eine weitere Beobachtung Per Leos ist aus lernpsychologischer Perspektive weiterführend. Auf die Frage „Was fühlt und denkt ein junger Mensch [...]?" gibt er die durch die oben genannten empirischen Studien gedeckte hypothetische Antwort: „Er denkt und fühlt voll viel. Aber nichts Bestimmtes, nichts Neues." Was Leo kritisiert, ist nicht der Umstand, dass junge Menschen die Gedenkstätte besuchen. Er kritisiert den ungebremsten Zusammenprall des Denkens und Fühlens der Jugendlichen mit der „Faktizität des Grauens". Lernpsychologisch führt diese Herangehensweise nicht zu erweitertem oder gar vertieftem historischem Wissen in der fachlichen Gestalt argumentativer historischer Narrativität. Denn aus lernpsychologischen wie geschichtsdidaktischen Gründen bedarf es der übergeordneten historischen Problemstellung, die durch die mühevolle Analyse eines Fallbeispiels und deren Kontextualisierung in Forschungsstand und Diskurs eine eigenständige evidenzbasierte Argumentation als Lernergebnis intendiert. Das Merkmal des Neuigkeitswerts einer Lernaufgabe gehört zu den notwendigen, wenn auch nicht hinreichenden Bedingungen lernprozessanregender Lernaufgaben (Tulodziecki/Herzig/Blömeke 2009). Ebenso notwendig und nicht hinreichend gehört dazu auch die Lebensrelevanz und die Ermöglichung unterschiedlicher – geschichtsdidaktisch gesprochen: multiperspektivischer – Lösungswege zur Konzeption einer historischen Argumentation. Lebensrelevanz und Gegenwartsbezug reichen alleine genommen nicht aus; es bedarf des fachspezifischen Neuigkeitswertes des Lernangebots. Der besteht im Fach Geschichte darin,

Lernpsychologische Perspektive

DISKURSE UND BEGRIFFE

Neues über historische raum-zeitliche Zusammenhänge zu erfahren, die an Bekanntes, an sogenannte Prä-Konzepte im Gehirn anschließen und sie fachlich irritieren.

Es ist daher wenig verwunderlich, dass Per Leo ebenso wie die oben genannten Studien zu dem Ergebnis kommt: „Alles, was sie [die Jugendlichen im Film] wissen, sind zwei Namen. Hitler und Auschwitz. [...] Sie haben keine Ahnung von der Prozesshaftigkeit historischen Geschehens." Die Schlussfolgerung, die Leo daraus zieht, ist aus geschichtsdidaktischer, aber viel mehr noch gesellschaftlicher Perspektive ebenso alarmierend wie empirisch evident. Weil sie das epistemologische Prinzip des Faches in Gestalt der „Prozesshaftigkeit historischen Geschehens" nicht kennen, „sind sie auch nicht in der Lage, Schlüsse von der Vergangenheit auf die Gegenwart zu ziehen. Sie wissen gar nicht, was das ist: ein historisch fundiertes Urteil." Der vollkommene Ausfall des durch die Kompetenzorientierung des Schulunterrichts intendierten Lernergebnisses aus Sicht der Curricula und der akademischen Geschichtsdidaktik lässt sich nicht präziser beschreiben, als Leo es an dieser Stelle mit einer gewissen Verbitterung tut. Ebenso von geschichtsdidaktischem Interesse sind seine Überlegungen hinsichtlich der Ursache dieser fatalen Momentaufnahme, die sich durch die vielen Studien der letzten fünfzig Jahre (Zülsdorf-Kersting 2009) in Ansätzen verallgemeinern lässt.

„Sie wissen es nicht, weil in dieser Gedenkkultur alles, was Mühe macht, ausgeschlossen ist zugunsten einer hypertrophen Pflege des parasitären Schmerzes. Aber sie können nichts dafür. Vielleicht können nicht mal die Lehrer und die Filmemacher was dafür. Auch sie sind ja nur Produkte dieser Kultur. Aber sie haben sich gut eingerichtet in ihr."

Hier spricht Leo gezielt die Verantwortung der Lehrkräfte an. Das oben geschilderte Dilemma falsch verstandener Kompetenzorientierung in der Gemengelage mit Überforderungserlebnissen von Berufsanfängern und der verführerischen Kraft des in Fülle kostenlos erhältlichen sogenannten „Unterrichtsmaterials" vieler Einrichtungen der „Gedenkkultur" bleibt nicht ohne Auswirkungen auf die historische Argumentationsfähigkeit in der Gesellschaft.

Die Aufgabe, die sich aus den Beobachtungen Leos und der Summe der empirischen Studien für Geschichtsdidaktik und Geschichtsunterricht stellt, besteht darin, auch beim Thema Holocaust den epistemologischen Prinzipien des Faches strikt zu folgen und das fachlich intendierte Lernergebnis in Gestalt argumentativer historischer Narrativität nicht aus dem Blick zu verlieren.

Prozesshaftigkeit historischen Geschehens

11.2 Die Faktizität des Holocaust

Per Leo sieht die Wurzel des beobachteten Nichtwissens darin, dass „in dieser Gedenkkultur alles, was Mühe macht, ausgeschlossen ist zugunsten einer hypertrophen Pflege des parasitären Schmerzes." Historisches Denken und Arbeiten ist mühevolle Arbeit. Das ist eine Binsenweisheit, wenn man sich die fünf Prinzipien geschichtswissenschaftlicher Epistemologie nach Reinhart Koselleck noch einmal in Erinnerung ruft. Historiker erzählen evidenzbasierte, wissenschaftliche Geschichten durch die Analyse historischer Fallbeispiele, die Kontextualisierung im Stand der Forschung, die Auswahl eines historiographischen Konzepts in Anschluss an eine gesellschaftlich relevante Theoriebildung (wie zum Beispiel der Frage nach den Ursachen massenhafter Gewalt) sowie die Offenlegung der normativen und ideologischen Grundannahmen des analysierten Materials. Der letzte Punkt bei Koselleck bezieht sich auf die Unparteilichkeit des Historikers. Auch diesem Punkt lässt sich zustimmen, denn gerade bei *hot historical issues* ist auch der Historiker emotional involviert und tut gut daran, sich erstens dieser Involvierung bewusst zu werden und zweitens sich gleichsam gegen die eigene Perspektive einen unparteilichen Blick zu erarbeiten. Diese Umstände des historischen Arbeitens als Ursache für die im Unterricht rezipierten Erzählweisen gehören daher von Anfang an mit auf die Agenda von Unterricht zum Thema Holocaust.

Hot historical issues

Die Herausforderung, die Faktizität vergangenen Geschehens mit der Einsicht in den Konstruktcharakter historischen Erzählens in Zusammenklang zu bringen, kommt bei der Thematisierung massenhafter Gewalt wie im Fall des Holocaust besonders klar zum Ausdruck. Im didaktischen Umgang mit dem Thema Holocaust wird die zentrale Bedeutung historischen Detailwissens (um das Reizwort Fakten zu vermeiden) sichtbarer als bei vielen anderen, weniger heißen oder weiter zurück liegenden Fragen an die Vergangenheit. Detailwissen ist einerseits ein Ziel historischen Lernens, andererseits ist es ein wesentlicher Bestandteil für die Möglichkeit der Perspektivenübernahme mit historischen Akteuren. Erfolgreiche Geschichten wie die Trilogie *Der Herr der Ringe* (J. R. R. Tolkien) haben unter anderem deshalb großen Erfolg, weil sich die Rezipienten stets gut informieren können, wo die Akteure sich gerade aufhalten, und wer wann mit wem wo gleichzeitig agiert. Die raum-zeitliche Ebene ist bei Tolkien strikt durchgehalten, es wird aus Chroniken zitiert, Archive werden besucht und geschichtskulturelle Überreste werden gedeutet und in den

Faktizität und Konstruktcharakter

DISKURSE UND BEGRIFFE

Zusammenhang des Gesamtnarratives gebracht. Stets ist die Perspektive diejenige der Protagonisten. Es ist klar, dass es auf sie und den Zufall ankommt, wie die Geschichte weitergehen wird, dass es darauf ankommt, was sie aus der vorfindlichen Situation machen, wie sie die ihnen zukommende Verantwortung darin wahrnehmen und gestalten.

Perspektive der Akteure

Es ist diese Art der Mühe, derer es bedarf, die Perspektive der Akteure wahrzunehmen und ihre Optionen wie Entscheidungen zu analysieren. Die Rekonstruktion der Geschichte bleibt der Perspektive des Historikers geschuldet. Doch damit wird das Vergangene nicht zur Dichtung. Dadurch bleibt lediglich die Erzählweise über das Vergangene stets durch das Auffinden neuer Quellen, durch die Untersuchung neuer Fragestellungen und durch die Betrachtung unter der Perspektive anderer Akteure in ihrer Aussagekraft beschränkt.

Auch in diesem Zusammenhang ist die Auseinandersetzung mit Per Leos Aufsatz geschichtsdidaktisch von Gewinn, etwa an der Stelle, in der er in der Rückschau die Genese seiner Einsicht in den Zusammenhang von Wissen und Empörung beschreibt. In einem Auszug aus dem Artikel wird der Zusammenhang zwischen der Auswahl der Textprobe aus dem Roman für das in Güstrow versammelte Publikum deutlich.

> Ihr sollt euch nicht empören, ihr sollt wissen, was passiert ist. Das war der Geist, in dem Ulrich Herbert im Wintersemester 1996/97 ein Hauptseminar zum Holocaust gegeben hatte. Weil ich auf Veranstaltungen wie dieser [der Lesung in Güstrow] Empörung fürchte, Empörung über etwas, das sich nicht mehr ändern lässt, lese ich zu Beginn eine Stelle, in der von diesem Seminar die Rede ist.
>
> „Herbert wusste viel, er dachte scharf – und er konnte erzählen. Besonders beeindruckt waren wir, als er vom sogenannten Blutsonntag in Stanislau berichtete. Am 12. Oktober 1941 hatten im ostgalizischen Stanislau deutsche Sicherheitspolizisten, unterstützt von Kräften der einfachen Ordnungspolizei, die örtlichen Juden zum Friedhof getrieben, sie gezwungen, ihre eigenen Gräber auszuheben und sich auszuziehen, um sie anschließend zu erschießen. Zehntausend an einem Tag. Vor den Augen der Bevölkerung und den Kameras deutscher Wehrmachtssoldaten."
>
> Während ich das vortrage, schwillt draußen Lärm an, ein hasserfülltes Fauchen und Brüllen brandet gegen die Mauer, die uns von der Straße trennt. Ich muss meine Stimme heben [...].
>
> „Ihr sollt wissen, was passiert ist." (Per Leo, in: FAZ vom 7. Feburar.2015/32, S. 20)

Aus dieser Passage des Artikels lassen sich zwei geschichtsdidaktische Themen in Zusammenhang mit dem Thema Holocaust im Geschichtsunterricht reflektieren. Erstens der Gegenwartsbezug, denn während Leo vorträgt, entlädt sich vor der Bibliothek der Zorn rechtsgesinnter Personen. Das zweite Thema berührt die geschichtsdidaktische Entscheidung der Art und Weise, wie das Thema im Unterricht behandelt werden kann. Dabei kommt der Freiburger Zeithistoriker Ulrich Herbert als Hochschullehrer mit ins Spiel, bei dem Leo als Student das Seminar besuchte, aus dessen Kontext der Zuruf „Ihr sollt euch nicht empören, ihr sollt wissen, was passiert ist" entstanden ist. Die beschriebene Herangehensweise des Hochschullehrers lässt sich in der hier wiedergegebenen Formulierung Per Leos „Herbert wusste viel, er dachte scharf – und er konnte erzählen." zusammenfassen. Profundes Wissen, scharfes historisches Denken und das eindrückliche, am Detail orientierte und dadurch anschauliche Erzählen gehören untrennbar zusammen. In der beschriebenen Szene vom 12. Oktober 1941 werden die Akteure zumindest in ihrer Zugehörigkeit zu Institutionen unterscheidbar. Die Massenerschießung wird von Angehörigen der deutschen Sicherheits- und der örtlichen Ordnungspolizei durchgeführt. In den wenigen Sätzen, die Leo aus dem Seminar von Herbert wiedergibt, werden bereits vielfältige Antworten auf die faktualen Fragen gegeben. Die faktualen Konzepte von Raum und Zeit sind ebenso gegeben wie die Abfolge der Ereignisse in ihrem Prozess an diesem Tag. Die didaktische Scharnierfunktion ist das Erzählen, in dem erst manifest wird, dass viel Wissen und scharfes Denken vonnöten waren, damit als Ergebnis eine fundierte historische Erzählung im Seminar präsentiert werden konnte.

Schon in der kurzen Erzählung aus dem Seminar von Ulrich Herbert, auf die Leo exemplarisch zurückgreift, lassen sich Rückschlüsse ziehen, mit welchen didaktischen Entscheidungen den im ersten Teil seines Aufsatzes beklagten Missständen im volkspädagogischen Umgang mit der Gedenkkultur entgegengewirkt werden könnte. Einer dieser Missstände, der auch in der internationalen Literatur zu diesem Thema immer wiederkehrt, ist die sogenannte „Hitlerisierung" des Holocaust. Leo beobachtete: „Alles, was sie vom Nationalsozialismus wissen, sind zwei Namen. Hitler und Auschwitz.". In der Erzählung ergeben sich die Fragen nach vielen weiteren Namen. Im Organigramm der deutschen Administration der besetzten Niederlande (1940–1945) werden Antworten erkennbar, wer an welcher Stelle zumindest der institutionellen Verortung nach Verantwortung für den Holocaust trug (vgl. dazu auch Brauch 2015). In der Erwähnung der Kameras der deutschen Wehrmachtsoldaten und der zusehenden Bevölkerung wird ein mit der Hitlerisierung des Holocaust einher-

Narration als Scharnier

Hitlerisierung des Holocaust

gehendes Missverständnis aufgebrochen, das Leo auch bei der Beobachtung der Reaktionen in dem Film über den Auschwitz-Besuch der Jugendlichen feststellen konnte. Einer der Jugendlichen reagierte mit Pessimismus, was die Vermeidbarkeit eines neuen Hitler anbelangte. Er meinte, dass „irgendwann dann wieder so ein Arschloch [käme], und dann passiere das Gleiche noch mal." Die Interpretation durch Leo ist wiederum geschichtsdidaktisch und gesellschaftlich von Brisanz:

> „Als spräche er von einem Ufo, das sich aus den dunkelsten Antimateriezonen des Universums auf den Weg zu uns gemacht hat und jederzeit wiederkommen könnte. Als hätte es die Gesellschaft und die Kultur der Täter nicht gegeben. Als hätte Auschwitz nicht am Ende einer langen Eskalationsspirale gestanden." (Leo 2015)

Probleme der Hitlerisierung

Gesellschaftlich brisant ist, dass die Hitlerisierung dem Geschehen einen nahezu mythischen Charakter verleiht, indem Personen „wie du und ich" in dieser Betrachtungsweise des Holocaust gar nicht erst auftreten, weil man sie nicht beim Namen nennt und auch nicht nach ihnen fragt. Damit ist man selbst, als Mitglied der heutigen Gesellschaft, außen vor, und es ist mit der – wie Leo es polemisch ausdrückt – „Pflege des parasitären Schmerzes" bei gedenkkulturellen Anlässen getan. Der Geschichtsunterricht könnte der Ort sein, an dem das Erkennen dieser Haltung und der daraus folgenden Konsequenzen zur Sprache zu bringen wäre. Wendet man die Logik kompetenzorientierter Lernaufgaben auch auf das Thema Holocaust an, so bedarf es dazu beträchtlichen Mutes. Denn es erfordert das Zulassen unterschiedlicher Argumentationsweisen und die Erkenntnis der Graustufen in den Handlungsweisen historischer Akteure.

11.3 Die Historisierung des Holocaust als Herausforderung in Wissenschaft und Unterricht

Historisierung des Holocaust

Das von Per Leo besuchte Seminar von Ulrich Herbert fand vor nunmehr fast zwanzig Jahren statt. Seither spricht man immer wieder von der Historisierung des Holocaust. Das bedeutet, dass der Holocaust immer weiter in der Vergangenheit verschwindet, ein Umstand, der sich vor allem an der geringer werdenden Zahl der Zeitzeugen beobachten lässt. Gerade auf die Zeitzeugen setzte die öffentlich-rechtliche Bildung der Gedenkkultur aber die größte Hoffnung, den nachwachsenden Generationen nahezubringen, was Adorno 1966 zu Beginn seines berühmten Radiovortrages formulierte: „Dass Auschwitz nicht sich wiederhole."

Zeitzeugen waren dabei, aber nicht immer erinnern sie sich richtig. Die Erinnerung verändert sich im Laufe der Jahre und unter dem Eindruck der an die Zeitzeugen gerichteten Erwartungen (vergleiche dazu Welzer 2005). Aber die Zeitzeugen vermögen, was die Gedenkstätten nicht unbedingt können: Sie repräsentieren die Faktizität des Grauens. Die Begegnung mit Zeitzeugen hat aber mit dem Besuch der Gedenkstätten gemein, dass ohne die Einbettung eines am Lernergebnis der eigenständigen argumentativen historischen Narrativität orientierten Geschichtsunterrichts oder eines vergleichbaren Bildungsangebotes aus der Begegnung mit ihnen kein historisches Lernen im fachlichen Sinne des Dreiklangs von Wissen-Denken-Erzählen generiert werden kann.

<small>Zeitzeugen</small>

Die Herausforderungen der Historisierung an der Schnittstelle zwischen Wissenschaft und Unterricht besteht darin, auch im Unterricht neue Fragen zuzulassen, die durch die multiethnische Zusammensetzung von Schüler- und Lehrerschaft ohnehin gestellt werden. Das bedeutet aus geschichtsdidaktischer Perspektive, dass erstens die Herausforderungen eines deutschen Geschichtsunterrichts unter der gewandelten Bedingung des Einwanderungslandes Deutschland zu sehen ist. Das führt zu einer stärkeren Berücksichtigung der Konzepte interkulturellen Lernens und bilingualen Geschichtsunterricht zur Ausdifferenzierung für das Fach Geschichte im Allgemeinen und für das Thema Holocaust im Besonderen. Dem entsprechen auf fachwissenschaftlicher Seite neuere historiographische Konzepte transnationaler Verflechtungsgeschichte sowie der Emotions- und Wahrnehmungsgeschichte. In Editionsprojekt „Verfolgung und Ermordung der europäischen Juden durch das nationalsozialistische Deutschland" (VEJ 2008ff.) wird diese Entwicklung aufgenommen, indem wahrnehmungshistorische Dokumente aller Akteursebenen aus den Jahren 1933 bis 1945 systematisiert unter geographischer wie zeitlicher Perspektive für alle durch den Holocaust betroffenen Gebiete erforscht, ins Deutsche übertragen und in Auswahl ediert werden. Mit dieser Edition und der derzeit vorbereiteten Übersetzung in englische Sprache liegt Material bereit, das für die didaktische Nutzung zur Entwicklung von Problemstellungen und Material-Samples neue Perspektiven eröffnet (vgl. für die Niederlande als Kontext zur didaktischen Erschließung des Anne Frank Tagebuches, Brauch 2015).

<small>Herausforderung der Historisierung</small>

Das Thema Holocaust im deutschen Geschichtsunterricht unter den Vorzeichen einer globalisierten Gesellschaft zu denken ist allerdings ein schwieriges Unterfangen und curricular wie schulbuchpraktisch Neuland (Macgilchrist/Christophe 2011). Dem generellen Ausbleiben interkultureller Ausrichtung in Lehrplänen, Schulprofilen und Lehrerbildung steht eine in den letzten zehn Jahren dynamisierte akademische und politische Thematisierung gegenüber, die von unterschiedlichsten disziplinären Seiten betrieben wird. Dem Begriff des „Interkulturellen" kommt dabei als interdisziplinärem Dachkonzept eine zentrale Funktion zu. Interkulturelles Lernen ist spätestens seit der 1998 erschienenen Studie von Bettina Alavi ein wichtiges Thema für die Geschichtsdidaktik. Inzwischen wird es verstärkt mit der Frage nach der Kompetenzorientierung diskutiert, während die Diskussion um den bilingualen Geschichtsunterricht eher lose mit dem Stichwort Interkulturalität verbunden ist (Hasberg 2009). Geschichtsdidaktische Schlüsselbegriffe sind dabei Multiperspektivität und Fremdverstehen mit dem methodischen Link zur Perspektivenübernahme.

Interkulturalität

Bilingualer Geschichtsunterricht

Anregungen und Fragen

- Machen Sie einen Selbsttest über Ihr persönliches Wissen zum Thema Holocaust, indem Sie Akteure, beteiligte Räume und Ereignisse auf einem Zeitstrahl von 1933 bis 1945 eintragen. Ergänzen Sie erst in einem zweiten Schritt Ihre Aufzeichnungen mit den Ergebnissen einer Kommilitonin/eines Kommilitonen.

- Erörtern Sie die Interpretation von Per Leo in Zusammenhang mit dem ARD-Film zur Erinnerung an die Befreiung des Vernichtungslagers Auschwitz. Berücksichtigen Sie eigene Erfahrungen.

- Untersuchen Sie Schulbuchnarrative zum Thema Holocaust unter Berücksichtigung der Kriterien für kompetenzorientierte Lernaufgaben. Entwickeln Sie eigene Überschriften und verändern Sie Verfassertexte und die Medienauswahl. Entwerfen Sie Arbeitsaufträge, die das gesamte Narrativ des Schulbuchkapitels in eine Lerngelegenheit zur Ausprägung eigenständigen historischen Argumentierens werden lässt.

- Erläutern Sie, was man unter der Historisierung des Holocaust versteht. Erörtern Sie, aus welchen Gründen diese Entwicklung für Wissenschaft und Unterricht neue Herausforderungen mit sich bringt.

Lektüreempfehlungen

Die wahrnehmungshistorische Wende der Historiographie zur Geschichte des Holocaust ist für den Geschichtsunterricht folgenreich, weil es dadurch zur wissenschaftlichen Erschließung von Dokumenten gekommen ist, die bislang als zu „subjektiv" wenig Beachtung gefunden haben. Für die Perspektivenübernahme als Movens historischen Lernens sind aber gerade diese Quellen gut geeignet, weil sie zu Multiperspektivität und zu ganz unterschiedlichen Akteursebenen hin führen. Die Zusammenstellung der Literatur fokussiert auf den lernpsychologischen Effekt sogenannter „Hot Historical Issues" (Goldberg/Schwarz/Porat 2011) sowie die verführerische Kraft „hitleristischer" Geschichtsbilder (Henke-Bockschatz 2004, Zülsdorf-Kersting 2007) sowie die daraus reslutierenden Herausforderungen (Körber 2001). Die Titel von Hilberg, Herbert und Longerich ermöglichen die Reflexion von der Ebene der Quelle, über die Zusammenhänge im Rahmen der Makrogeschichte Deutschlands im 20. Jahrhundert und die Zusammenhänge von Weltkrieg und Holocaust.

Neue Quellenedition

- Die Verfolgung und Ermordung der europäischen Juden durch das nationalsozialistische Deutschland 1933–1945 (VEJ). 16 Bände, München/Berlin 2008ff.

Literatur

- **Christiane Bertram/Wolfgang Wagner/Ullrich Trautwein: Zeitzeugenbefragungen im Geschichtsunterricht. Entwicklung eines Kurzinstruments für die Wirksamkeitsmessung,** in Tobias Arand/Manfred Seidenfuß (Hgg.): Neue Wege – neue Themen – neue Methoden? Ein Querschnitt aus der geschichtsdidaktischen Forschung des wissenschaftlichen Nachwuchses, Göttingen 2014, S. 191–208.

- **Nicola Brauch: Das ANNE FRANK TAGEBUCH als Quelle historischen Lernens,** Stuttgart 2015 (im Druck).

- **Tsafir Goldberg/Baruch B. Schwarz/Dan Porat: "Could They do It Differently?"** Narrative and Argumentative Changes in Students' Writing Following Discussion of "Hot" Historical Issues, in: Cognition and Instruction 29, 2011, Heft 2, S. 185–217.

- Gerhard Henke-Bockschatz: Der „Holocaust" als Thema im Geschichtsunterricht. Kritische Anmerkungen, in: Wolfgang Meseth et al. (Herausgeber): Schule und Nationalsozialismus. Anspruch und Grenzen des Geschichtsunterrichts. Frankfurt am Main 2004, S. 298–322.

- Ulrich Herbert: Geschichte Deutschlands im 20. Jahrhundert, München 2014.

- Raul Hilberg: Die Quellen des Holocaust. Entschlüsseln und Interpretieren, aus dem Amerikanischen von Udo Rennert, Frankfurt am Main 2009.

- Alexander Körber: „Hätte ich mitgemacht?" Nachdenken über historisches Verstehen und (Ver-)Urteilen im Unterricht. in: Geschichte in Wissenschaft und Unterricht 51, 2011, S. 430–448.

- Peter Longerich: Holocaust. The Nazi Persecution and Murder of the Jews, Oxford 2010.

- Peter Tammes: Survival of Jews during the Holocaust. The Importance of Different Types of Social Resources, in: International Journal of Epidemiology 36, 2007, Heft 2, S. 330–335.

- Meik Zülsdorf-Kersting: Sechzig Jahre danach. Jugendliche und Holocaust. Eine Studie zur geschichtskulturellen Sozialisation, Berlin 2007.

12 Wissenschaftspropädeutik

Abbildung 18: Schülerlabor Geistes- und Naturwissenschaften

WISSENSCHAFTSPROPÄDEUTIK

Die SchülerInnen auf dem Foto, das eine Szene aus dem Alfried-Krupp Schülerlabor Geisteswissenschaften an der Ruhr-Universität Bochum zeigt, arbeiten wie HistorikerInnen. Sie stellen sich die Frage, inwiefern die Aufzeichnungen der Anne Frank als zeitgenössische Quelle für die Rekonstruktion der Geschichte der besetzten Niederlande von 1942 bis 1944 angesehen werden können. Sie arbeiten mit der kritischen Text-Edition der Tagebücher (1988), mit Karten, weiteren Quellen aus der Zeit der Entstehung des Tagebuches 1942 bis 1944 (Happe 2012) sowie Forschungsliteratur. Sie versuchen, die Tagebucheinträge in die Zeit der deutschen Besatzung der Niederlande 1942 bis 1944 einzuordnen, zu kontextualisieren und Zusammenhänge zwischen Weltkriegsgeschehen und Holocaust herzustellen.

Ebenso wie im außerschulischen Lernort Schülerlabor erfolgt täglich Wissenschaftspropädeutik im Unterricht der Oberstufe auch im Fach Geschichte. Angebahnt in den letzten beiden Jahren der Sekundarstufe I sollte das Lehren und Lernen in der Sekundarstufe II nach Ausweis der Curricula wissenschaftspropädeutischen Charakter tragen, und das nicht nur im Leistungskurs. Dabei geht es nur in zweiter Linie darum, SchülerInnen zu zeigen, dass „Geschichte Spaß macht". Vielmehr ist es das Ziel von Wissenschaftspropädeutik, die Art und Weise von Forschung und Erkenntniszielen der Geschichtswissenschaft zum Thema zu machen und Lerngelegenheiten für das eigenständige Einüben angeleiteten und zunehmend auch selbständigen wissenschaftlichen Arbeitens zu kreieren.

12.1 **Wissenschaftlich fundierte Allgemeinbildung**
12.2 **Förderung geschichtswissenschaftlicher Fragekompetenzen**
12.3 **Abitur und Studienberatung**

12.1 Wissenschaftlich fundierte Allgemeinbildung

Dass Abiturienten über eine wissenschaftlich fundierte Allgemeinbildung in Geschichte verfügen sollten, klingt wie eine selbstverständliche und damit eigentlich banale bis überflüssige Behauptung. Dennoch ist aus vielen Studien bekannt, dass SchülerInnen das Erzählen räumlich-zeitlicher Zusammenhänge schwer fällt (von Borries 2008). Dieser Umstand ist überwiegend für das gesellschaftlich als besonders bedeutsam angesehene erzählbare Wissen über die Zeit des Nationalsozialismus und der DDR empirisch belegt (Zülsdorf-Kersting 2011, Bertram 2014).

Zwei gesellschaftliche Entwicklungen stellen derzeit LehrerInnen bei der Verfolgung dieses Zieles – der wissenschaftlich fundierten Allgemeinbildung in Gestalt historischer argumentativer Narrativität – vor neue Herausforderungen. Erstens die curriculare Implementierung der Kompetenzdidaktik, die in der Sekundarstufe I der Lehrkraft mancherorts maximale Verantwortung für die Auswahl von Inhalten überträgt, um dann in der Sekundarstufe II den Kompetenzbegriff sehr strikt an präzise formulierte Kompetenzerwartungen in den Bereichen der Sach- und Urteilskompetenz mit Bezug auf konkret ausgewiesene Inhalte zu formulieren. Die andere gesellschaftliche Entwicklung, die Geschichtslehrkräfte in der Auswahl der historischen Fallbeispiele herausfordert, lässt sich unter dem Dachbegriff der Globalisierung zusammenfassen. Diese beeinflusst die Arbeit im Geschichtsunterricht durch die multikulturelle Zusammensetzung der Schülerschaft ebenso wie durch die erhebliche Beschleunigung der politischen und gesellschaftlichen Tendenzen, die sich im Anschluss an die verstärkte Präsenz von Terror und zwischenstaatlicher Gewalt sowie infolge der Auswirkungen der Digitalisierung beobachten lassen.

Wissenschaftlich fundierte Allgemeinbildung im Fach Geschichte macht es angesichts dieser beiden Herausforderungen erforderlich, dass die Lehrkraft das Thema Zeitgenossenschaft als Indikator für die Auswahl der Fallbeispiele heranzieht. Denn das reflektierte Geschichtsbewusstsein zielt darauf, dass junge Menschen sich ihres eigenen zeitgenössischen Standortes bewusst werden und diesen historisch einzuordnen verstehen und dass sie gleichzeitig durch Wissen über die Vergangenheit und den fachlich adäquaten Umgang damit zu einer demokratisch fundierten – sprich: kritisch hinterfragenden – Gegenwarts- und Zukunftsanalyse gelangen können.

WISSENSCHAFTSPROPÄDEUTIK

Epistemologische Prinzipien

Dazu bedarf es in der Sekundarstufe II einer im Unterschied zur Sekundarstufe I größeren Transparenz und eines damit verbundenen Zeiteinsatzes für die Einübung der historisch-kritischen Methode, der Wahrnehmung verschiedener Interpretationsansätze und damit verbundener Konzepte der Forschung sowie der meta-kognitiven Reflexion über die Art und Weise des fachspezifischen Denkens und Arbeitens. Es geht also darum, die epistemologischen Prinzipien des forschenden Faches Geschichtswissenschaft im Anschluss an Unterrichtseinheiten zuweilen in Erinnerung zu rufen und in Lernstandserhebungen die Angemessenheit der darauf bezogenen Überzeugungen der SchülerInnen zu überprüfen. Die empirisch forschende Geschichtsdidaktik entwickelt seit zehn Jahren geeignete standardisierte Testverfahren dafür. Dabei ist für das Fach Geschichte vor allem die amerikanische Geschichtsdidaktikerin Liliana Maggioni zu empirisch fundierten Ergebnissen gekommen. In Tabelle 17 ist das von ihr entwickelte Testinstrument in deutscher Sprache (Übersetzung: Pia Eiringhaus, Bochum) und angepasst für den Einsatz im Schülerlabor Geisteswissenschaften (Dissertationsprojekt Marcel Mirwald, Bochum) wiedergegeben.

Tabelle 17: Testinstrument zur Erfassung epistemologischer Überzeugungen im Fach Geschichte (Mierwald/Eiringhaus/Brauch in Anschluss an Maggioni 2010).

Dieser Aussage stimme ich...	überhaupt nicht zu	nicht zu	eher nicht zu	eher zu	zu	voll und ganz zu
Geschichte ist ausschließlich eine Frage der Interpretation.						
Historiker argumentieren auf der Grundlage von Quellen.						
Geschichte hängt von dem ab, der sie schreibt.						
Die Texte von Historikern sind das Ergebnis spezieller Forschungsmethoden.						
Uneinigkeit über ein vergangenes Ereignis ist immer auf einen Mangel an Quellenbeweisen zurückzuführen.						

Tabelle 17: (Fortsetzung)

Dieser Aussage stimme ich…	überhaupt nicht zu	nicht zu	eher nicht zu	eher zu	zu	voll und ganz zu
Gute Historiker nutzen ausschließlich Quellen, die ihre Sichtweise belegen.						
Durch das Zusammentragen von Informationen aus verfügbaren Quellen kann man ein vollständiges Bild von der Vergangenheit erzeugen.						
Aussagen über Geschichte können nicht begründet werden, weil sie eine Sache der Interpretation sind.						
Der Vergleich von Quellen und das Verstehen der Perspektive ihrer Verfasser sind wesentliche Aufgaben in der Geschichtsschreibung.						
Historiker erzählen Geschichte genauso, wie sie sich damals ereignet hat.						
Es ist unmöglich, mit Sicherheit etwas über die Vergangenheit zu wissen, da niemand von uns damals gelebt hat.						
Geschichte meint die kritische Untersuchung der Vergangenheit.						
Unterschiedliche Erzählungen von Geschichte können richtig sein, denn Geschichte ist Interpretationssache.						
Die Texte von Historikern sind neutrale und objektive Schilderungen von historischen Ereignissen.						
Quellen enthalten die wahre Geschichte.						
Geschichte ist die begründete Rekonstruktion vergangener Ereignisse basierend auf den verfügbaren Quellenbelegen.						

WISSENSCHAFTSPROPÄDEUTIK

Tabelle 17: (Fortsetzung)

Dieser Aussage stimme ich…	über- haupt nicht zu	nicht zu	eher nicht zu	eher zu	zu	voll und ganz zu
Da selbst Augenzeugen ein und dasselbe historische Ereignis unterschiedlich wahrnehmen, kann man nie mit Sicherheit wissen, was in der Vergangenheit passiert ist.						
Selbst im Falle widersprüchlicher Quellenbelege kann eine begründete historische Argumentation entwickelt werden.						

Einsatz des Testinstruments

Es empfiehlt sich, dieses Instrument zweimal einzusetzen. Einmal zu Beginn der Oberstufe, um den Förderbedarf zu eruieren. Und ein zweites Mal nach dem ersten Schuljahr der Oberstufe, um Fortschritte und weiteren Förderbedarf auf dem Weg zum Abitur zu erkennen und mit den SchülerInnen zu besprechen. Dabei sollte der Rückbezug zu den behandelten Themen, Unterrichtsmedien und den daraus entstandenen Schülernarrationen hergestellt werden. Als Ergebnis dieses zweiten Test-Zeitpunktes können SchülerInnen eine Selbsteinschätzung vornehmen und die Lehrkraft hat Gelegenheit, die Art der eingesetzten Medien-Samples, der Leitfragen und Arbeitsaufträge noch einmal daraufhin zu überprüfen, inwiefern die SchülerInnen Lerngelegenheiten zur Wahrnehmung der epistemologischen Prinzipien des Faches hatten. Daraus ergeben sich Hinweise auf mögliche fehlende oder unterrepräsentierte Elemente etwa in der Formulierung der Leitfragen oder eines Übergewichts bestimmter Medien, die den Zusammenhang zwischen empirischer Forschung und der Konstruktion übergreifender, leitfragen gebundener raum-zeitlicher Narrationen für die Lernenden möglicherweise erschwert haben.

Vor allem die Art des Umgangs mit dem Schulgeschichtsbuch in der Oberstufe ist beim Einsatz der Tabelle zu berücksichtigen. Denn einerseits bietet das Medium einen wertvollen gemeinsamen Bezugspunkt, der Lernerfolgskontrollen eine objektivierbare gemeinsame Basis verleihen kann. Andererseits sind hier Verfassertexte, Kapitelüberschriften und Arbeitsaufträge nicht durchgängig geeignet, am Ende der Einzelstunde und der Unterrichtseinheit den Schülern Anlass zur Entwicklung vergleichbarer argumentativer historischer Narrationen zu geben. Das Instrument häufiger einzusetzen und vor allem es ohne den Rückbezug auf Unterrichtsinhalte oder Vorkonzepte einzusetzen, ist nicht sachdienlich. Ähnlich wie das fachunspezifische Lerntraining im Sinne Klipperts (2001) sind derartige theorielastige und abstrakte Aktivitäten für alle Beteiligten wenig motivierend. Für den gezielten Einsatz mit Rückbezug auf erstens die Inhalte und zweitens die Selbstdiagnose der Lernenden kann sich das Instrument allerdings als wertvolle Hilfe für Lehrende wie Lernende erweisen. Es trägt insofern zur Allgemeinbildung bei, als es den Blick auf den historisch-kritischen Umgang mit den Quellen und der Bedeutung von deren Analyse für die Konstruktion standortspezifischer Narrative lenkt. Als generische Kompetenz führt diese Erkenntnis zu einer kritisch-hinterfragenden Grundhaltung gegenüber historischen Argumentationen im Alltag. Das Fach Geschichte leistet dazu seinen fachspezifischen Beitrag im Aufbau der Medienkompetenz.

Zur Überprüfung einer fachlich fundierten Allgemeinbildung gehören darüber hinaus notwendig Tests oder Anwendungsübungen zur Überprüfung der fachlichen Begriffe, die in den Medien der Unterrichtseinheiten und für die Entwicklung von Narrationen eine zentrale Rolle gespielt haben. Solche Tests oder Anwendungsübungen sollten sich auf Jahreszahlen, Akteure in Geschichte und Forschung sowie auf die räumlichen Bezugspunkte der unterrichteten Inhalte beziehen. Allgemeinbildung zeigt sich im Fach Geschichte dann, wenn akute Fragen der Gegenwart aus historischer Perspektive diskutiert werden (Legardez / Simoneaux 2006). Anhaltspunkte liefert die Tagesaktualität oder auch der Fischer Weltalmanach des aktuellen Jahres. Bei der Unterrichtsplanung sollte für derartige Diskursanlässe nach der Entwicklung fundierten – das heißt evidenzbasierten – Wissens mindestens eine Unterrichtsstunde zur Integration einer Lehrplaneinheit eingeplant werden.

Überprüfung der Allgemeinbildung

12.2 Förderung geschichtswissenschaftlicher Fragekompetenzen

Im Kompetenzmodell der FUER-Gruppe gibt es ebenso wie im niederländischen *Framework of Historical Reasoning* (Van Drie / Van Boxtel 2008) eine unterscheidbar von den Methoden-, Sach-, und Orientierungskompetenzen ausgewiesene Fragestellungskompetenz (Schreiber 2007). Im Sinne der Historik (→ KAPITEL 1) ist dies fachlich adäquat, denn indem das historisch denkende Subjekt sich darüber

Fragekompetenz

WISSENSCHAFTSPROPÄDEUTIK

bewusst wird, dass es einen standortspezifischen, nach Orientierung fragenden Blick auf die Vergangenheit richtet, wird ihm deutlich, dass das darauf antwortende Narrativ auf seine persönliche Gegenwart und den damit verbundenen Fragehorizont reagiert. Fragen und Orientieren (beziehungsweise Urteilen) sind subjektbezogene Kompetenzen – Methoden- und Sachkompetenzen ergeben sich aus den epistemologischen Prinzipien des Faches. Im kompetenzorientierten Geschichtsunterricht mit Anspruch auf wissenschaftspropädeutische Qualität sollte daher die Förderung geschichtswissenschaftlicher Fragekompetenzen im Vordergrund stehen, die durch die Anwendung und Erweiterung der in der Sekundarstufe I eingeübten Methoden- und Sachkompetenzen SchülerInnen exemplarische Erfahrungen geschichtswissenschaftlicher Forschungslogik ermöglichen. Der Unterschied zur Sekundarstufe I besteht darin, die Zusammenhänge und Unterschiede fachlicher und naiver Fragestellungen so zu vermitteln, dass daraus die Kompetenz zur selbständigen Entwicklung von Forschungsfragen weiterentwickelt werden kann.

Argumentative historische Narrative

Die als Antwort auf historische Fragestellungen entwickelten argumentativen historischen Narrative können als Orientierungskompetenz oder Urteilskompetenz verstanden werden, deren Qualität sich in der normativen, empirischen und narrativen Triftigkeit (Rüsen 2013) der Argumentation bewerten lässt. Orientierungsrahmen ist zunächst die soziale Konvention der Geschichtswissenschaft (Sachurteil) und in zweiter, in Richtung Handlungskompetenz zielender Linie die Präzision des daraus ableitbaren argumentativen Handelns im geschichtskulturellen Diskurs (Werturteil). Im konservativen Sinne nach Reinhart Koselleck dürfte im Geschichtsunterricht nur das Sachurteil einer vergleichenden Bewertung unterzogen werden (→ KAPITEL 1).

Thema und Fragestellung

Methodisch lässt sich die Förderung der Fragekompetenzen durch das Einüben in die Unterscheidung fachlich adäquater zu fachlich inadäquater Fragestellungen anregen. Da SchülerInnen auch zu Beginn der Sekundarstufe II die Begriffe Thema und Fragestellung nur schwer ausdifferenzieren können, geht der erste Schritt des Einübens zunächst dahin, diese Unterscheidung mit der Erkennbarkeit adäquater Fragestellungen gemeinsam zu thematisieren.

Im Folgenden wird ausgehend von einem in der Einführungsphase des Geschichtsstudiums weit verbreiteten Einführungswerk (Lingelbach/Rudolph 2005) für die Unterscheidung von Thema und Fragestellung ein Fallbeispiel aus dem Themenbereich der Weimarer Republik gegeben (Tabelle 18).

Tabelle 18: Unterschied zwischen Thema und Fragestellung (nach Lingelbach/Rudolph 2005, S. 136)

Thema →	Deskription
„Leben und Werk Hans Delbrücks"	„[Diese Formulierung] weckt den Verdacht, dass sich dahinter eine rein deskriptive (beschreibende) Darstellung verbirgt, wann Delbrück wo was sagte und schrieb. Viele Dozenten halten eine solche Herangehensweise nicht für ausreichend wissenschaftlich."
Fragestellung →	Reflexion
„Wie spiegeln sich die republikanischen Überzeugungen Delbrücks in seinen Schriften nach 1918 wider?"	„Beschreiben Sie in Ihrem Text nicht lediglich, erzählen Sie nicht einfach vergangene Ereignisse nach. Versuchen Sie vielmehr zu erklären, warum etwas passierte; zeigen Sie Zusammenhänge auf und beantworten Sie Fragen."

Wissenschaftliche Fragestellungen zielen auf Details der empirischen Fallbeispiele und die Narrativierung des aus deren Analyse gezogenen Erkenntnisgewinns. Letzterer ist bei Entwicklung der Fragestellung offen und ergibt sich aus der Analyse. Anders verhält es sich bei einem Thema. Hier entsteht der Eindruck, dass ein Thema umfassend bearbeitet wird. Dieser Anspruch ist fachlich inadäquat, da er aus Gründen der Standortbezogenheit gar nicht erfüllbar ist. Wissenschaftliche Überblickswerke entstehen daher von Spezialisten als Summe von standortbezogener Auswahl eigener und fremder Forschung. Ein Beispiel dafür sind etwa die Publikationen Gerhard Krumeichs zum Ersten Weltkrieg im Erinnerungsjahr 2014.

Wissenschaftliche Fragestellungen

Die exemplarische Fragestellung (Tabelle 19) lässt sich nun daraufhin überprüfen, inwiefern sie den epistemologischen Prinzipien des Faches entspricht. Fokus dieser Prüfung sind die für die Bearbeitung der Fragestellung erforderlichen Methoden und das damit intendierte Erkenntnisziel.

Die Prüfung der Fragestellung ist daher sehr einfach. Sobald ein räumlich-zeitlicher Zusammenhang auf Basis empirischen Materials unter Berücksichtigung fachwissenschaftlicher Forschung untersucht wird, liegt eine Frage im Sinne der Geschichtswissenschaft vor. Für die Lehrkraft bedeutet das, dass sie ein klares Kriterium als Maßstab für die Bewertung von Überschriften von Schülernarrativen heranziehen kann.

Prüfung der Fragestellung

Tabelle 19: Konzeptionslogik historischer Fragestellungen am Beispiel „Hans Delbrück".

Fachspezifische Elemente im Beispiel	Funktion für das Erkenntnisziel	Funktion für die Erkenntnismethode
Forschungsfrage: Welche Auswirkung hatten die vor und während des Ersten Weltkriegs entwickelten republikanischen Überzeugungen Delbrücks auf seine Schriften nach 1918?	Ziel ist die quellengestützte Rekonstruktion des Beitrages von Delbrück zur Bewertung des Ersten Weltkriegs. (Quelleninterpretation)	Methode ist die historisch-kritische Analyse der Schriften nach 1918 und deren Kontextualisierung zur Bewertung der Rolle Delbrücks.
→ **Fachspezifische Indikatoren** (Epistemologische Prinzipien)	**Zeitverlauf:** 1914 bis 1933 **Sinnbildung:** Entwicklung der empirisch beobachtbaren Überzeugungen Delbrücks.	Historisch-empirische Untersuchung

Dabei kann man die Begriffe Thema und Fragestellung durchaus als Schritte eines Erkenntnisprozesses im Geschichtsunterricht begreifen und für den Unterricht entsprechend operationalisieren. Ein Lehrplanthema ist gesetzt und die Lehrkraft führt in Teilgebiete und die damit verbundenen Problemstellungen der Forschung ein. Aus diesen Teilgebieten der Forschung – wie im oben aufgeführten Fallbeispiel das „Leben und Werk Hans Delbrücks" – können sich in der Phase des Einlesens dann die spezifischen, durch ein Individuum realistischerweise beherrschbaren Fragestellungen und die sich dadurch einengende Medienauswahl für dessen Bearbeitung ergeben. Die Medien, mit Hilfe deren sich die SchülerInnen fachlich einlesen, sind daher durch die Lehrkraft festzulegen – von „wilder" Internetrecherche ist abzuraten. Es ist daher zielführend, online-Anbieter wie HSOZKULT und Fachzeitschriften stets im Blick zu behalten, um die Schulbibliothek mit Fachliteratur unterschiedlicher Komplexität für jedes Lehrplanthema auszustatten, und auch durch die SchülerInnen benutzen zu lassen.

Aus dieser Phase des Einlesens entstehen Fragen und erste Überlegungen über die Gestalt möglicher Antworten. Nicht selten leiten solche Vorüberlegungen bereits die Lektüre während der Einarbeitungsphase. Die Voreinstellung „Frauen hatten im Mittelalter keine Macht" könnte leitend sein für die Entwicklung einer entsprechenden Fragestellung während des Einlesens in das Thema „Die Frau im Mittelalter". Der Satz „Frauen hatten im Mittelalter keine Macht" wäre dann Ausdruck einer alltagsförmigen – fachlich nicht adäquaten! – Hypothese. Alltagsförmige Hypothesen zu wissenschaftsorientierten Vorannahmen zu reformulieren ist daher der zweite Aspekt, der für die Förderung der Fragestellungskompetenz vonnöten ist. Auch hierzu wird noch einmal auf das Beispiel aus der Einführungsliteratur zurückgegriffen (Lingelbach/Rudolph 2005). Die Autorinnen demonstrieren hier an einem Fallbeispiel den Brückenschlag zwischen dem Alltags- und dem Wissenschaftskonzept von Hypothesen (Tabelle 20).

Alltagsförmige Hypothesen

Tabelle 20: Entwicklung von Fragestellungen und Hypothesenbildung (nach Lingelbach/Rudolph, S. 136)

Frage-Anlass aus dem Alltag	Fragestellung	Hypothesen
„Sie sind ein Liebhaber von Actionfilmen und lesen in einer Kinozeitschrift, dass der neue Film mit Sylvester Stallone auf nur geringes Publikumsinteresse gestoßen ist. Schon entwickeln Sie die Fragestellung: [...]"	„[...]: Warum ist der Film wohl durchgefallen? Und sogleich fallen Ihnen Hypothesen ein: [...]"	„[...]: Vielleicht weil für den Film nicht genug Werbung gemacht wurde? Oder weil zeitgleich „Fast and Furious 7" anlief [...]?"
→ Konsequenz für die Entwicklung historischer Hypothesen	„[Für fachliche Hypothesen] bedeutet das, dass Sie nicht das gesamte Leben und Werk von Hans Delbrück abhandeln können und sollen. Vielmehr müssen Sie sich auf einen Teilaspekt beschränken."	„Hierzu können Sie eine Hypothese entwickeln, also eine noch nicht belegte Annahme formulieren [...]"

Das Erkennen und Entwickeln fachwissenschaftlicher Hypothesen ist im naturwissenschaftlichen Unterricht gängige Methode. In Geschichte ist es bislang wenig in Gebrauch, weshalb beispielsweise die Einrichtung eines Schülerlabors für die Geschichtswissenschaft wie jüngst an der Ruhr-Universität Bochum (Alfried-Krupp-Schülerlabor) zunächst auf große Skepsis bei Fachhistorikern und Geschichtslehrern stoßen mag. Dies ist erstaunlich, da die Entwicklung von Fragen und Hypothesen zu den Grundvoraussetzungen und damit Gegenständen erster Lerngelegenheiten im Geschichtsstudium gehört. Im Zuge der Implementierung der Kompetenzorientierung nicht nur in die Curricula, sondern auch in die Unterrichtspraxis scheint sich daraus ein Bedarf für die Praxis künftiger Lehrkräfte in Geschichte zu ergeben. Eine Unterstützung für die Planung von Hypothesen generierendem Unterricht findet sich in den Darlegungen der Allgemeindi-

Fachwissenschaftliche Hypothesen

daktiker zum Problemlösungslernen (beispielsweise bei Herzig/Tulodiziecki/Blömeke 2009).

Reflexivität   Die Reflexivität fachlichen historischen Denkens verursacht auf den ersten Blick wenig spektakuläre Versuchsanordnungen – das Spektakuläre bildet sich in den Köpfen und auf den beschriebenen Seiten der SchülerInnen sowie später in der Plenumsdiskussion im Schülerlabor ab und nicht in Gestalt von Farbexplosion im Reagenzglas. Spektakulär sind historische Hypothesen dann, wenn sie sich empirisch erhärten lassen und sich daraus für die Gegenwart höchst relevante Schlussfolgerungen ableiten lassen. Die klassische Frage nach der Kriegsschuld, die Historikergenerationen seit Herodot beschäftigt haben (und die heute korrekterweise Frage nach den Ursachen des Krieges heißen müsste), sei hier pars pro toto genannt. An dieser Stelle sei aber auch noch einmal an das dezidierte Votum Reinhart Kosellecks erinnert, dass die Historie „weder Argument noch Alibi" und erst recht keine „Handlungsanweisung" sei (→ KAPITEL 1). De facto wird Geschichte – im Unterschied zur Historie – dazu aber alltäglich genutzt. Um sich im geschichtsgesättigten Alltag reflektiert und argumentativ bewegen zu können, bedarf es des Wissens und anfanghaft eigenen Könnens in der Entwicklung historischer Fragestellungen und Synthesen. Im Idealfall erwächst daraus das Interesse, Geschichte als Historie an der Universität zu studieren.

12.3 Abitur und Studienberatung

Abitur und Studienberatung   An der Oberfläche betrachtet könnte man annehmen, dass das beste Instrument in der Studienberatung für SchülerInnen mit einem Interesse am Fach Geschichtswissenschaft das Abitur in Geschichte sein könnte. Doch solange die Aufgabenkonstruktion dort derart heterogen ist, wie das gegenwärtig (noch?) der Fall ist, spiegeln Abituraufgaben in Geschichte die epistemologischen Überzeugungen der Lehrkräfte wieder, die sie konzipiert haben, sind aber in den seltensten Fällen geeignet, Performanz von Kompetenzen historischen Denkens auf Abiturniveau abzubilden. Dies ist zumindest das Ergebnis der Analyse des ersten Jahrganges des Zentralabiturs in Nordrhein-Westfalen, mit der die Geschichtsdidaktiker Bernd Schönemann, Holger Thünemann und Meik Zülsdorf-Kersting beauftragt worden waren (2010). Sie konnten auf Basis ihrer inhaltsanalytischen Untersuchungen der Aufgabenstellung und Erwartungshorizonte zeigen, dass die Aufgabenkonstrukteure selbst in der Anwendung der Operatoren unpräzise und heterogen waren. Außerdem stellte sich heraus, dass die Formulierung mancher Arbeitsaufträge den SchülerInnen gar nicht die Chance gab, das im Erwartungshorizont beschriebene Ergebnis zu generieren. All die Sorgfalt, die man in wissenschaftlichen Studien bei der Entwicklung von Aufgaben, deren Validierung und Prüfung von Zuverlässigkeit walten lässt, ist im Bereich Schulprüfung bislang nur dort präsent, wo im Large Scale Verfahren repräsentativ getestet wird. Weil derartige Studien aber häufig federführend durch Psychometriker maßgebend entwickelt werden, ist dabei die fachwissenschaftliche und fachdidaktische Qualität der Testaufgaben nicht immer gewährleistet. Das derzeit in der Auswertung befindliche Testinstrument des Projekts HITCH, *Historical Thinking – Competencies in History* (Trautwein et al. 2015), dem das Kompetenzmodell der FUER-Gruppe zugrunde lag, könnte in Zukunft erste Ableitungen für eine Verbesserung der Abiturpraxis im Sinne von kompetenzorientierten Abiturprüfungs-Aufgabenformaten ermöglichen.

Die Studierfähigkeit von SchülerInnen im Fach Geschichte zeigt sich daher weniger in der Abiturnote als vielmehr in denjenigen Narrativen, die im Geschichtsunterricht bei Lerngelegenheiten mit dezidierter Möglichkeit zur Performanz von Kompetenzen fachhistorischen Denkens entstanden sind. Die Herausforderung für künftige Lehrkräfte besteht daher darin, eigene Lernerfolgskontrollen zu konzipieren, die eine Diagnose der Kompetenzen historischen Denkens ermöglichen und so als Grundlage für die Studienberatung herangezogen werden können.

Konzeption von Lernerfolgskontrollen

Fragen und Anregungen

- Definieren Sie den Begriff der „Vertieften historischen Allgemeinbildung".

- Bearbeiten Sie im Selbsttest die Tabelle 17 und diskutieren Sie Ihr Ergebnis mit einem Kommilitonen.

- Prüfen Sie Ihre eigenen fachwissenschaftlichen Hausarbeiten hinsichtlich der Qualität der historischen Fragestellung und erläutern Sie Ihren Kommilitonen die Hypothese, die Sie darin geprüft haben.

- Erstellen Sie einen Unterrichtsentwurf zur Förderung der Fragestellungskompetenz in der Oberstufe. Formulieren Sie dazu eigene Fragestellungen und Hypothesen, die sich aus Teilbereichen des Themas ergeben.

Lektüreempfehlungen

Die Literatur spiegelt die geschichtsdidaktische Debatte zwischen einer gezielten Orientierung auf die Heranbildung sehr guter künftiger Geschichtsstudierender und dem Anspruch historischer Bildung künftiger Bürger mit Abitur.

- **Ulrich Baumgärtner: Wissenschaftspropädeutik oder historische Bildung?** Der Geschichtsunterricht am Gymnasium, in: Bernd Schönemann / Hartmut Voit (Hgg.): Von der Einschulung bis zum Abitur. Prinzipien und Praxis des historischen Lernens in den Schulstufen. Idstein 2002, S. 230–242.

- **Sascha Ignorek: Lernen für das Studium.** Wissenschaftspropädeutik im Geschichtsunterricht der Sekundarstufe II – ein Vorschlag, in: Geschichte in Wissenschaft und Unterricht 64, 2013, Heft 7/8, S. 470–485.

- **Josef Keuffer / Maria Kublitz-Kramer (Hgg.): Was braucht die Oberstufe?** Diagnose, Förderung und selbstständiges Lernen, Weinheim 2008.

- **Hans-Jürgen Pandel: Geschichtsunterricht in der Sekundarstufe II,** in: Michele Barricelli / Martin Lücke (Hgg.): Handbuch Praxis des Geschichtsunterrichts, Bd. 1. Schwalbach/Ts. 2012, S. 176–188.

- **Hartmut Wunderer: Erinnerung an die Wissenschaftspropädeutik,** in: geschichte für heute 6 2013, S. 22–34.

13 Diskurse und Begriffe: Bilingualer Geschichtsunterricht und interkulturelles Lernen

Babylon

„Alle Menschen hatten die gleiche Sprache und gebrauchten die gleichen Worte. Als sie von Osten aufbrachen, fanden sie eine Ebene im Land Schinar und siedelten sich dort an. Sie sagten zueinander: auf, formen wir Lehmziegel und brennen wir sie zu Backsteinen. So dienten ihnen gebrannte Ziegel als Steine und Erdpech als Mörtel. Dann sagten sie: Auf, bauen wir uns eine Stadt und einen Turm mit einer Spitze bis zum Himmel, und machen wir uns damit einen Namen, dann werden wir uns nicht über die ganze Erde zerstreuen. Da stieg der Herr herab, um sich Stadt und Turm anzusehen, die die Menschenkinder bauten. Er sprach: Seht nur, ein Volk sind sie, und eine Sprache haben sie alle. Und das ist erst der Anfang ihres Tuns. Jetzt wird ihnen nichts mehr unerreichbar sein, was sie sich auch vornehmen. Auf, steigen wir hinab, und verwirren ihre Sprache, so dass keiner mehr die Sprache des anderen versteht." *(Genesis 11, 1–7)*

DISKURSE UND BEGRIFFE

Eine gemeinsame Sprache kann zu Einigkeit und damit gemeinsamer Leistungsfähigkeit von Menschen beitragen. Diese Erfahrung schlägt sich in einer der ältesten überlieferten schriftlichen Literatur der Menschheit nieder, wie in diesem Zitat aus dem 1. Buch Mose (Genesis) des Alten Testaments. Immer wieder hat es in der Geschichte der westlichen Welt Sprachen gegeben, deren gemeinsame Beherrschung eine Voraussetzung für die Kommunikation über Kultur (Hellenismus) und die Aufrechterhaltung von Herrschaft (Rom) war.

Da Geschichte „Sinnbildung über Zeiterfahrung" (Jörn Rüsen) ist, die in standortbezogenen Narrativen erzählt wird, sind Sprache und Geschichte untrennbar miteinander verbunden. Nationalgeschichte, Geschichte von Ethnien und Religionsgemeinschaften, Familiengeschichten und Vereinsgeschichten – all diese Narrative tragen zur Identitätsbildung gesellschaftlicher Gruppen bei. Sie dienen damit auch zur Abgrenzung zu den „Anderen". Die Erzählung des Anderen zu hören und wahrzunehmen ist die Grundvoraussetzung dafür, auch ein Verständnis für den Anderen und seine Perspektive zu entwickeln. Das geschichtsdidaktische Grundprinzip der Multiperspektivität (→ KAPITEL 1) erfährt im bilingualen Geschichtsunterricht eine Weiterung um die Perspektive des interkulturellen Vergleichs.

Da Deutschland immer mehr zum Einwanderungsland und daher multiethnische Realität in den Klassen- und Lehrerzimmern aller Schularten zur Realität geworden ist, scheint das Fach Geschichte dafür prädestiniert zu sein, Möglichkeiten der Wahrnehmung anderer Deutungsnarrative über gemeinsam erlebte Vergangenheiten zu schaffen. Der in der Literatur in diesem Zusammenhang genannte Diskursraum scheint gerade hier besonders sinnvoll, weil sich die politische Argumentation etwa mit nationalen Identitätsnarrativen hier unter geschichtswissenschaftlicher Perspektive offenlegen und analysieren lässt. Vor diesem Hintergrund versteht sich dieses Kapitel als Plädoyer für einen offensiven und pragmatischen Einsatz bilingualen Lehrens und Lernens in Geschichte.

13.1 **Pädagogischer Rahmen: Interkulturelles Lernen**
13.2 **Didaktischer Rahmen: Das Konzept CLIL und pragmatische Abwandlungen**
13.3 **Fallbeispiel Zweiter Weltkrieg und Holocaust im bilingualen Geschichtsunterricht**

13.1 Pädagogischer Rahmen: Interkulturelles Lernen

Zwei Tendenzen zeichnen sich in den jüngeren Diskursen der deutschsprachigen Pädagogik ab, die sich beide mit der zunehmenden Globalisierung der deutschen Gesellschaft in Verbindung bringen lassen. Erstens die generelle Öffnung des Adressatenkreises (Auernheimer 2011) und zweitens die damit einhergehende Präzisierung des Begriffs von Interkulturalität (Nohl 2010). Beide Tendenzen lassen sich als Weiterentwicklung der sogenannten „Ausländerpädagogik" beziehungsweise „Assimilationspädagogik" begreifen. „Interkulturelle Bildung richtet sich an alle Heranwachsenden mit und ohne Migrationshintergrund" postuliert Georg Auernheimer, die Einbahnstraße zwischen Mehrheitsgesellschaft und Minderheitengesellschaft damit aufhebend. Was oben über Sprache gesagt wurde, passt genau zu diesem Ansatz: Entscheidend ist nicht, in welcher Sprache unterrichtet wird – entscheidend ist, dass alle Teilnehmer der Lerngruppe gleichermaßen historische Erzählungen als soziokulturell bedingte subjektive Sprechakte verstehen lernen. In der Dimension interkultureller Bildung findet sich das wieder, da diese „insofern Allgemeinbildung [ist], als sie die Einsicht in die Kontingenz unseres Wissens, unseres jeweiligen Weltbildes intendiert." (Auernheimer 2011, S. 122).

Interkulturelle Bildung

Entsprechend ist der Bezugspunkt interkultureller Bildung nicht mehr primär die Belehrung über die je andere Kultur, sondern – zunächst aus pädagogischer Perspektive – Gleichheit und Anerkennung sowie die Verankerung des Wertmaßstabes in den Menschenrechten (Auernheimer 2011, S. 123). Diese Setzung führt Auernheimer zu seinem Vorschlag für die Inhalte interkultureller Bildung:

Inhalte interkultureller Bildung

Tabelle 21: Inhaltlicher Rahmen interkultureller Erziehung (nach Auernheimer 2011, S. 129)

	Förderung interkultureller Kompetenz	Multiperspektivische Bildung
Veränderung der Haltung	„verständnisvollerer Umgang mit Face-to-face-Kontakten"	„Wertschätzung der kulturellen Leistungen anderer, vor allem außereuropäischer Gesellschaften, ihre Beitrags zu unserer Kultur und zur Weltkultur"
Angestrebte Kompetenzen	„Befähigung zum interkulturellen Dialog über strittige Weltbilder, Wertvorstellungen, Normen und Rollen" „Selbstreflexion ist eine entscheidende Voraussetzung für einen angemessenen Umgang mit interkulturellen Konstellationen" „Mit der Minderheitensituation umgehen zu lernen" Erweitertes Gespür für Hintergrunderfahrungen, die der Minderheitenstatus mit sich bringt	„Betrachtung historischer Konfrontationen aus der Fremdperspektive"

Während Auernheimer aus einem disziplinären Blickwinkel argumentiert, geht Arnd-Michael Nohl gewissermaßen den umgekehrten Weg, indem er die Dichotomie zwischen heimischer und nicht heimischer ethnischer Zugehörigkeit nicht einebnet, sondern ausweitet. Er entwirft eine

Kollektive Zugehörigkeit

„Pädagogik, die neben der ethnischen Unterscheidungslinie auch andere Dimensionen kollektiver Zugehörigkeit aufgreift und sie für Sozialisation, Lernen und Bildung nutzbar macht. Dabei sind – neben der Milieuebene kollektiver Zugehörigkeiten – auch die Organisationen (nicht nur) des Bildungssystems sowie mögliche Diskriminierungen, Macht- und Partizipationsprobleme zu berücksichtigen." (Nohl 2010, S. 145)

Integraler Bestandteil dieses Konzepts sind die von Nohl vorgeschlagenen „Anforderungen an die pädagogische Professionalität". Betrachtet man nun die in der Geschichtsdidaktik vorgelegten Konzeptionen interkulturellen Lernens im Geschichtsunterricht, so kann

Multiperspektivität

man mit Fug und Recht davon sprechen, dass der Begriff der Multiperspektivität in Zusammenhang mit dem Kulturverständnis das Scharnier zwischen den beiden disziplinären Ansätzen darstellt. So definierte Dietmar von Reeken bereits 2003 interkulturelles Lernen dahingehend, dass

„Menschen verschiedener kultureller Zugehörigkeit gleichberechtigt mit- und voneinander etwas über ihre kulturellen Bezugssysteme und Bedingtheiten lernen, sei es nun direkt über persönlichen Kontakt, sei es vermittelt durch Medien." (von Reeken 2003, S. 234)

Die geschichtsdidaktische Konsequenz sieht Bettina Alavi in ihrem entsprechenden Eintrag im *Wörterbuch Geschichtsdidaktik* (Alavi 2009, S. 107–108) in einer

„Perspektivenerweiterung, die die Geschichte aus der Perspektive von Mehrheiten und Minderheiten betrachtet und davon ausgeht, dass Wahrnehmung, Kenntnis und Bewertung historischer Phänomene keine anthropologische Konstante, sondern in hohem Maße kulturabhängig ist."

Die Schnittstellen zum bilingualen Lernen im Geschichtsunterricht, die Auernheimer explizit benennt, werden hier implizit noch einmal deutlich.

Bilingualer Geschichtsunterricht

Inzwischen lässt sich allerdings in der Beschäftigung mit dem Holocaust als besonderer didaktischer Herausforderung für den deutschen Geschichtsunterricht ein Schwerpunkt der forschenden Geschichtsdidaktik beobachten. Viola Georgi und Rainer Ohliger (2009) haben in ihrem Band *Crossover Geschichte* Repräsentanten unterschiedlicher bildungswissenschaftlicher Disziplinen zusammengeführt. Im Ergebnis wird deutlich, dass der deutsche Geschichtsunterricht sich der Aufgabe interkultureller Bildung stellen muss, wenn er weiterhin einen Beitrag zur Aufrechterhaltung der Demokratie leisten möchte. Das Thema Holocaust spielt dabei als identifikatorische Bezugsgröße unterschiedlichster historischer Erinnerungskulturen eine zentrale Rolle (wie übrigens auch die empirischen Beispiele bei Nohl zeigen, die unaufgefordert vielfach auf dieses Ereignis rekurrieren). Auch der Psychologe Carlos Kölbl spricht mit Blick auf seine Ergebnisse zum Geschichtsbewusstsein Jugendlicher mit und ohne Migrationshintergrund davon, dass „sich nach wie vor die NS Geschichte als der zentrale Bezugspunkt für eine auf Geschichte bezogene Identitätsbildung" erweist (Kölbl 2009, S. 67).

Interkulturelle Bildung im Geschichtsunterricht

Unterstützt von Kölbls Ergebnissen verfestigt sich die Prämisse, die Viola Georgi ihrer Studie (2003) als theoretischen Bezugsrahmen zugrunde gelegt hatte:

„Wenn junge Migranten über ihre Erfahrung mit der NS-Geschichte sprechen, greifen sie gesellschaftlich verfügbare Vergan-

genheitsdeutungen auf, schöpfen aus der Quelle des entliehenen Gedächtnisses". (Halbwachs 1985).
Doch dabei bleiben sie natürlich nicht stehen, sondern sie
„vergegenwärtigen es, indem sie es biographisch bearbeiten und mit subjektiver Bedeutung versehen. Durch Auswahl und Darstellung des Vergangenen [...] sind sie an der Reproduktion und Rekonstruktion von Geschichtsdeutungen beteiligt." (Georgi 2009, S. 94f.)
In ihrem Material kann Georgi vier Typen von Identifikation der befragten Jugendlichen mit Migrationshintergrund feststellen. Georgis Ergebnisse lassen sich gut in einer Linie mit denjenigen von Kölbl und Meyer-Hamme im selben Band verorten:
„Während Süleyman vorwiegend Konventionen verwendet, um sich historisch zu orientieren (,intermediäres Niveau'), reflektiert Dzenan solche Konventionen und erkennt deren Konstruktionslogiken (,elaboriertes Niveau'). Es kommt also ganz besonders auf die Verarbeitungsformen der Identitätsreflexionen an." (Meyer-Hamme 2009, S. 86–87)

Pädagogik kollektiver Zugehörigkeiten

Die Geschichtsdidaktik könnte von der „Pädagogik kollektiver Zugehörigkeiten" (Nohl 2010) durchaus noch weiter lernen. Nohls Studien führten zu der Erkenntnis, dass erst „[...] wenn zusätzlich die Migrantenmilieus von Jugendlichen mit denen von Erwachsenen, die Migrantenmilieus von Männern mit denen von Frauen oder die Migrantenmilieus von Armen mit denen von Reichen verglichen werden, wird mehr als eine Milieudimension deutlich." (Nohl 2010, S. 160). Warum ist das für interkulturelle Pädagogik wichtig? Weil sich aus der Wahrnehmung der unterschiedlichen Einflussfaktoren auf Identitätsbildung pädagogische Grundprozesse entwickeln lassen, erstens in Form von interkultureller Sozialisation und zweitens – und das ist das geschichtsdidaktisch relevante Konzept – in Form von interkultureller Bildung. Darunter versteht Nohl „die Entfaltung eigener Orientierungen angesichts der Unübersichtlichkeit milieupluraler Gesellschaften." (Nohl 2010, S. 177).

Interkulturelle Kompetenz

Das ist eine komplexe Aufgabe und stellt den Lehrer vor neue Herausforderungen professionellen Handelns, eröffnet aber unter den Vorzeichen der milieupluralen Anwesenheiten im Klassenzimmer zugleich weitgehend noch ungenutzte Potentiale für die Initiation historischen Denkens und Argumentierens. Dabei ist die interkulturelle Kompetenz keine weitere oder gleichermaßen fakultativ mitzudenkende Dimension historischen Denkens. Sie lässt sich vielmehr – wie Hasberg in Bezug auf das bilinguale Lernen gezeigt hat (Hasberg

2004) – als dem historischen Denken per definitionem innewohnendes Moment verstehen.

13.2 Didaktischer Rahmen: Das Konzept CLIL und pragmatische Abwandlungen

Das Konzept CLIL (Bonnet/Breidbach/Hallet 2003) basiert auf der Grundüberzeugung, dass der lernpsychologische Mehrwert eines in einer Fremdsprache gehaltenen Unterrichts einen spezifischen Mehrwert gegenüber dem Unterricht in deutscher Sprache generiert. Zunächst hatte das Konzept des bilingualen Unterrichts (Bili) keine Theorie darüber entwickelt, wie sich das spezifische Lernergebnis aus der Zusammenführung des Lerngegenstandes Sprache und dem Lerngegenstand des Faches das Lernergebnis beschreiben lassen sollte. An dieser Leerstelle ansetzend haben die Entwickler des CLIL-Ansatzes ein anspruchsvolles Kompetenzmodell entwickelt, in dessen Zentrum sprachliche Konzepte und deren kultureller Vergleich stehen. Damit stellt das Lernergebnis im CLIL-Unterricht einen der Theorie nach von der Bewertung der Sprache und der des Faches unterscheidbaren Leistungsstand dar. Der Inhalt (*Content*) und die Sprache (*Language*) ergeben bei integrierter Thematisierung (*Integrated*) in den Sachfächern (im Unterschied von den Sprachenfächern) ein spezifisches Lernergebnis dar. Der Nukleus der Integration sind die fachspezifischen sprachlichen Konzepte. Die Kompetenz, diese als kulturelle Konstrukte zu erkennen, ist das erste Merkmal eines Lernergebnisses von CLIL-Unterricht. Damit lässt sich die historische Sachkompetenz als Grammatik und Wortschatz historischen Erzählens in Beziehung setzen. Zweitens zeichnet sich das spezifische Lernergebnis von CLIL-Unterricht dadurch aus, dass die Sachkompetenz in diskursiven Zusammenhängen zur Ausprägung kommt, die durch die Eröffnung von Diskursräumen als unterrichtlicher Lerngelegenheit in der Unterrichtsplanung berücksichtigt werden. In der Geschichtsdidaktik lässt sich dabei von Anlässen individuellen und kooperativen argumentativen Erzählens sprechen, die sich in Wechselwirkung zur kulturellen Analyse sprachlicher Konzepte in Quellen und Darstellungen ergeben. In dieser Wechselwirkung von Re- und Dekonstruktion lässt sich in der historischen Methodenkompetenz ein Anschluss an die CLIL-Didaktik identifizieren. Auch wenn die CLIL-Didaktik keine Fragekompetenz nennt, ist sie im Begriff des Diskursraumes fachspezifisch in Geschichte enthalten. Denn der Diskurs kann sich in an

Content and Language Integrated Learning

DISKURSE UND BEGRIFFE

Lernaufgaben orientiertem Unterricht nur auf eine übergeordnete Leitfrage oder Problemstellung beziehen. Daher ist die fachspezifische Nutzung des CLIL-Ansatzes mit dem Konzept der Lernaufgabe zu verbinden.

Leitfragen und Medien-Samples

Die Auswahl der Leitfragen und des Medien-Samples könnte sich dann, wenn der CLIL-Ansatz für Lerngelegenheiten mit dem Fokus auf interkulturellem Lernen zur Anwendung kommt, an der Erkenntnis milieupluraler Perspektiven historischer Gesellschaften orientieren. Die Orientierungs- oder Urteilskompetenz des historischen Denkens würde dahingehend gefördert, durch die Erkenntnis milieupluraler Perspektiven und deren Entwicklung in der Vergangenheit mit der Wahrnehmung gesellschaftlicher Gruppen in der Gegenwart zu vergleichen. In vielen aktuellen Lehrplänen wird eine solche Herangehensweise durch thematische Schwerpunktsetzungen (Identität / Alterität, Kommunikationshistorische Themen, Längsschnitte, Begriffsgeschichte etc.) erleichtert.

Milieupluralität

Ein Beispiel für die Untersuchung zeitlicher Entwicklungslinien von Milieupluralität aus dem Themenfeld des Holocaust ist beispielsweise auf Basis der Quellen-Edition zur Verfolgung und Ermordung der europäischen Juden (VEJ 2008ff. (→ KAPITEL 11)) zu konzipieren. Aus fachhistorischer Sicht führt daher der Untersuchungsgegenstand der Milieupluralität (Nohl 2010 (→ VGL. OBEN 13.1)) in die differenzierte Betrachtung zeitgenössischer Wahrnehmungen und deren Untersuchung auf verschiedene Milieus. Auch der Begriff des Milieus müsste dabei kritisch auf den sozialen und historischen Ort seiner Genese untersucht werden. Für den Anlass dieses Buches wird er als heuristisches Instrument beibehalten. In der Oberstufe ließe sich aus dessen Hinterfragung didaktisches Potential entwickeln, wenn dieser Begriff mit ähnlich funktionalen Begriffen wie Klasse, Stand oder Schicht einer komparatistischen Analyse unterzogen würde. Ebenfalls aus fachhistorischer Sicht ist der Begriff der kulturellen Analyse aus dem CLIL-Diskurs auszudifferenzieren und auf seine Bezüge zu den sektoralen Leitbegriffen zu untersuchen, die in den historischen Leitfragen der Lerngelegenheiten von zentraler Bedeutung sind.

Das CLIL-Konzept ist sehr anspruchsvoll und erfordert ein Mehr an Wissen über die Vergangenheit und ein Mehr an Wissen über die historische Sprachentwicklung der Zielsprache („Fremdsprache") auf Seiten der Lehrkraft. Für das Ziel von Geschichtsunterricht, die Ausprägung reflektierten Geschichtsbewusstseins zur besseren Orientierung des Individuums im Alltag, sollte dieser hohe Anspruch aber kein Hinderungsgrund für Lehrkräfte sein, die das Konzept aus pädagogischer

Perspektive (interkulturelles Lernen in der Migrationsgesellschaft) für die Förderung historischer Orientierungskompetenz eigentlich für sinnvoll erachten, sich die Umsetzung aber nicht zutrauen.

Von der Alltagsbeobachtung ausgehend, hat der Unterricht in einer anderen als der deutschen Sprache bereits Effekte, die die Klassengemeinschaft im Fachunterricht neu strukturieren. Zentral für das Fach Geschichte und seinen Beitrag zur Bildung mündiger BürgerInnen ist die Erfahrung, dass es einen großen Unterschied macht, in welcher Sprache wessen Geschichte/n erzählt werden. Lerngelegenheiten dazu lassen sich sehr niederschwellig generieren, wenn etwa in der Klasse SchülerInnen sind, die mit zwei Sprachen entweder aufgewachsen sind oder aber eine weitere Sprache beherrschen. Dort, wo es geteilte oder in Deutschland unbekannte – aber für die Geschichte der SchülerInnen relevante – Geschichte zu erzählen und zu analysieren gibt, sollte dieser didaktische Schatz an neuer und multiperspektivischer Erkenntnis erkannt und womöglich für den Lernerfolg der ganzen Klasse gehoben werden. Die in der Historiographie dazu heranzuziehende Literatur basiert auf Konzepten wie Transnationaler Verflechtung, Kulturkontakt und -transfer. Hier kann der Geschichtsunterricht durch die Rezeption übergreifender historischer Konzepte, wie sie beispielsweise in jüngerer Zeit auch die Mediteranistik darstellt (Borutta/Lemmes 2013, Abulafia 2014) noch viel profitieren. Es ist daher aus pragmatischer Perspektive im Sinne der interkulturellen Pädagogik im Fach Geschichte vorrangig, dass bilinguale Lerngelegenheiten punktuell, und sei es nur am Beispiel eines Begriffes, bei der Unterrichtsplanung berücksichtigt werden. Ob das theoretisch schlüssige Konzept von CLIL empirisch nachweislich ein Lernergebnis dritter Ordnung erzeugt, bleibt eine Frage experimenteller Unterrichtsforschung. Es wird im Folgenden daher von der allgemeineren und geschichtsdidaktisch niederschwelligeren Begrifflichkeit des bilingualen Lernens Gebrauch gemacht, das im Falle vorhandener Lehrerprofessionalität bis zur Qualität des CLIL-Ansatzes ausbaufähig ist.

Transnationale Verflechtung, Kulturkontakt und -transfer

Da dieses Buch die pragmatische Sichtweise mit dem Fokus auf lernergebnisorientierter Unterrichtsplanung fokussiert, geht es im folgenden Abschnitt um einen fachspezifischen Zugriff für bilingualen Unterricht, der sich auch dann umsetzen lässt, wenn die Lehrkraft selbst nicht besonders gut (zum Beispiel) Englisch spricht. Denn auch in diesem Fall kann sie sich in der Vorbereitung auf die Entwicklung von Lernaufgaben zum interkulturellen Lernen in Geschichte auf Basis eines mehrsprachigen Medien-Samples fokussieren.

Mehrsprachige Medien-Samples

DISKURSE UND BEGRIFFE

13.3 Fallbeispiel Zweiter Weltkrieg und Holocaust im bilingualen Geschichtsunterricht

Zweiter Weltkrieg und Holocaust im bilingualen Geschichtsunterricht

Für das in der Forschung zum interkulturellen Lernen immer wieder als gesellschaftlich akutes Fallbeispiel genannte Themenfeld Zweiter Weltkrieg und Holocaust wird ein im Sinne der CLIL-Didaktik eher schlichter Weg der Zusammenstellung eines zweisprachigen Mediensamples ohne sprach-komparatistischen Zugriff vorgestellt. Dieses aus vier Medien bestehende Sample dient der Einübung einer Fragen generierenden, historisch-kritischen Analyse, indem es erstens die im deutschsprachigen Unterricht häufig unterreflektierte Rolle der Roten Armee für die Niederringung Deutschlands (*Wear Down Germany*) und zweitens den Zusammenhang der Möglichkeitsbedingungen für die Fortsetzung des Massenmords an europäischen Juden lange nach der Kriegswende im Winter 1942/43 repräsentiert.

Anne Frank Diary

Es handelt sich dabei um einen Quellenauszug aus der englischsprachigen Publikation des Anne Frank Diary aus ihrem Eintrag vom 31. März 1944 (Frank/Pressler 1997, S. 243f.). Der Auszug stellt einen der ersten Texte, die Anne Frank nach dem Entschluss verfasste, das Tagebuch nach dem Krieg zu publizieren, dar (vgl. dazu die textkritische Edition *Die Tagebücher der Anne Frank* 1988). Es geht um die Analyse der vorrückenden Fronten, in diesem Falle der Roten Armee an der Ostfront. Dieser Quellenausschnitt könnte beispielsweise in einer Klasse mit SchülerInnen mit (süd-)osteuropäischem Hintergrund für das interkulturelle Lernen zum Einsatz kommen.

Für die Unterrichtsplanung sollten erstens die zentralen fachlich relevanten Begriffe aus der Quelle ausgewählt werden (*First Order Concepts*), um diese in die Leitfrage im Sinne der *Second Order Concepts*/der epistemologischen Prinzipien zu integrieren.

Konzepte der Zeitgenossin Anne Frank (1929–1945)

Friday, March 31, 1944

Dearest Kitty,

Just imagine, it's still fairly cold, and yet most people have been without coal for nearly a month. Sounds awful, doesn't it? **There's a general mood of optimism about the Russian front, because that's going great guns!** I don't often write about the political situation, but I must tell you where the Russians are at the moment. They've reached the **Polish border** and **the Prut River in Romania**.

They're close to **Odessa**, and they've surrounded Ternopol. Every night we're expecting an extra ommuniqué from **Stalin**.

They're firing off so many salutes in Moscow, the city must be rumbling and shaking all day long. Whether they like to pretend to fighting's nearby or they simply don't have any other way to express their joy, I don't know!

Hungary has been occupied by German troops. There are still a million Jews living there; they too are doomed.

Nothing special is happening here. Today is Mr. Van Daan's birthday. [...]

Yours, Anne M. Frank

Die fettmarkierten Stellen des Quellenauszuges beinhalten unterschiedliche Arten von *First Order Concepts*, mit einem Schwerpunkt auf faktualen Konzepten, die auf die Fragen wer, wann, was und wie eine Antwort geben. Niederschwellig ist dieser Ansatz für das bilinguale Lernen etwa in Klasse 8 oder 9 deshalb, weil er sprachlich weder die Lehrkraft noch die SchülerInnen überfordert. Es handelt sich um kurze einfache Texte, die ganz klar der Perspektive der Anne Frank zuzuordnen sind. Für die Konzeption der übergeordneten Leitfrage ließe sich Anne Franks Beobachtung der guten Stimmung wegen der russischen Front aufgreifen. „Wie wirkte sich die Entwicklung der russischen Front auf den weiteren Verlauf des Holocaust aus?" Der Zusammenhang von Kriegsgeschehen und Holocaust ist das zentrale Thema in den Tagebüchern der Anne Frank, da in deren Perspektive das Ende des Krieges die einzige Möglichkeit für das Ende der Verfolgung darstellte.

Im dargestellten Quellenauszug gibt es außerdem die Möglichkeit, die Perspektive auf diejenige der ungarischen Juden zu erweitern. Das heißt, es lassen sich Erzählanlässe (Diskursräume) für die Aufstellung von Hypothesen didaktisch konzipieren, die von der Quelle ausgehend in den Kontext der Kriegsentwicklung und der noch über ein Jahr währenden Widerstandskraft der Deutschen hineinführten. Über die Nennung der Räume, Orte, Grenzen und des Akteurs Stalin lässt sich sowohl eine monoperspektivisch lineare Kontextualisierung der Quelle durch die SchülerInnen als auch die Vertiefung durch Expertengruppen von SchülerInnen zu den darin repräsentierten Nationen und deren Geschichte in Zusammenhang mit Weltkrieg und Holocaust planen.

First Order Concepts

DISKURSE UND BEGRIFFE

Generic and
Colligatory Concepts

Die Ebene der normativen Konzepte der Forschung (*Generic & Colligatory Concepts*) ließe sich flankierend durch einen Text des amerikanischen Historikers Tom Mawdsley in das Medien-Sample der Lernaufgabe integrieren (vgl. auch Brauch 2015, S. xy).

Konzepte der Forschung (Mawdsley 2009, S. 381–386)

[...] There was another, and bigger, "**invasion**" of Hitler's Europe that summer, **a few weeks after D-Day**. It was mounted by the Red Army. Most of Hitler's ground forces were still concentrated in the East; **on 1 June 1944 there were 156 German divisions in the East and only 60 in France (and 27 in Italy).**

The British and Americans had to cross the English Channel. The Russians had to make their "bridge" into Europe by mounting a huge operation to **reconquer Belorussia and to break Army Group Centre, the largest of Hitler's four eastern army groups**. [...]

In April 1944 Stalin and the Stavka decided to mount their main summer attack in **Belorussia. The Soviet version of OVERLORD was given the codename BAGRATION** (pronounced "Bagrat-i-on"), after a Russian general of the Napoleonic wars. The Germans were confused by a Soviet deception plan which was on a similar scale to FORTITUDE. They expected the main soviet blow to be a continuation of the rolling advance in the **Ukraine** on the southern side of the **Polesia** (Pripiat' Marshes). Five of the six Soviet tank armies were still in the Ukraine. The Russians skillfully masked the build-up of their forces against Army Group Centre: **2,4 million men, 5,200 tanks and self-propelled guns, 5,300 combat aircraft.** [...]

Operation BAGRATION began on 22 June, two weeks after D-Day (it was the third anniversary of the start of the Nazi-Soviet War). Hitler's fortified places' proved to be no more effective than the Atlantikwall. The four Soviet army groups under the command **of Marshals Zhukov and Vasilevskii** (overseeing the southern and northern wings respectively) punched through the German front. **Hitler, Busch, and Busch's army commanders** were surprised by the strength and pace of the assault. [...] **On 3 July – the thenth day –** Soviet troops took Minsk (the capital of Belorussia), and they then continued on to the west. [...] There, on the Vistula, the two wings of the huge Soviet offensive were finally brought to a halt in August 1944.

Die Konzepte der Forschung bringen die zeitgenössischen Begriffe in einen ursächlichen Zusammenhang (Sinnbildung über Zeiterfahrung), indem die Zäsuren und Entwicklungslinien narrativ miteinander verbunden werden. Dadurch repräsentiert der ausgewählte Text das epistemologische Prinzip der Zeit.

Zäsuren und Entwicklungslinien

Zur Vervollständigung des Mediensamples zur Beantwortung der Leitfrage könnte nun eine Chronologie der Ereignisse im Kontext des Tagebuchauszuges hinzugenommen werden sowie eine Karte des Weltkriegsgeschehens zwischen 1942 und 1945.

Chronologie zur Kontextualisierung des Tagebuches (vgl. auch Brauch 2015)

1944

Januar

15. Befreiung der Stadt Berditschew (Reichskommissariat Ukraine) durch die Sowjets. Von den 20 000 hier lebenden Juden bei der Einnahme durch die deutsche Wehrmacht am 7. Juli 1942 lebten noch 15 Personen.

25. Erfolgreicher Luftangriff der Alliierten auf die Kugellagerfabrik in Schweinfurt; der Angriff ist ein schwerer Schlag für die deutsche Rüstungsproduktion.

März

19. Nach einem Versuch der ungarischen Regierung, ihre Truppen von der Ostfront abzuziehen, rücken deutsche Verbände in Ungarn ein.

20. Sowjetische Einheiten erreichen den Dnjestr.

April

5. In Ungarn müssen Juden den Judenstern tragen.

7. Alfred Wetzler und Rudolf Vrba können aus Auschwitz fliehen und erreichen die Slowakei; sie bringen detaillierte Informationen über die Ermordung von Juden in Auschwitz mit. Ihr Bericht, der im Juni in die Länder der freien Welt gelangt, ist unter dem Namen Auschwitz-Protokolle bekannt geworden.

16. Beginn der Internierung von Juden in Ungarn.

Mai

2. Ankunft des ersten Transports ungarischer Juden in Auschwitz.

15. Zwischen dem 15. Mai und dem 9. Juli werden 437 000 in der Mehrzahl ungarische Juden nach Auschwitz deportiert. Die meisten werden kurz nach ihrer Ankunft vergast.

Juni

4. Einnahme Roms durch die 5. US-Armee.

6. D-Day. Landung der alliierten Streitkräfte in der Normandie. Festnahme von 1800 Juden auf Korfu. Sie werden nach Auschwitz deportiert.

Juli

9. Der ungarische Reichsverweser Miklos Horthy ordnet die Aussetzung der Deportationen aus Ungarn an. Zwei Tage später werden sie gestoppt.

20. Erfolgloses Attentat auf Hitler. Deportation von 2000 Juden aus Rhodos nach Auschwitz.

Umsetzungsmöglichkeiten

Es eröffnen sich aus der Zusammenstellung dieser vier Medien (zeitgenössische Quelle, Forschungsauszug, Chronologie) vielfältige didaktische Umsetzungsmöglichkeiten im bilingualen Geschichtsunterricht, die von der schlichten Integration der englischsprachigen Texte und deren Auswertung in deutscher Sprache bis hin zu einem elaborierten CLIL-Zugriff reichen könnten.

Für eine milieuplurale Analyse eignet sich der Vergleich der Entwicklungen und Möglichkeitsbedingungen für den Massenmord an den deutschen, den niederländischen und den ungarischen Juden. Das damit untersuchte „Milieu" ist die Gruppe der „Opfer" (nach einer inzwischen in Kritik geratenen Systematik Raul Hilbergs in Unterscheidung von Opfern, Tätern und Zuschauern).

Fragen und Anregungen

- Definieren Sie den Begriff der interkulturellen Bildung und erläutern Sie die fachspezifischen Möglichkeiten interkulturellen Lernens in Geschichte.

- Erörtern Sie Potentiale und Herausforderungen des CLIL-Ansatzes im Unterschied zum bilingualen Ansatz.

- Prüfen Sie den Lehrplan auf Themen der Vormoderne, die sich für die Planung von Unterricht im Sinne interkulturellen und bilingualen Lernens in Geschichte eignen könnten.
- Stellen Sie ein Medien-Sample unter einer Leitfrage zu einem Lehrplanthema Ihrer Wahl zusammen und begründen Sie die Art der Förderung historischen Lernens, die sich aus dieser Zusammenstellung ergeben könnte.

Lektüreempfehlungen

Die fachspezifische Differenzierung bilingualen Lernens in Geschichte bleibt ein theoretisches wie empirisches Forschungsdesiderat, während sich die Herausforderung der Praxis in den Schulen täglich stellt. Wege der Forschung und Anregungen für die Unterrichtspraxis werden in der ausgewählten Literatur gleichermaßen berücksichtigt.

- **Georg Auernheimer: Einführung in die interkulturelle Pädagogik,** Darmstadt 2003, 5. ergänzte Auflage 2007.
- **Michele Barricelli / Falk Zwicker: Different Words, Possible Words.** Zum Problem des code-switching im bilingualen Geschichtsunterrrricht, in: Zeitschrift für Geschichtsdidaktik 8, 2009, S. 12–24.
- **Nicola Brauch / Annette Deschner / Carola Gruner: Kapitel Bilingualer Geschichtsunterricht,** in: Handbuch Bilingualer Unterricht (CLIL), Berlin 2013, S. 36–45.
- **Franziska Clemen / Michael Sauer: Förderung von Perspektivendifferenzierung und Perspektivübernahme?** Bilingualer Geschichtsunterricht und historisches Lernen – eine empirische Studie, in: Geschichte in Wissenschaft und Unterricht 58, 2007, Heft 58, S. 708–723.
- **Nicola Eisele-Brauch / Annette Deschner: Bilingualer Unterricht im Sachfach Geschichte.** Ansatz und erste Ergebnisse eines Forschungsprojekts zur Lehrerkompetenz „Kompetenzorientierte Materialentwicklung", in: Zeitschrift für Geschichtsdidaktik 9, 2010, S. 98–109.
- **Wolfgang Hasberg: Bilingualer Geschichtsunterricht und historisches Lernen.** Möglichkeiten und Grenzen, in: Internationale Schulbuchforschung 26, 2004, Heft 2, S. 119–139.

14 Diskurse und Begriffe: Public History

Abbildung 19: Public History Weekly (30. 4. 2015)

DISKURSE UND BEGRIFFE: PUBLIC HISTORY

Seit 2013 gibt es mit dem online-Angebot Public History Weekly ein Format, mit dem einem wachsenden Bedürfnis nach Austausch zwischen Theorie und Praxis, Politik und Wissenschaft sowie Schule und Universität über Fragen im Umgang mit Geschichte in der Gegenwart Rechnung getragen wird. Geschichtsdidaktiker aus aller Welt melden sich hier ebenso zu Wort wie Historiker, Politiker, Lehrer und interessierte Laien. Das Format ist damit recht gut geeignet, das Geschichtsbewusstsein derjenigen zu repräsentieren, die sich hier in die Diskussionen zum Beispiel zum Sinn oder Unsinn von Schulbuchkommissionen, dem Einfluss der Digitalisierung oder auch aktuellen geschichtskulturellen Debatten äußern.

Wie bei jedem neuen Paradigma sind die Konturen dessen, was unter Public History aus Perspektive der Geschichtswissenschaft und in gleichnamigen Studiengängen eigentlich gefasst werden soll, ebenso unklar wie es das Berufsfeld des Public Historian als neuem Vertreter der Geschichtswissenschaft in der Öffentlichkeit derzeit ist. Und so regt der Begriff der Public History denn auch die Phantasie an – *Reenactment*, Mittelaltermärkte und Freilichtmuseen zum Leben in der Steinzeit erscheinen dem kundigen Leser hier vor Augen.

Im Kontext dieses Buches stellt sich die Frage, wie sich der an der Universität ausgebildete Historiker als Geschichtslehrer in der Schule und anderen Berufsfeldern in didaktischer Hinsicht zu historischen Erzählungen in populären Medien und Genres wissenschaftlich adäquat verhalten kann. Dabei schlägt die Autorin die synonyme Nutzung von Geschichtskultur und Public History im Sinne des von Marko Demantowsky (2005) diskutierten Antagonismus von Geschichtskultur in Abgrenzung zur Erinnerungskultur vor.

14.1 **Der Gegenstand: Vorschlag zur Begriffsbestimmung**
14.2 **Methodik und Didaktik**
14.3 **Auftraggeber, Medien, Publika und Konkurrenten des Public Historian**

14.1 Der Gegenstand: Vorschlag zur Begriffsbestimmung

Public History begrifflich für den deutschen Sprachgebrauch zu bestimmen, erfordert eine Grundsatzentscheidung über die Akteure von Public History. Doch zuvor lässt sich auf Basis der Geschichtstheorie und der darauf rekurrierenden Geschichtsdidaktik konstatieren, dass der gemeinsame Nenner, auf den sich alle History-Vorstellungen zurückführen lassen, das historische Erzählen ist (Süßmann 2002; Rüsen 2013). Es ist daher für die begriffliche Bestimmung von Public History zu untersuchen, welche Rolle das historische Erzählen in diesem Kontext im Unterschied zum breiteren Konzept der Geschichtswissenschaft beizumessen wäre.

Definitionen von Public History

Damit sind zwei basale Vorannahmen gesetzt. Zum einen geht es bei der Begriffsbestimmung von Public History um den Zusammenhang von historischem Erzählen, historischen Erzählungen und Geschichtswissenschaft; zum anderen werden Public History und die sich darauf beziehende Didaktik als Teildisziplin der an den Universitäten forschenden Geschichtswissenschaft (Historie, History) verstanden. Eine dritte basale Voraussetzung ist hier zu ergänzen: Public History bezieht sich auf alle Gegenstände der Geschichtswissenschaft und affiner Fächer wie Archäologie, Ägyptologie, Orientalistik etc. Sie ist als Teildisziplin der Geschichtswissenschaft auf die Epistemologie des Faches verpflichtet. Das bedeutet, dass sie neue Erkenntnisse über die Vergangenheit wissenschaftlich erzählend zu Tage bringen möchte. Daher sind alle Zugänge, die Public History auf die Gegenwart oder gar Zeitgeschichte verkürzen, unsachgemäß im Sinne der erkenntnisleitenden Prinzipien der Geschichtswissenschaft.

Vor diesem Hintergrund lassen sich vier Akteursgruppen von Public History unterscheiden. Erstens die Produzenten jedweder öffentlich relevanter historischer Erzählungen (Public Histories), zweitens deren jeweilige Adressaten, drittens die zur Erforschung von Public History und der darauf bezogenen Didaktik an der Universität ausgebildeten HistorikerInnen (Public Historians) und viertens die Rezipienten von Vermittlungsangeboten, die von Public Historians für verschiedene Publika konzipiert werden (Tabelle 22). Infolgedessen sind der geschichtswissenschaftliche Forschungsgegenstand des Public Historian sowie die für dessen Erforschung adäquate Methodik und Didaktik zu bestimmen.

Akteure der Public History

DISKURSE UND BEGRIFFE: PUBLIC HISTORY

Forschungsfragen der Public History

An der Schnittstelle der vier Akteursebenen ergeben sich die Forschungsfragen (erkenntnisleitende / epistemologische Prinzipien) für den Public Historian aus fachwissenschaftlicher, fachdidaktischer und lernpsychologischer Perspektive. Es lässt sich auf dieser Basis eine spezifische Epistemologie der geschichtswissenschaftlichen Teildisziplin Public History ableiten.

Tabelle 22: Epistemologie der geschichtswissenschaftlichen Teildisziplin Public History

Akteure im Kontext historischer Erzählungen im öffentlichen Raum	Vier soziale Untersuchungsräume historischen Erzählens	Forschungsfrage für den Public Historian
Produzenten von Public Histories	HistorikerInnen, SchulbuchautorInnen, ErzählerInnen mit kommerziellem Interesse, ErzählerInnen mit geschichtspolitischem Interesse	Welche Vergangenheiten werden mit welchen Narrativen thematisiert und welche Methoden und Rhetoriken lassen sich dabei identifzieren?
Intendiertes Publikum von Public History	Geschichtswissenschaftlicher Diskurs, Historisches Lernen in der Schule, Unterhaltung, Adressaten geschichtspolitischer Initiativen	Auf welche Orientierungsbedürfnisse der Gegenwart reagieren die Autoren der Narrative damit?
Public Historians	Wissenschaftliche historische Erzählungen als Ergebnis historischer Forschung im Bereich Public History	Ist das Narrativ fachlich adäquat? Welche Quellen und Forschungsperspektiven nutzt das Narrativ, welche werden ausgeblendet? Welche Intention ist identifizierbar? Wie lässt sich das Narrativ historisch und historiographiegeschichtlich einordnen?
Intendiertes Publikum von Public Historians	Geschichtswissenschaftlicher Diskurs, SchülerInnen, spezifische kommerzielle Publika, BürgerInnen	Welche Inhalte, Medien-Samples und multiplen Argumentationsgänge lassen sich für die Förderung und Entwicklung eines reflektierten Geschichtsbewusstseins mündiger Demokraten identifizieren?

DER GEGENSTAND: VORSCHLAG ZUR BEGRIFFSBESTIMMUNG

Die hier vorgeschlagene Systematik bei den Produzenten historischer Erzählungen in HistorikerInnen, SchulbuchautorInnen sowie ErzählerInnen mit kommerziellem und ErzählerInnen mit geschichtspolitischem Interesse versteht sich als pragmatisches Instrument mit unscharfen Rändern und Überlappungsbereichen. Das Unterscheidungsmerkmal dieser vier unterschiedenen sozialen Untersuchungsorte sind die sozio-kulturellen Räume, in denen diese Erzählungen überwiegend zum Tragen kommen. Das ist erstens der fachhistorische Diskurs sowie die Intention von HistorikerInnen, durch allgemeinverständliche Überblicksdarstellungen das interessierte Publikum über die eigene Forschung zu informieren. Dazu gehört beispielsweise auch das im Zuge der Bologna-Reform neu formierte Genre der Einleitungs- und Überblicksdarstellung.

Das ist zweitens der Geschichtsunterricht als Ort, in dem die unterschiedlichsten Welten historischen Erzählens aufeinandertreffen, die durch curricular orientierte Schulgeschichtsbücher um die Welt des fachlichen Erzählens ergänzt werden. Ziel dieses Unterfangens ist die Ausprägung eines reflektierten Geschichtsbewusstseins (→ KAPITEL 1). Das Schulgeschichtsbuch ist dabei nur ein besonders gut greifbares und erforschbares Narrativ, über dessen Lernwirksamkeit bislang wenig bekannt ist. Für den Public Historian ist es aber gerade daher eine Quelle für die Identifizierung spezifischer Konjunkturen gesellschaftlich dominanter Ausprägungen von Geschichtsbewusstsein, die sich im Schulgeschichtsbuch als Gemengelage curricularer und schulbuchspezifischer Produktionsbedingungen geschichtswissenschaftlich untersuchen lassen (→ KAPITEL 7).

> Reflektiertes Geschichtsbewusstsein als Ziel

Drittens lassen sich ErzählerInnen mit kommerziellen Interessen außerhalb der Schulbuchverlage und Geschichtswissenschaften als solche charakterisieren, die Konjunkturen gesellschaftlich akuten Geschichtsinteresses aufgreifen und in Unterhaltungsmedien und -Genres Geschichte thematisieren. Dabei wird Geschichte zur Kulisse gegenwärtiger Normen und Vorstellungen, denn es liegt gar nicht im Erkenntnisinteresse der Produzenten, Neues über die Vergangenheit in wissenschaftlich nachprüfbarer Weise in Erzählungen zu vermarkten. Der soziale Ort der Konsumption dieser Erzählungen ist der private, individuell gesteuerte Raum. Es geht bei der Themenwahl der Produzenten dabei weniger um die Bedienung fachlicher Orientierungssuche von Öffentlichkeiten. Vielmehr sind es soziologisch und anthropologisch generierte Anlässe, die bestimmte Erzählanlässe zu ganz unterschiedlichen Akteuren, Ereignissen, Phänomenen oder Quellen der Vergangenheit führen. Der Bezug zur Fachwissenschaft ist hier – wenn überhaupt – nur am Rande von Interesse.

DISKURSE UND BEGRIFFE: PUBLIC HISTORY

Bildungsauftrag

Viertens lassen sich von den zuvor genannten Produzenten ErzählerInnen mit identitärem Interesse im Bereich des öffentlich-rechtlichen Bildungsauftrages unterscheiden. Der soziale Raum dieser Erzählungen können Jubiläumausstellungen, staatlich initiierte Gedenktage und Museen oder fokussierte Fortbildungen für Lehrkräfte und andere Vermittlungsinstanzen von Geschichte sein. Narrative dieser Art zielen auf eine möglichst breitenwirksame Vermittlung spezifischer Lesarten von Geschichte. Während die Konsumption von Erzählungen der zuvor genannten dritten Art im Spannungsverhältnis gesellschaftlich akuter Interessenlagen der Gesellschaft, deren Aufspüren durch kommerziell interessierte Erzähler und dem Verkaufserfolg des Publikums stattfindet, entstehen Erzählungen dieser vierten Art im Spannungsverhältnis gesellschaftlich akuter Normvorstellungen, politischer Tages- und Entwicklungsaktualität mit der Intention der Verankerung sozial-integrativer Geschichtserzählungen im Geschichtsbewusstsein der Bevölkerung. Dabei ist der Bezug zur Fachwissenschaft häufig gewollt.

Intentionalität

Die Untersuchung solcher Erzählungen verfolgt das Ziel, deren Intentionalität zu eruieren. Damit sind notwendige, aber methodisch und didaktisch (→ VGL. 14.2) noch nicht hinreichende Voraussetzungen geschaffen, um didaktische Konzeptionen zur Erschließung von Public Histories zu entwickeln. Deren Ziel ist die Entwicklung reflektierten Geschichtsbewusstseins der Rezipienten von Public Histories. In diesem Sinne sind Public Histories (geschichtskulturelle Erzählungen) auch Gegenstand geschichtsdidaktischer Unterrichtsplanung.

Public Historians und Historiker

Der Public Historian erforscht vorfindliche Erzählungen und erweitert sie um weitere Perspektiven, die es dem Rezipienten ermöglichen, diese zu erkennen und um vernachlässigte Perspektiven zu ergänzen. Darin besteht der spezifischer Beitrag des Public Historian neuer geschichtswissenschaftlicher Erkenntnisse. Denn in der Identifizierung der Intentionalität und der Erweiterung der Argumentationsgänge von Public Histories bedarf es der Analyse des entsprechenden Forschungsdiskurses und eigener Forschung im Bereich der untersuchten Erzählung. Daher ist ein Public Historian ein Experte für Forschungskontroversen und im deutlich sichtbaren Argumentieren – während der Historiker konventioneller Prägung diese Aspekte eher implizit in seine Erzählung integriert. Für den Public Historian ist die deutliche Konturierung historischer Argumentation aus didaktischer Perspektive in unterschiedlicher Intensität notwendig, um je nach adressiertem Publikum die kognitive Hürde für eigenständiges Erkennen von Intentionalitäten durch den Rezipienten so zu konstruieren, dass der Rezipient dabei etwas Neues dazulernt, das ihn bei der Ausprägung reflektierten Geschichtsbewusstseins und eigener historischer Argumentierfähigkeit unterstützt. Der Public Historian konzipiert Angebote, die unterschiedlichen Adressatenkreisen den für die Partizipation an geschichtskulturellen Diskursen notwendigen Aufbau argumentativer historischer Narrativität ermöglicht.

Unter den sich wandelnden gesellschaftlichen Rahmendaten der alternden, vernetzten und von Einwanderung geprägten Gesellschaften in Deutschland hat der Public Historian seinen sozialen Ort in der Vermittlung von Ergebnissen der Geschichtswissenschaft für je spezifische Publika der Gesamtbevölkerung. Damit könnte der künftige Public Historian im Idealfall einen fachspezifischen Beitrag für die Durchsetzung der verfassungsrechtlichen Garantie der Bildungsgleichheit leisten. Dazu bedarf er einer klaren Orientierung seines forschenden Handelns an den Methoden und Konzepten der Geschichtswissenschaft und ihrer Didaktik (→ 14.2) und der ebenso klaren Orientierung an den Möglichkeitsbedingungen historischen Lernens in Abhängigkeit der intendierten Zielgruppe (→ 14.3).

14.2 Methodik und Didaktik von Public History

Im Studium qualifiziert sich der Public Historian als Repräsentant der Geschichtswissenschaft und ihrer Didaktik. Er entwickelt eigene fachhistorische Erzählungen und wissenschaftlich begründete Vermittlungsangebote. Im späteren Berufsalltag ist er ein Dienstleister, der seine fachhistorische und didaktische Expertise entweder durch die didaktische Konzeption in Zusammenhang mit vorfindlichen historischen Erzählungen oder aber durch die Erforschung neuer historischer Problemstellungen von öffentlichem Interesse bei gleichzeitiger Entwicklung einer didaktischen Konzeption bereitstellt. Im Falle der selbständigen Beschäftigung erfordert dies den Spagat zwischen dem Gebot der Verkäuflichkeit der entwickelten Angebote („what sells?") und dem Gebot fachwissenschaftlicher und fachdidaktischer Angemessenheit.

Public History in Studium und Beruf

In beiden Fällen geht es darum, dem Rezipienten Einblick in das fachlich adäquate Arbeiten der Geschichtswissenschaft zu gewähren, um den Konstruktcharakter historischen Erzählens zu vermitteln und darüber hinaus dem Rezipienten einen eigenen historischen Bewertungsraum durch die Bereitstellung multiperspektivisch angelegter Medien-Samples zu eröffnen. Ziel ist Gestaltung eines Erfahrungsraumes, in dem der Zusammenhang zwischen Produktion, Intention,

Konstruktcharakter von Geschichte

medialer Gestaltung und Evidenzbasierung unterschiedlicher Erzählformen transparent und damit die Kritik daran durch den Rezipienten selbst ermöglicht wird.

Kontextabhängigkeit von public histories

Das Ziel, den Rezipienten die Intentionalität beziehungsweise die Kontextabhängigkeit von *public histories* selbst erkennen zu lassen, erfordert methodisch zunächst die fachwissenschaftliche Analyse der fraglichen Erzählungen (Denkmäler sind darunter genauso zu verstehen wie *Reenactments* oder fachhistorische Bestseller) um daran anschließend adressatengerecht das didaktische Konzept für die Förderung reflektierten Geschichtsbewusstseins zu generieren.

Historisch kritische und Kontext-Analyse

Zur Präzisierung des Anliegens des Public Historian sollte die historisch-kritische Methode um eine erweiterte Kontext-Analyse ergänzt werden. Eine solche hat Fotis Jannidis (2004) mit der historischen Narratologie entwickelt, die sich auch aus kognitionspsychologischen Gründen für diesen Zusammenhang anbietet. Denn zu der erweiterten Kontext-Analyse von *public histories* fragt die historische Narratologie nach dem mentalen Zusammenhang zwischen Erzähler, Hauptfiguren, Ereignissen oder Phänomenen und dem von Erzähler imaginierten „idealen" Rezipienten. Durch diese Fragestellung lassen sich didaktisch Perspektivenübernahmen des realen Rezipienten mit Hauptfigur und Erzähler bis hin zu einer didaktisch initiierten Horizontverschmelzung mit den mentalen Modellen der Akteure (der Erzählung, des Erzählers, des intendierten Rezipienten) konzipieren. In Tabelle 23 wird ein narratologischer Analyse-Rahmen zur adaptierten Umsetzung des Ansatzes von Fotis Jannidis als heuristisches Instrument zur Anwendung dieser erweiterten Form der historisch-kritischen Methode vorgeschlagen (Tabelle 23 und Brauch 2011).

Tabelle 23: Narratologischer Analyse-Rahmen zur Kontextualisierung historischer Erzählungen

Narratologischer Analyse-Rahmen	Kontext	Gattung	Funktion der Hauptfigur / des Hauptereignisses / Phänomens	Narratologischer Untersuchungsgegenstand
Fallbeispiel einer Public History (zum Beispiel Spielfilm „King Arthur", 2004)	Cultural Analysis (Epochen / Autorenspezifische anthropologische und psychologische Konzepte)	Anspruch des Erzählers auf historisch genaue Darstellung (Faktenorientierung / Fiktive Erzählform)	Mentales Modell des Erzählers von seinem Modell-Leser	Zusammenhang zwischen Leser, Text, Autor → Intentionalität, Kontextspezifik, Argumente und verschwiegene Argumente

Der in Anschluss an die historische Narratologie im Sinne von Fotis Jannidis (2004) entwickelte Analyse-Rahmen folgt derselben Intention der Integration kulturwissenschaftlicher Ansätze in die Analysemethodik der Geschichtswissenschaft, die zuvor im Kapitel über Medien und Methoden vorgestellt wurde (→ KAPITEL 6). Als Methodenerweiterung des Public Historian ist diese Methode ein Weg der wissenschaftlichen Analyse unterschiedlicher Erzählweisen hinsichtlich deren intendierter Funktionalität.

Public History und Narratologie

Intendierte Funktionalität schlägt sich in Erzähltypen nieder. Mit Jörn Rüsen (2013) lassen sich auf einer ersten Ebene zwei Erzähltypen voneinander unterscheiden: erstens Erzählungen mit fachwissenschaftlichem Anspruch, die sich als solche durch ihre spezifische, von Erzählungen ohne fachwissenschaftlichen Anspruch unterscheidbare Rhetorik auszeichnen (Quelleninterpretation, Darstellung, Erörterung einer wissenschaftlichen Kontroverse). Rüsen spricht hier von narrativen historischen Erklärungen, was hier (→ TABELLE 24) als historische Argumentation präzisiert wird. Der zweite Erzähltypus umfasst all solche Erzählungen, die diesen strikten wissenschaftlichen Anspruch nicht erheben. Beide Kategorien können allerdings für breite Öffentlichkeiten relevant werden. Daher umfasst der Dachbegriff der Public Histories durchaus auch das fachhistorische Erzählen im Sinne historischer Argumentationen. Dennoch ist die von Rüsen durchgeführte Unterscheidung fachhistorischen Erzählens und nicht-fachhistorischen Erzählens „als Faktor kultureller Orientierung" (Rüsen 2013, S. 210) hilfreich zur Analyse von *public histories*. Er unterscheidet darin traditionales, exemplarisches, genetisches und kritisches Erzählen. Als Faktor kultureller Orientierung dient historisches Erzählen nach Rüsen als „Sinnbildung über Zeiterfahrung". Die normative Konnotation ist damit der kulturellen Orientierung durch „Geschichte" inhärent und führt zur Intentionalität und Kontextbezogenheit von public histories.

Erzähltypen

In Tabelle 24 werden die Erzähltypen nach Rüsen (2013) als Heuristik für die Untersuchung von Narrativen der vier sozialen Erzählräume (→ VGL. 14.1, S. 212) genutzt, die so je spezifisch auf ihre Intentionalität beim Rezipienten untersuchbar gemacht werden können. Dabei ist diese Tabelle ebenso heuristisch gedacht wie die oben eingeführte Unterscheidung von Public Histories nach vier sozialen Untersuchungsräumen.

Tabelle 24: Raster zur narratologischen Klassifikation von Erzähltypen (nach Rüsen 2013, S. 215)

Funktionalität nach Rüsen (2013)	Vier soziale Räume: Analyse-Einheiten des Public Historian	Art der kulturellen Orientierungsfunktion
Fachhistorische Argumentation	Universitäre Geschichtswissenschaft	Neue Erkenntnisse über raum-zeitliche Zusammenhänge durch empirische Forschung.
Traditionales Erzählen	Schulunterricht?	Kulturelles Gedächtnis (Assmann 1997)
	Kommerzielles Interesse	→ Kulturelles Identitätswissen
		→ Keine Unterscheidung zwischen den Zeiten
	Geschichtspolitisches Interesse	→ Nachahmung
Exemplarisches Erzählen	Schulunterricht	„Historia Magistra Vitae" (Cicero)
		→ Allgemeine Handlungsregeln
	Kommerzielles Interesse	→ Unterscheidung zwischen Gegenwart, Vergangenheit und Zukunft
	Geschichtspolitisches Interesse	→ Klugheit
Genetisches Erzählen	Schulunterricht	Historisches Erzählen im Sinne des Historismus
	Kommerzielles Interesse	→ Historische Entwicklungslinien der eigenen Gegenwart
	Geschichtspolitisches Interesse	→ Dauer und Wandel
		→ Bildung
Kritisches Erzählen → Reflektiertes Geschichts-bewusstsein → Aktive Rezipientenrolle	Schulunterricht	Historisches Erzählen als Abkehr von der Tradition des Historismus
	Kommerzielles Interesse	→ Identifikation des Konstruktcharakters historischer Erzählungen
	Geschichtspolitisches Interesse	→ Negation traditionaler, exemplarischer und genetischer Sinnbildung
		→ Eigensinn

Die Systematisierung nach Erzählformen, sozialen Untersuchungsräumen und kulturellen Orientierungsfunktionen dient heuristischen Zwecken, denn die Übergänge sind nicht immer trennscharf. Wenn beispielsweise Christopher Clark in seinem Buch „Die Schlafwandler" exemplarisch zeigt, welch fatale Dynamik eine ausbleibende, falsche oder folgenlose Zeitanalyse auf die Entwicklung von Kriegsgeschehen entstehen lässt, so ist damit ja durchaus eine Geschichte erzählt, die einen gewissen Touch von *Historia Magistra Vitae* enthält. Gleichwohl ist seine Monographie das Ergebnis eigener historischer Forschung und in der Rhetorik des sozialen Raumes der Geschichtswissenschaft verfasst. Die Systematik in der Unterscheidung der vier Erzählformen in der Typologie Jörn Rüsens führt zu Kategorien, in denen sich *public histories* untersuchen und auf Bestandteile der vier Erzähltypen prüfen lassen. Sie ist in Ergänzung zur narratologischen Analyse aus fachhistorischer und narratologischer Perspektive (→ SIEHE OBEN TABELLE 24) eine weitere Möglichkeit, die didaktische Intentionalität von *public histories* zu prüfen und für die Entwicklung von Bildungsräumen im öffentlichen Raum zu nutzen.

Erzähltypen von Public History

Aus diesen methodischen Ansätzen lässt sich nun ausgehend von den Grundüberzeugungen einer Kompetenzorientierung, die auf aktive Rezipientenschaft in Gestalt der historisch mündigen, d. h. kritisch erzählfähigen, argumentativen historischen Narrativität fokussiert, didaktisch agieren. Dabei steht der *public historian* vor denselben Professionalitätsanforderungen wie GeschichtslehrerInnen. Er muss wissenschaftlich begründete Bildungsräume für spezifische Publika gestalten, die den Kriterien der kognitiven Aktivierung und Verunsicherung, des Lebensweltbezuges, der Multiperspektivität und der Problemorientierung folgen. Das intendierte Bildungsergebnis ist die narrative historische Argumentationsfähigkeit des Rezipienten, aufgrund derer er sich exemplarisch als aktiver Teilnehmer an geschichtskulturellen Diskursen der Gegenwart hineingenommen erfährt. Damit sind die drei basalen lernpsychologischen Kriterien von Autonomie- und Kompetenzerfahrung sowie die fachlich angemessene Gestaltung von diskursiven Anlässen (soziale Eingebundenheit) zu berücksichtigen.

Public Historians und GeschichtslehrerInnen

14.3 Auftraggeber, Medien, Publika und Konkurrenten des Public Historian

In der Unterscheidung zwischen einer Didaktik der Geschichte für die Schule und einer solchen für den öffentlichen Raum außerhalb der Schule spielen Auftraggeber, Medien, Publika und nicht zuletzt die Konkurrenten des Public Historian eine zentrale Rolle. All diese Kontexte und ihre Auswirkungen auf Public History gehören darüber hinaus zum Professionswissen künftiger Geschichtslehrkräfte, einerseits als Gegenstand im Unterricht und andererseits in der Aufgabenstellung der Berufswahlberatung von SchülerInnen.

Public Historians erhalten Aufträge von öffentlicher oder privater Hand. Diese Aufträge sind von unterschiedlicher normativer Aufladung. Die Herausforderung für den Public Historian besteht darin, die Art und den Grad der normativen Aufladung zu erkennen und sich zu entscheiden, ob er die dahinter liegende Intentionalität mit seinem beruflichen Fach-Ethos als Repräsentant der Geschichtswissenschaft in Einklang bringen kann. Schnell wird der Verdacht der „Auftragsforschung" laut, der bereits für konventionelle Historiker gilt, die spezifische Aufträge des Staates beforschen. Die Auseinandersetzung über die Wissenschaftlichkeit und die Rolle des Staates bei der Entstehung der Studie „Das Amt" (Conze et al. 2010) oder der Wehrmachtsausstellung bieten hierfür plastische Anschauungsbeispiele.

Ethische Grundsätze der Public History

Die Multimedialität historischen Erzählens in der Öffentlichkeit stellt sicher eine der größeren interdisziplinären Herausforderungen für den Public Historian dar. Je nach Publikum hat der Einsatz spezifischer und multipler Medien Auswirkungen auf das Bildungsergebnis des Rezipienten. Hier bewegt man sich im Bereich der Medienwissenschaften, die ihrerseits kein klar definiertes disziplinäres Konzept ausgeprägt haben. An der Schnittstelle von Public History als Teildisziplin der Geschichtswissenschaft und den Medienwissenschaften liegen spezifische Forschungsfragen für künftige Qualifikationsarbeiten von Public Historians.

Multimedialität

Damit hängt auch die Frage nach den Publika zusammen, die im öffentlichen Raum noch weniger planbar sind als im Geschichtsunterricht. Der Zusammenhang der Fragestellung nach dem spezifischen Einsatz von Medien für ein intendiertes Rezipienten-Narrativ mit der Frage nach den Publika besteht in der kognitionspsychologischen Frage nach den Auswirkungen spezifischer Medien und deren didaktischer Kontextualisierung auf das Gehirn der Menschen. Hier setzt die Rezeptionsforschung an, die es beispielsweise für die Besucher von Spielfilmen im Kino und natürlich initiiert von den großen Fernsehsendern längst gibt. Weniger erforscht ist die Bildungswirkung fachlich orientierter Öffentlichkeitsarbeit etwa in Museen. Hier setzt daher das Tübinger Leibniz-Institut für Wissensmedien (IWM) mit seinen Forschungsprojekten an (Schwan 2001). Dabei wird im psychologischen Experiment beispielsweise untersucht, wie sich die Text/Artefakt-Passung etwa bei der Nutzung von Audioguides bei den Besuchern auswirkt. Derartige Forschung könnte künftig in interdisziplinären Forscherteams mit Public Historians, Geschichtsdidaktikern und Lernpsychologen initiiert werden.

Publika der Public History

Fragen und Anregungen

Aufgrund der Vielfalt der Analysekategorien empfiehlt sich die Arbeit in Teams.

Beispiel:

- Sammeln Sie im Kurs historische Erzählungen aus den vier verschiedenen sozialen Orte historischen Erzählens zu einem übergeordneten sozial relevanten Thema (zum Beispiel „Migration").
- Teilen Sie den Kurs in vier Großgruppen (Fachwissenschaft, Schulbuch, kommerzielle Intention, geschichtspolitische Intention).
- Innerhalb der Gruppen sollten die einzelnen Teilnehmer sich auf eine Epoche spezialisieren: Antike, Mittelalter, Frühe Neuzeit, Neuzeit.
- Beispiel: In der Gruppe „Schulbuch" recherchieren die Teilnehmer nach Schulbuchtexten mit Zusammenhang zum Thema „Migration" aus Antike, Mittelalter, Früher Neuzeit und Neuzeit.

Plenum:

- Spezifika der Narrative in Abhängigkeit der sozialen Einsatzorte, Gemeinsamkeiten und Überlappungen.
- Spezifika der Narrative in Abhängigkeit der epochenspezifischen Fallbeispiele.
- Erörterung beobachtbarer normativer Trends als Ausdruck gesellschaftlicher Konjunkturen von Geschichtsbewusstsein.
- Erörterung didaktischer Konsequenzen für die Planung öffentlicher Wahrnehmungsorte zur Förderung reflektierten Geschichtsbewusstseins als Public Historian.

Weitere Anregungen zur individuellen Bearbeitung:

- Probieren Sie an Fallbeispielen die Forschungsfragen (vgl. Tabelle 22, 14.1, S. 212) aus.
- Führen Sie an diesen Fallbeispielen eine historisch-narratologische Analyse durch.
- Gleichen Sie die Fallbeispiele mit den vier Erzähltypen nach Rüsen (2013) ab.

- Entwickeln Sie zu einem öffentlich relevanten Thema aus einem von Ihnen besuchten fachwissenschaftlichen Seminar einen Text für Audioguides unterschiedlicher Publika (Beispiele: Schulklasse Stufe 9 Gesamtschule, eine Gruppe akademisch gebildeter und nicht gebildeter Senioren, Fortbildung für Lehrkräfte der gymnasialen Oberstufe).

Lektüreempfehlungen

Während die erste Empfehlung Anwendungsbeispiele für das historisch-narratologische Analyseraster bietet, beziehen sich Demantowsky und Hasberg auf die Unterscheidung von Geschichtskultur und Erinnerungskultur. Gautschi unterstützt die Argumentation des Schulgeschichtsbuch als spezifisches Narrativ der Geschichtskultur.

- Nicola Brauch: „Alles authentisch, alles fiktiv!" – **Populärhistorische Vorprägung von Geschichtsbewusstsein und historisches Lernen an Beispielen der Artustradition,** in: Thomas Martin Buck / Nicola Brauch (Hgg.): Das Mittelalter zwischen Vorstellung und Wirklichkeit. Probleme, Perspektiven und Anstöße für die Unterrichtspraxis. Münster 2011, S. 311–323.

- Marko Demantowsky: **Geschichtskultur und Erinnerungskultur – zwei Konzeptionen des einen Gegenstandes.** Historischer Hintergrund und exemplarischer Vergleich, in: Geschichte, Politik und ihre Didaktik 33, 2005, S. 11–20.

- Peter Gautschi: **Geschichtslehrmittel als eigenwilliger Beitrag zur Geschichtskultur,** in: Vadim Oswalt / Hans-Jürgen Pandel (Hgg.), Geschichtskultur. Die Anwesenheit von Vergangenheit in der Gegenwart, Schwalbach/Ts. 2009, S. 34–46.

- Wolfgang Hasberg: **Erinnerungs- oder Geschichtskultur?** Überlegungen zu zwei (un-)vereinbaren Konzeptionen zum Umgang mit Gedächtnis und Geschichte, in: Olaf Hartung (Hg.), Museum und Geschichtskultur. Ästhetik – Politik – Wissenschaft. Bielefeld 2006, S. 32–59.

- Aktuelle Debatten siehe unter http://public-history-weekly.oldenbourg-verlag.de/.

15 Service-Teil

15.1 Lexika, Handbücher und Reihen

- Barricelli, Michele/Lücke, Martin (Hgg.): Handbuch Praxis des Geschichtsunterrichts, 2 Bde., Schwalbach/Ts. 2012.
- Bergmann, Klaus (Hg.): Handbuch der Geschichtsdidaktik, 5. überarb. Aufl., Seelze-Velber 1997.
- Geschichte und Public History (Reihe), *seit 2015, herausgegeben von Nicola Brauch.*
- Geschichtsdidaktik qualifiziert (Reihe), *seit 2014, hg. von Waltraud Schreiber.*
- Geschichtsdidaktik in Vergangenheit und Gegenwart (Reihe), *2005ff., hg. von Wolfgang Hasberg und Manfred Seidenfuß.*
- Geschichtsdidaktische Studien (Reihe), *seit 2015, hg. von Bettina Alavi, Markus Bernhardt, Charlotte Bühl-Gramer, Marko Demantowsky und Thomas Hellmuth.*
- Geschichtskultur und historisches Lernen (Reihe), *2007ff., hg. von Saskia Handro und Bernd Schönemann.*
- Geschichtsunterricht erforschen (Reihe), *2012ff., hg. von Johannes Meyer-Hamme, Peter Gautschi, Holger Thünemann, Meik Zülsdorf-Kersting und Monika Fenn.*
- Günther-Arndt, Hilke/Zülsdorf-Kersting, Meik (Hg.): Geschichts-Didaktik. Praxishandbuch für die Sekundarstufe I und II, Berlin 2003, 6. überarbeitete Auflage 2014.
- Günther-Arndt, Hilke/Handro, Saskia (Hg.): Geschichts-Methodik. Handbuch für die Sekundarstufe I und II, Berlin 2007, 5. Auflage 2015.
- Kleine Reihe Geschichte (Reihe), *seit 2014, hg. von Saskia Handro, Christoph Kühberger und Vadim Oswald.*
- Mayer, Ulrich et al. (Hg.): Handbuch Methoden im Geschichtsunterricht. Klaus Bergmann zum Gedächtnis, Schwalbach/Ts. 2004, 4. überarb. Aufl., 2013.
- Mayer, Ulrich et al. (Hg.): Wörterbuch Geschichtsdidaktik, Schwalbach/Ts. 2004, 3. Auflage 2014.

SERVICE-TEIL

- Pandel, Hans-Jürgen / Schneider, Gerhard (Hg.): Handbuch Medien im Geschichtsunterricht, Schwalbach / Ts. 2002, 6. erweiterte Aufl. 2011.
- Schriften zur Geschichtsdidaktik (Reihe), *1994ff., hg. von der Konferenz für Geschichtsdidaktik.*
- von Reeken, Dietmar et al. (Hg.): Handbuch Methoden im Sachunterricht, Baltmannsweiler 2003, 3. unv. Aufl. 2011.
- Zeitgeschichte-Zeitverständnis (Reihe), *seit 2006, hg. von Saskia Handro und Bernd Schönemann.*

15.2 Grundlagenliteratur

- Adamski, Peter: Historisches Lernen diagnostizieren. Lernvoraussetzungen – Lernprozesse – Lernleistungen, Schwalbach / Ts. 2014.
- Adamski, Peter: Gruppen- und Partnerarbeit im Geschichtsunterricht. Historisches Lernen kooperativ, Schwalbach / Ts. 2010.
- Barton, C. Keith / Levstik S. Linda: Teaching History for the Common Good, New York / London 2009.
- Bergmann, Klaus: Der Gegenwartsbezug im Geschichtsunterricht, Schwalbach / Ts. 2002, 3. Auflage 2012.
- Bergmann, Klaus: Multiperspektivität. Geschichte selber denken, Schwalbach / Ts. 2000, 2. Auflage 2012.
- Bergmann, Klaus / Rohrbach, Rita: Chance Geschichtsunterricht. Eine Praxisanleitung für den Notfall, für Anfänger und Fortgeschrittene, Schwalbach / Ts. 2005, 2. Auflage 2013.
- von Borries, Bodo: Historisch denken lernen – Welterschließung statt Epochenüberblick. Geschichte als Unterrichtsfach und Bildungsaufgabe, Opladen et al. 2008.
- Erdmann, Elisabeth / Hasberg, Wolfgang (Hg.): History Teacher Education, Schwalbach / Ts. 2015.
- Gautschi, Peter: Geschichte lehren. Lernwege und Lernsituationen für Jugendliche, Buchs 1999, 5. Auflage 2012.
- Gautschi, Peter: Guter Geschichtsunterricht. Grundlagen, Erkenntnisse, Hinweise, Schwalbach / Ts. 2009.

GRUNDLAGENLITERATUR

- Gies, Horst: Geschichtsunterricht. Ein Handbuch zur Unterrichtsplanung, Köln 2004.
- Gruner, Carola / Schreiber, Waltraud (Hg.): **Von den Olympischen Spielen bis zur Potsdamer Konferenz:** Standardthemen des Geschichtsunterrichts forschungsnah, Neuried 2006.
- Havekes, Harry: **Knowing and Doing History.** Learning historical thinking in the classroom, Radboud 2015.
- Körber, Andreas / Schreiber, Waltraud / Schöner, Alexander (Hg.): **Kompetenzen historischen Denkens.** Ein Strukturmodell als Beitrag zur Kompetenzorientierung in der Geschichtsdidaktik, Neuried 2007.
- Köster, Manuel / Thünemann, Holger / Zülsdorf-Kersting, Meik (Hg.): **Researching History Education,** Schwalbach / Ts. 2014.
- Kühberger, Christoph (Hg.): **Historisches Wissen. Geschichtsdidaktische Erkundung zu Art,** Tiefe und Umfang für das historische Lernen, Schwalbach / Ts. 2012.
- Kühberger, Christoph: **Leistungsfeststellung im Geschichtsunterricht.** Diagnose – Bewertung – Beuteilung. Schwalbach / Ts., 2014.
- Kunter, Mareike / Trautwein, Ulrich: **Die Psychologie des Unterrichts,** Paderborn 2013.
- Lévesque, Stéphane: **Thinking Historically.** Educating Students for the 21st Century, Toronto 2009.
- Levstik, Linda S. / Barton, Keith C.: **Doing History.** Investigating With Children in Elementary and Middle Schools, New York 2015.
- Lücke, Martin / Zündorf, Irmgard: **Einführung in die Public History,** Göttingen 2015.
- Nokes, Jeffrey D.: **Building Students Historical Literacies.** Learning to Read and Reason with Historical Texts and Evidence, New York 2013.
- Pandel, Hans-Jürgen: **Geschichtsdidaktik.** Eine Theorie für die Praxis, Schwalbach / Ts. 2012.
- Pandel, Hans-Jürgen: **Geschichtsunterricht nach PISA.** Kompetenzen, Bildungsstandards und Kerncurricula, Schwalbach/Ts. 2005.
- Peters, Jelko: **Geschichtsstunden planen,** Sankt Ingberg 2014.
- Renkl, Alexander: **Lehrbuch Pädagogische Psychologie,** Bern 2008.

- Rüsen, Jörn: Historik. Theorie der Geschichtswissenschaft, Köln et al. 2013.
- Rüsen, Jörn: Historisches Lernen, Schwalbach/Ts. 2008.
- Sauer, Michael: Geschichte unterrichten. Eine Einführung in die Didaktik und Methodik, Seelze-Velber 1999, 10. aktualisierte Auflage 2012.
- Schreiber, Waltraud / Gruner, Carola (Hg.): Raum und Zeit: Orientierung durch Geschichte, Neuried 2009.
- Seixas, Peter (Hg.): Theorizing Historical Consciousness, Toronto / Buffalo / London 2004.
- Seixas, Peter / Morton, Tom: The Big Six Historical Thinking Concepts, Toronto 2013.
- Stearns, Peter N. / Seixas, Peter / Wineburg, Sam (Hg.): Knowing, Teaching, and Learning History. National and International Perspectives, New York 2001.
- Tulodziecki, Gerhard / Herzig, Bardo / Blömeke, Sigrid: Gestaltung von Unterricht: Eine Einführung in die Didaktik, Bad Heilbrunn 2009.
- Van Sledright, Bruce A.: Assessing Historical Thinking and Understanding. Innovative Designs for New Standards, New York 2013.
- Wineburg, Sam: Historical Thinking and Other Unnatural Acts, Philadelphia 2001.

15.3 Zeitschriften

- geschichte für heute. zeitschrift für historisch-politische bildung, *2008ff.*, *hg. v. Verband der Geschichtslehrer Deutschland.*
- Geschichte in Wissenschaft und Unterricht, *1950ff.*, *hg. v. Michael Sauer, Christoph Cornelißen, Peter Burschel.*
- Geschichte lernen, *1988ff.*, *hg. v. Peter Adamski et al.*
- Historische Sozialkunde. Geschichte – Fachdidaktik – Politische Bildung, *1971ff.*, *hg. v. Verein für Geschichte und Sozialkunde.*
- International Journal of Historical Learning, Teaching and Research, *2000ff.*, *hg. v. The Historical Association.*

- International Review of History Education, *1973ff., hg v. Peter Lee, Rosalyn Ashby, Stuart J. Foster.*
- Praxis Geschichte, *2005 ff., hg. v. Ulrich Baumgärtner.*
- Teaching History Journal, *1969ff., hg. v. The Historical Association.*
- The History Teacher, *1967ff., hg. v. Society for History Education.*
- Yearbook – Jahrbuch – Annales, *2004ff., hg. v. Elisabeth Erdmann, Susanne Popp und Jutta Schumann.*
- Zeitschrift für die Didaktik der Gesellschaftswissenschaften, *2010ff., hg. v. Peter Gautschi, Tilman Rhode-Jüchtern, Wolfgang Sander und Birgit Weber.*
- Zeitschrift für Geschichtsdidaktik, *seit 2008 hg. v. amtierenden Vorstand der Konferenz für Geschichtsdidaktik.*

15.4 Web-Adressen

Australian Centre for Public History. http://www.uts.edu.au/research-and-teaching. *Umfassendes Portal für die Wahrnehmung des in Deutschland bislang unter dem Stichwort Geschichtskultur bekannten Forschungsfeldes an der Schnittstelle von Öffentlichkeit und Geschichtswissenschaft.*

Centre for Public History, Heritage and Engagement with the Past. https://www.royalholloway.ac.uk/cph/aboutus.aspx. *Studiengänge und Forschung an der Royal Holloway University of London.*

Center for Public History. http://www.uh.edu/class/ctr-public-history/. *Studiengänge und Forschung zu Public History an der University of Houston.*

Center for Public History. http://www.westga.edu/cph/. *Studiengänge und Forschung zu Public History an der University of West Giorgia.*

Deutscher Bildungsserver. www.bildungsserver.de. *Fachübergreifendes Portal, für die Geschichtsdidaktik wichtiger Link für Informationen aus den empirisch forschenden Bildungswissenschaften und zur Schulpolitik. Zum Beispiel sind unter http://www.bildungsserver.de/db/fachlist.html?fach=2513 Onlineressourcen für den Geschichtsunterricht mit entsprechenden Links zu finden.*

Deutsches Institut für internationale pädagogische Forschung (dipf). *Hier finden Sie viele Links zur internationalen empirischen Bildungsforschung und zu den PISA-Veröffentlichungen, und unter* http://www.fachportal-paedagogik.de/guide-bildungsforschung/themen.html?seite=9322 *auch Links zu Fachgesellschaften und Fachbereichen der Geschichtsdidaktik, Zeitschriften der Geschichtsdidaktik sowie Datenbanken und Portale der Geschichtsdidaktik.*

Public History Weekly, hg. v. Marko Demantowsky. http://public-history-weekly.oldenbourg-verlag.de/ *Mischform zwischen Internetblog und Zeitschrift, in der wöchentlich Beiträge zu Public History relevanten Themen veröffentlicht werden.*

Historicum.net, Geschichtswissenschaften im Internet. *Zentrales Portal mit Überblick über weiterführende Links etwa zu digitalisierten Quellen und zur Unterstützung von Literaturrecherche. Außerdem findet sich unter* http://www.historicum.net/kgd/ *auch die Homepage der Konferenz für Geschichtsdidaktik mit ausführlicher geschichtsdidaktischer Bibliographie, Datenbanken sowie Hinweisen zu Tagungen und Publikationen.*

H/SOZ/KULT. Kommunikation und Fachinformation für die Geschichtswissenschaften, http://www.hsozkult.de/. *Zentrales Portal für die tägliche Information über Neuerscheinungen und Trends der Geschichtswissenschaft. Für LehrerInnen hervorragendes Portal, zur Wahrnehmung fachwissenschaftlicher und fachdidaktischer Trends, was durch Abonnieren der hervorragenden Newsletter und die unterschiedlichen Berichtsportale sehr erleichtert wird.*

15.5 Schwerpunkt Historisches Argumentieren

- Monte-Sano, Chauncey: Disciplinary Literacy in History: An Exploration of the Historical Nature of Adolescents' Writing, in: Journal of the Learning Sciences 19, 2010, Heft 4, S. 539–568.

- Monte-Sano, Chauncey / De La Paz, Susan / Felton, Mark: Reading, Thinking, and Writing about History. Teaching Argument Writing to Diverse Learners in the Common Core Classroom, Grades 6–12, New York 2014.

- Monte-Sano, Chauncey / Miles, Denise: Toward Disciplinary Reading and Writing in History, in: Peter Smagorinsky (Hg.):

Teaching Dilemmas and Solutions in Context-Area Literacy, Grades 6–12, Corwin 2014.

- Mierwald, Marcel / Brauch, Nicola: „Ich denke, dass Anne Franks Tagebücher eigentlich eine sehr gute Quelle sind, da..." – Zur Konzeptionalisierung und Förderung des historischen Argumentierens im Fach Geschichte, in: Alexandra Budke et al. (Hg.): Fachlich argumentieren lernen, Münster 2015 (im Druck).

- Mierwald, Marcel / Brauch, Nicola: **Historisches Argumentieren als Ausdruck historischen Denkens. Theoretische Fundierung und empirische Annäherungen,** in: Zeitschrift für Geschichtsdidaktik 14, 2015 (im Druck).

- Van Drie, Jannet / Van Boxtel, Carla: **Historical reasoning: Towards a Framework for Analyzing Students' Reasoning about the Past,** in: Educational Psychology Review 20, 2008, S. 87–110.

- Van Drie, Jannet / Van Boxtel, Carla / Braaksma, Martine: **Writing to Engage Students in Historical Reasoning,** in: Perry D. Klein, et al. (Hg.): Writing as a Learning Activity. Leiden 2014, S. 94–119.

16 Anhang

16.1 Zitierte Literatur

ABULAFIA 2014   David Abulafia: Das Mittelmeer. Eine Biographie, Frankfurt am Main 2014.

ALAVI 1998   Bettina Alavi: Geschichtsunterricht in der multiethnischen Gesellschaft. Eine fachdidaktische Studie zur Modifikation des Geschichtsunterrichts aufgrund migrationsbedingter Veränderungen, Frankfurt/M. 1998.

ALAVI 2009   Bettina Alavi: Interkulturelles Lernen, in: Ulrich Mayer et al. (Hgg.): Wörterbuch Geschichtsdidaktik. Schwalbach/Ts. 2009, S. 94–95.

ANNE FRANK TAGEBUCH 2012   Anne Frank: Tagebuch, Frankfurt am Main 1950, 19. Auflage 2012.

ASSMANN 1997   Jan Assmann: Das kuturelle Gedächtnis. Schrift, Erinnerung und politische Identität in frühen Hochkulturen, München 1992, 2. Aufl. 1997.

AUERNHEIMER 2011   Georg Auernheimer: „Die Welt gehört allen!" Tagebuchnotizen 1981 bis 2008 – Vermischtes zum Thema Interkulturalität, in: Andreas Eichhorn/Reinhold Schneider (Hgg.): Musik – Pädagogik – Dialoge. Festschrift für Thomas Ott. München 2011, S. 11–27.

BERGER/LUCKMANN 1966   Peter L. Berger/Thomas Luckmann: The Social Construction of Reality, Garden City 1966.

BERGMANN 2013   Klaus Bergmann: Gegenwarts- und Zukunftsbezug, in: Ulrich Mayer/Hans-Jürgen Pandel/Gerhard Schneider (Hg.): Handbuch Methoden im Geschichtsunterricht. Klaus Bergmann zum Gedächtnis, Schwalbach/Ts. 2004, 4. Aufl. 2013, S. 91–112.

BERNHEIM 1926   Ernst Bernheim: Einleitung in die Geschichtswissenschaft, Berlin/Leipzig 1926, Leipzig/Berlin 1905, 3. Aufl. 1926.

BERTRAM 2014   Christian Bertram: Von der Vergangenheit erzählen oder historisches Denken lernen? Zeitzeugenbefragungen im Geschichtsunterricht, in: Historische Sozialkunde. Geschichte, Fachdidaktik, Politische Bildung 4, 2014, S. 38–43.

BLUMSCHEIN 2014   Patrick Blumschein (Hg.): Lernaufgaben – Didaktische Forschungsperspektiven, Bad Heilbrunn 2014.

BONNET/BREIDBACH/HALLET 2003   Andreas Bonnet/Stephan Breidbach/Wolfgang Hallet: Fremdsprachlich handeln im Sachfach: Bilinguale Lernkontexte, in: Gerhard Bach/Johannes-Peter Timm: Englischunterricht. Grundlagen und Methoden einer handlungsorientierten Unterrichtspraxis. Tübingen 2003, S. 172–196.

BORUTTA/LEMMES 2013   Manuel Borutta/Fabian Lemmes: Die Wiederkehr des Mittelmeerraumes: Stand und Perspektiven der neuhistorischen Mediterranistik, in: neue politische literatur 58, 2013, Heft 3, S. 389–419.

BRAUCH 2011   Nicola Brauch: „Alles authentisch, alles fiktiv!" – Populärhistorische Vorprägung von Geschichtsbewusstsein und historisches Lernen an Beispielen der Artustradition, in: Thomas Martin Buck/Nicola Brauch (Hgg.): Das Mittelalter zwischen Vorstellung und Wirklichkeit. Probleme, Perspektiven und Anstöße für die Unterrichtspraxis. Münster 2011, S. 311–323.

ANHANG

BRAUCH 2014 Nicola Brauch: Lernaufgaben im kompetenzorientierten Geschichtsunterricht, in: Patrick Blumschein (Hg.): Lernaufgaben – Didaktische Forschungsperspektiven. Klinkhardt 2014, S. 217–231.

BRAUCH 2015 Nicola Brauch: Das ANNE FRANK TAGEBUCH als Quelle historischen Lernens, Stuttgart 2015 (im Druck).

BRAUCH ET AL. 2014 Nicola Brauch et al.: Studien zur Modellierung und Erfassung geschichtsdidaktischen Wissens künftiger Gymnasial-Lehrkräfte, in: Zeitschrift für Geschichtsdidaktik 13, 2014, S. 50–64.

BRAUCH ET AL. 2015 Nicola Brauch et al. (2015): Das Lernergebnis im Visier – Theoretische Fundierung eines fachdidaktischen Kompetenzstrukturmodells „Kompetenz zur Entwicklung und Bewertung von Aufgaben im Fach Geschichte". In: Barbara Koch-Priewe et al. (Hgg.), Kompetenzen von Lehramtsstudierenden und angehenden ErzieherInnen, Bad Heilbrunn: Klinkhardt, 81–104.

BRAUCH/BIHRER 2011 Nicola Brauch/Andreas Bihrer: Die „Wikinger" als Lernanlass in der Geschichtslehrerbildung, in: Zeitschrift für Geschichtsdidaktik 10, 2011, S. 117–130.

BRAUCH/BIHRER/SEIFERT 2015 Nicola Brauch/Andreas Bihrer/Andreas Seifert: Indikatoren-Entwicklung zur Messung von Fragestellungskompetenz künftiger Geschichtskräfte, Vortrag gehalten im Rahmen der Konferenz der Gesellschaft für Empirische Bildungsforschung (GEBF) in Bochum am 12. März 2015.

BRUNNER/CONZE/KOSELLEK 2004 Otto Brunner/Werner Conze/Reinhart Koselleck (Hgg.): Geschichtliche Grundbegriffe. Historisches Lexikon zur politisch-sozialen Sprache in Deutschland, Stuttgart 2004.

CLARK 2014 Christopher Clark: Die Schlafwandler. Wie Europa in den Ersten Weltkrief zog, München 2013.

CONZE ET AL. 2010 Eckart Conze et al.: Das Amt und die Vergangenheit. Deutsche Diplomaten im Dritten Reich in der Bundesrepublik, München 2010.

DAS WAREN ZEITEN 2 2009 Dieter Brückner (Hg.): Das waren Zeiten 2, Gymnasium Nordrhein-Westfalen, Bamberg 2009.

DEMANDT 1986 Alexander Demandt: Ungeschehene Geschichte. Ein Traktat über die Frage: Was wäre wenn?, Göttingen 1986.

DEMANTOWSKY 2005 Marko Demantowsky: Geschichtskultur und Erinnerungskultur – zwei Konzeptionen des einen Gegenstandes. Historischer Hintergrund und exemplarischer Vergleich, in: Geschichte, Politik und ihre Didaktik 33, 2005, S. 11–20.

DROYSEN 1977 Johann Gustav Droysen: Historik. Rekonstruktion der ersten vollständigen Fassung der Vorlesungen (1857). Grundriß der Historik in der ersten handschriftlichen (1857/58) und in der letzten gedruckten Fassung (1882). Textausgabe v. Peter Leyh, Stuttgart-Bad Cannstatt 1977.

EPA 1989/2005 Einheitliche Prüfungsanforderungen in der Abiturprüfung (EPA), Geschichte, Beschluss der Kultusministerkonferenz vom 01.12.1989 i.d.F. vom 10.02.2005.

FRANK/PRESSLER 1997 Otto H. Frank/Mirjam Pressler (Hgg.): Anne Frank. The Diary of a Young Girl, New York 1997

FREDERKING ET AL. 2013 Volker Frederking et al.: Literarästhetische Kommunikation im Deutschunterricht, in: Michael Becker-Mrotzek et al. (Hgg.): Sprache im Fach. Sprachlichkeit und fachliches Lernen. Münster 2013, S. 131–147.

ZITIERTE LITERATUR

GALDA 2012   Maria Galda: Geschichtsbewusstsein, historisches Wissen und Interesse. Darstellung von Zusammenhängen und Repräsentationen in semantischen Netzwerken, Frankfurt am Main 2012.

GEMOLL 2000   Wilhelm Gemoll: Griechisch-Deutsches Schul- und Handwörterbuch, München 2000.

GEORGI 2003   Viola B. Georgi: Entliehene Erinnerung Geschichtsbilder junger Migranten in Deutschland, Hamburg 2003.

GEORGI / OHLIGER 2009   Viola B.Georgi/Rainer Ohliger (Hgg.): Crossover-Geschichte. Historisches Bewusstsein Jugendlicher in der Einwanderungsgesellschaft, Hamburg 2009.

GLOGGER ET AL. 2012   Inga Glogger et al.: Learning Strategies Assessed by Journal Writing. Prediction of Learning Outcomes by Quantity, Quality, and Combinations of Learning Strategies, in: Journal of Educational Psychology 104, 2012, S. 452–468.

GOETHE 1819   Rendsch Nameh: Gedichte. West-östlicher Diwan. Buch des Unmuts [Und wer franzet oder britet], entst. 1814-1819, Erstdruck Cotta, Stuttgart und Tübingen 1819.

GOLDBERG / SCHWARZ / PORAT 2011   Tsafir Goldberg/Baruch B. Schwarz/Dan Porat: "Could They do It Differently?" Narrative and Argumentative Changes in Students' Writing Following Discussion of "Hot" Historical Issues, in: Cognition and Instruction 29, 2011, Heft 2, S. 185–217.

GRIFFIOEN / ZELLER 2006   Pim Griffioen/Ron Zeller: Anti-Jewish Policy and Organization of the Deportations in France and the Netherlands, 1940–1944. A Comparative Study', in: Holocaust and Genocide Studies 20, 2006, Heft 3, S. 437–473.

HALBWACHS 1985   Maurice Halbwachs: Das Gedächtnis und seine sozialen Bedingungen, Frankfurt a. M. 1985.

HAPPE 2012   Katja Happe/Michael Mayer/Maja Peers (Bearb.): Die Verfolgung und Ermordung der europäischen Juden durch das nationalsozialistische Deutschland 1933–1945. Band 5: West- und Nordeuropa 1940–Juni 1942, München 2012.

HAPPE 2015   Katja Happe/Barbara Lambauer/Clemens Maier-Wolthausen (Bearb.): Die Verfolgung und Ermordung der europäischen Juden durch das nationalsozialistische Deutschland (1933–1945). Band 12: West- und Nordeuropa Juni 1942–1945, Berlin/Boston 2015.

HASBERG 2004   Wolfgang Hasberg: Bilingualer Geschichtsunterricht und historisches Lernen. Möglichkeiten und Grenzen, in: Internationale Schulbuchforschung 26, 2004, Heft 2, S. 119–139.

HASBERG 2009   Wolfgang Hasberg: Sprache(n) und Geschichte. Grundlegende Annotationen zum historischen Lernen in bilingualer Form, in: Zeitschrift für Geschichtsdidaktik 8, 2009, S. 52–72.

HATTIE 2009   John Hattie: Visible Learning, London/New York 2009.

HAVEKES 2012   Harry Havekes et al.: Knowing and Doing History: A Conceptual Framework and Pedagogy for Teaching Historical Contextualisation, in: International Journal of Historical Learning, Teaching and Research 11, 2012, S. 72–93.

HENKE-BOCKSCHATZ 2004   Gerhard Henke-Bockschatz,: Der „Holocaust" als Thema im Geschichtsunterricht. Kritische Anmerkungen, in: Wolfgang Meseth et al. (Hgg.): Schule und Nationalsozialismus. Anspruch und Grenzen des Geschichtsunterrichts. Frankfurt am Main 2004, S. 298–322.

HENKE-BOCKSCHATZ 2014   Gerhard Henke-Bockschatz: Der Erste Weltkrieg. Eine kurze Geschichte, Stuttgart 2014.

HÖLSCHER 1999   Lucian Hölscher: Die Entdeckung der Zukunft, Frankfurt am Main 1999.

ANHANG

HORDEN/PURCELL 2002 Peregrine Horden/Nicholas Purcell: The Corrupting Sea. A Study of Mediterranean History, Oxford 2002. http://digi20.digitale-sammlungen.de/de/fs1/object/display/bsb00048272_00001.html?zoom=1.00&context=demandt&ngram=true&hl=scan&spell=true&fulltext=demandt&mode=simple.

JANNIDIS 2004 Fotis Jannidis: Figur und Person. Beitrag zu einer historischen Narratologie, Berlin 2004.

JEISMANN 1977 Karl-Ernst Jeismann: Didaktik der Geschichte. Die Wissenschaft von Zustand, Funktion und Veränderung geschichtlicher Vorstellungen im Selbstverständnis der Gegenwart, in: Erich Kosthorst (Hg.): Geschichtswissenschaft. Didaktik – Forschung – Theorie. Göttingen 1977, S. 9–33.

KERNLEHRPLAN 2007 Ministerium für Schule und Weiterbildung des Landes Nordrhein-Westfalen (Hg.): Kernlehrplan für das Gymnasium – Sekundarstufe I (G8) in Nordrhein-Westfalen. Geschichte, Frechen 2007.

KIRN 1968 Paul Kirn: Einführung in die Geschichtswissenschaft, Berlin 1947, 5. Auflage 1968.

KLAFKI 1963 Wolfgang Klafki: Studien zur Bildungstheorie und Didaktik, Weinheim 1963.

KLEMPERER 1947 Victor Klemperer: LTI. Notizbuch eines Philologen, Berlin 1947.

KLIEME ET AL. 2010 Eckhard Klieme et al. (Hg.): PISA 2009. Bilanz nach einem Jahrzehnt, Münster 2010.

KLIEME/HARTIG 2008 Eckhard Klieme/Johannes Hartig: Kompetenzkonzepte in den Sozialwissenschaften und im erziehungswissenschaftlichen Diskurs, in: Manfred Prenzel et al. (Hgg.): Kompetenzdiagnostik. Wiesbaden 2008, S. 11–29.

KLIPPERT 2001 Heinz Klippert: Eigenverantwortliches Arbeiten und Lernen, Weinheim et al. 2001.

KÖLBL 2009 Carlos Kölbl: Mit und ohne Migrationshintergrund. Zum Geschichtsbewusstsein Jugendlicher in der Einwanderungsgesellschaft, in: Viola B. Georgi/Rainer Ohliger (Hgg.): Crossover Geschichte. Historisches Bewusstsein Jugendlicher in der Einwanderungsgesellschaft. Hamburg 2009, S. 61–74.

KÖRBER 2001 Alexander Körber: „Hätte ich mitgemacht?" Nachdenken über historisches Verstehen und (Ver-)Urteilen im Unterricht, in: Geschichte in Wissenschaft und Unterricht 51, 2011, S. 430–448.

KÖRBER/SCHREIBER/SCHÖNER 2007 Andreas Körber/Waltraud Schreiber/Alexander Schöner (Hgg.): Historisches Denken. Ein Kompetenz-Strukturmodell, Neuried 2007.

KOSELLECK 1971 Reinhart Koselleck: Wozu noch Historie?, in: Historische Zeitschrift 212, 1971, Heft 1, S. 1–18.

KOSELLECK 1979 Reinhart Koselleck: Vergangene Zukunft. Zur Semantik geschichtlicher Zeiten, Frankfurt 1979.

KOSELLECK 2010 Reinhart Koselleck: Wozu noch Historie?, in: Carsten Dutt (Hg.): Vom Sinn und Unsinn der Geschichte. Aufsätze und Vorträge aus vier Jahrzehnten. Berlin 2010, S. 32–51.

KULTUSMINISTERKONFERENZ 2004/2014 Standards für die Lehrerbildung: Bildungswissenschaften. Berlin: Sekretariat der Kultusministerkonferenz.

LAASS ET AL. 2013 Henner Laass et al.: Interkultureller Humanismus, Schwalbach/Ts. 2013.

LEE 2004 Peter Lee: Understanding History and Understanding the Past, in: Peter Seixas (Hg.): Theorizing Historical Consciousness. Toronto et al. 2004, 2. Aufl. 2006, S. 129–155.

LEGARDEZ/SIMONEAUX 2006   Alain Legardez/Laurence Simoneaux: L'école à l'épreuve de l'actualité, enseigner les questions vives, Issy-les-Moulineaux 2006.

LEO 2014   Per Leo: Flut und Boden. Roman einer Familie, Stuttgart 2014.

LEO 2015   Per Leo: Auschwitz ist für mich ___, in: Frankfurter Allgemeine, Nr. 32 vom 7. 2. 2015, S. 20–23.

LINGELBACH/RUDOLPH 2005   Gabriele Lingelbach/Harriet Rudolf: Geschichte studieren. Eine praxisorientierte Einführung für Historiker von der Immatrikulation bis zum Berufseinstieg, Wiesbaden 2005.

LINN 2000   Marcia C. Linn: Designing the Knowledge Integration Environment, in: International Journal of Science Education 22, 2000, Heft 8, S.781–796.

MACGILCHRIST/CHRISTOPHE 2011   Felicitas Macgilchrist/Barbara Christophe: Translating Globalization Theories into Educational Research. Thoughts on Recent Shifts in Holocaust Education, in: Discourse: Studies in the Cultural Politics of Education 32, 2011, Heft 1, S. 145–158.

MÄGDEFRAU/MICHLER 2012   Jutta Mägdefrau/Andreas Michler: Individuelle Lernaufgaben im Geschichtsunterricht. Eine empirische Untersuchung zur Rolle von Schulbuchaufgaben und Eigenkonstruktion der Lehrkräfte, in: Zeitschrift für Geschichtsdidaktik 11, 2012, S. 209–232.

MAHNE 2007   Nicole Mahne: Transmediale Erzähltheorie. Eine Einführung, Göttingen 2007.

MEYER-HAMME 2009   Johannes Meyer-Hamme: „Dieses Kostüm deutsche Geschichte", in: Viola B. Georgi/Rainer Ohliger: Crossover Geschichte. Historisches Bewusstsein Jugendlicher in der Einwanderungsgesellschaft. Hamburg 2009, S. 75–89.

MIERWALD/BRAUCH 2015   Marcel Mierwald/Nicola Brauch: Historisches Argumentieren als Ausdruck historischen Denkens. Theoretische Fundierung und empirische Annäherungen, in: Zeitschrift für Geschichtsdidaktik 2015.

MONTE-SANO/COCHRAN 2013   Chauncey Monte-Sano/Christopher Budano: Developing and Enacting Pedagogical Content Knowledge for Teaching History. An Exploration of Two Novice Teachers' Growth Over Three Years, in: Journal of the Learning Sciences 22, 2013, Heft 2, S. 171–211.

NAUMANN ET AL. 2010   Johannes Naumann et al.: Lesekompetenz von PISA 2000 bis PISA 2009, in: Eckhard Klieme et al. (Hgg.): PISA 2009. Bilanz nach einem Jahrzehnt. Münster 2010, S. 23–71.

NEBER 1999   Heinz Neber: Aktives Lernen durch epistemisches Fragen: Generieren versus Kontrollieren im Kontext des Geschichtsunterrichts, in: Zeitschrift für Pädagogische Psychologie 13, 1999, Heft 4, S. 212–222.

NOHL 2010   Arnd-Michael Nohl: Konzepte interkultureller Pädagogik. Eine systematische Einführung, Bad Heilbrunn 2010.

ROUET 2006   Jean-François Rouet: The Skills of the Document Use. From Text Comprehension to Web-Based learning, Mahwah 2006.

RÜSEN 2011   Jörn Rüsen: Forming Historical Consciousness – Towards a Humanistic History Didactics, in: Kenneth Nordgren/Per Eliasson/Carina Rönnqvist (Hgg.): The Processes of History Teaching. Karlstad 2011, S. 13–34.

RÜSEN 2013   Jörn Rüsen: Historik. Theorie der Geschichtswissenschaft, Köln u. a. 2013.

SCHÖNEMANN/THÜNEMANN/ZÜLSDORF-KERSTING 2010   Bernd Schönemann/Holger Thünemann/Meik Zülsdorf-Kersting: Was können Abiturienten? Zugleich ein Beitrag zur Debatte über Kompetenzen und Standards im Fach Geschichte, Berlin 2010.

ANHANG

SCHREIBER 2007   Waltraud Schreiber: Kompetenzbereich historische Orientierungskompetenzen, in: Körber, Andreas/Schreiber, Waltraud/Schöner, Alexander (Hgg.): Historisches Denken. Ein Kompetenz-Strukturmodell, Neuried 2007, S. 236–264.

SCHREIBER 2008   Waltraud Schreiber: Ein Kompetenz-Strukturmodell historischen Denkens, in: Zeitschrift für Pädagogik 54, 2008, Heft 2, S. 198–212.

SCHWAN 2001   Stefan Schwan: Filmverstehen und Alltagserfahrung, Wiesbaden 2001.

SÉNÉCHEAU 2010   Miriam Sénéchau: Sprechen auch Bilder verschiedene Sprachen? Illustrationen in Schulbuchkapiteln zu Kelten, Römern und Germanen im deutsch-französischen Vergleich, in: Carsten Heinze/Eva Matthes (Hg.): Das Bild im Schulbuch. Bad Heilbrunn 2010, S. 125–142.

SLIWKA 2008   Anne Sliwka: Bürgerbildung. Demokratie beginnt in der Schule, Weinheim 2008.

SÜẞMANN 2002   Johannes Süßmann: Erzählung, in: Stefan Jordan (Hg.): Lexikon Geschichtswissenschaft. Hundert Grundbegriffe. Stuttgart 2002, S. 85–88.

TENORTH 2008   Heinz-Elmar Tenorth: Bildungsstandards außerhalb der „Kernfächer", in: Herausforderungen für den Unterricht und die fachdidaktische Forschung. Zur Einleitung in den Themenmteil, in: Zeitschrift für Pädagogik 54, 2008, Heft 2, S. 159–162.

TERHART 2008   Ewald Terhart: Allgemeine Didaktik: Traditionen, Neuanfänge, Herausforderungen, in: Zeitschrift für Erziehungswissenschaft 10, 2008, Heft 9, S. 13–34.

TRAUTWEIN ET AL.   Ulrich Trautwein et al.: Kompetenzen historischen Denkens erfassen – Konzeption, Operationalisierung und erste Befunde des Projekts „Historical Thinking – Competencies in History (HITCH)". Stuttgart, im Druck.

TULODZIECKI/HERZIG/BLÖMEKE 2009   Gerhard Tulodziecki/Bardo Herzig/Sigrid Blömeke: Gestaltung von Unterricht. Eine Einführung in die Didaktik. Stuttgart 2004, 2. durchges. Aufl. 2009.

VAN DRIE/VAN BOXTEL/BRAAKSMA 2014   Jannet Van Drie/Carla van Boxtel/Martine Braaksma: Writing to Engage Students in Historical Reasoning, in: Perry D. Klein et al. (Hg.): Writing as a Learning Activity. Leiden 2014, S. 94–119.

VAN DRIE/VAN BOXTEL 2008   Jannet Van Drie/Carla Van Boxtel: Historical Reasoning: Towards a Framework for Analyzing Students' Reasoning about the Past, in: Educational Psychology Review 20, 2008, S. 87–110.

VEJ 2008FF.   Bundesarchiv/Institut für Zeitgeschichte/Lehrstuhl für Neuere und Neueste Geschichte der Universität Freiburg (Hg.): Die Verfolgung und Ermordung der europäischen Juden durch das nationalsozialistische Deutschland 1933–1945, 16 Bde., München 2008ff.

VON BORRIES 2008   Bodo von Borries: Historisch Denken Lernen – Welterschließung statt Epochenüberblick. Geschichte als Unterrichtsfach und Bildungsaufgabe, Opladen/Farmington Hills 2008.

VON REEKEN 2003   Dietmar von Reeken: Interkulturelles Lernen im Geschichtsunterricht, in: Hilke Günther-Arndt (Hg.): Geschichts-Didaktik. Berlin 2003, S. 233–241.

WEINERT 2001   Franz E. Weinert: Vergleichende Leistungsmessung in Schulen – eine umstrittene Selbstverständlichkeit, in: Ders. (Hg.): Leistungsmessungen in Schulen. Weinheim 2001, S. 17–31.

WELZER 2005   Harald Welzer: Das kommunikative Gedächtnis. Eine Theorie der Erinnerung, München 2005.

ZÜLSDORF-KERSTING 2007   Meik Zülsdorf-Kersting: Sechzig Jahre danach. Jugendliche und Holocaust. Eine Studie zur geschichtskulturellen Sozialisation, Berlin 2007.

ZÜLSDORF-KERSTING 2009   Meik Zülsdorf-Kersting: „Weil das ebend die Befehle sind". Empirische Befunde zur Erklärung des Täterhandelns im Holocaust, in: Medaon. Magazin für jüdisches Leben in Forschung und Bildung 5, 2009.

ZÜLSDORF-KERSTING 2011   Meik Zülsdorf-Kersting: Angekommen. Die friedliche Revolution in der BILD-Zeitung, in: Saskia Handro/Thomas Schaarschmidt (Hg.): Aufarbeitung der Aufarbeitung. Die DDR im geschichtskulturellen Diskurs. Schwalbach/Ts. 2011, S. 155–171.

ANHANG

16.2 Abbildungsverzeichnis

Abbildung 1:   Bud Blake: Whistler (1996). Bulls Pressedienst
Abbildung 2:   PISA: Eine Studie zum Haare raufen. picture alliance / Roland Mühlanger / picturedesk.com
Abbildung 3:   Schema zur Planung von Binnendifferenzierung im Geschichtsunterricht (Nicola Brauch)
Abbildung 4:   Geschichtsstudentinnen in der Schulbuchsammlung des Historischen Instituts der Ruhr-Universität Bochum. Deborah Hantke
Abbildung 5:   Ruinen aus griechisch-römischer Zeit auf der Krim
Abbildung 6:   Angela Merkel gibt Geschichtsunterricht über die DDR. picture alliance / dpa
Abbildung 7:   Robert The, Bookgun „The Medium is the Massage" (2006)
Abbildung 8:   Geschichtsstudentinnen in der Schulbuchsammlung des Historischen Instituts der Ruhr-Universität Bochum. Deborah Hantke
Abbildung 9:   Argumentationslinie zur wissenschaftlichen Begründung einer Idee für eine Unterrichtsreihe „Frühe Hochkulturen". Nicola Brauch
Abbildung 10:   Zusammenhang von Lernaufgaben erster und zweiter Ordnung. Nicola Brauch
Abbildung 11:   Basismodell der Unterrichtsbeobachtung, Baden-Württemberg
Abbildung 12:   Fachunspezifisches Modell professioneller Lehrerkompetenzen. Andreas Körber, Nicola Brauch, Monika Waldis, Jörgen Wolf; Grafik: Nadine Pütter
Abbildung 13:   Wer hat die besten Kriterien für die Bewertung von Schülerleistungen? (Collage) Nicola Brauch
Abbildung 14:   Verhältnis der Niveaustufen in der Bildungsforschung zum schulischen Notensystem. Nicola Brauch
Abbildung 15:   Diagnose- und Förderformate während einer Unterrichtseinheit (UE). Nicola Brauch
Abbildung 16:   Lerntagebuchschreiben als Diagnose- und Fördermittel aktiven Lernens in Geschichte. Nicola Brauch
Abbildung 17:   Deutsche Verwaltung der Niederlande während des ersten Jahres der Deportationen (1942–1943, nach Bob Moore 1998)
Abbildung 18:   Schülerlabor Geistes- und Naturwissenschaften. Katja Happe
Abbildung 19:   Public History Weekly. Verlag Walter De Gruyter 2015

16.3 Tabellenverzeichnis

Tabelle 1: Vergleich der Modellierung von Lesekompetenz und der Modellierung der Kompetenz historischen Denkens (Nicola Brauch)
Tabelle 2: Reading Literacy Stufe VI und Adaption für historical literacy (Nicola Brauch)
Tabelle 3: Rubrics zur Bewertung von Schülerleistungen in historisch argumentativen Essays (Monte-Sano et al. 2012)
Tabelle 4: Zusammenhang Lerngelegenheit „Theorien und Methoden" mit der Kompetenzorientierung in der Schule (Nicola Brauch)
Tabelle 5: Komprimierte Darstellung der KMK-Richtlinien „Kompetenzprofil" (8.1) künftiger Geschichtslehrkräfte (Gymnasium) (Nicola Brauch)
Tabelle 6: Auf dem Weg zur Lernaufgabe – Einübung geschichtsdidaktischen Argumentierens (Nicola Brauch)
Tabelle 7: Entscheidungsfelder geschichtsdidaktischer Planung (Nicola Brauch)
Tabelle 8: Strukturierung einer Unterrichtsplanung mit intendiertem Lernergebnis (Nicola Brauch)
Tabelle 9: Outcome-Orientierter Unterrichtsentwurf für eine Lernaufgabe von 45 Minuten (Nicola Brauch)
Tabelle 10: Kompetenzorientierte Planung von Sozialformen (Nicola Brauch)
Tabelle 11: Beobachtungsplanung Lehrerhandeln Fachwissen (Nicola Brauch)
Tabelle 12: Beobachtungsplan epistemologische Überzeugungen im Lehrerhandeln (Nicola Brauch)
Tabelle 13: Systematische Ebenen von Lehrplanbezügen am Beispiel des Kernlehrplan NRW GYM Sek I (2007) (Nicola Brauch)
Tabelle 14: Planung von Unterrichtsbeobachtung: Schülerhandeln (Nicola Brauch)
Tabelle 15: Niveau-Stufen der epistemologischen Überzeugungen in Schülernarrationen (Lee 2004)
Tabelle 16: Strukturierungsvorschlag für das Geschichtsheft (Sek I) im kompetenzorientierten GU (Nicola Brauch)
Tabelle 17: Testinstrument zur Erfassung epistemologischer Überzeugungen im Fach Geschichte (Mierwald / Eiringhaus/Brauch in Anschluss an Maggioni 2010)
Tabelle 18: Unterschied zwischen Thema und Fragestellung (nach Lingelbach / Rudolph 2005, S. 136)
Tabelle 19: Konzeptionslogik historischer Fragestellungen am Beispiel „Hans Delbrück" (Nicola Brauch, nach Lingelbach/Rudolph 2005, S. 136)
Tabelle 20: Entwicklung von Fragestellungen und Hypothesenbildung (nach Lingelbach/Rudolph 2005, S. 136)
Tabelle 21: Inhaltlicher Rahmen interkultureller Erziehung (nach Auernheimer 2011, S. 129)
Tabelle 22: Epistemologie der geschichtswissenschaftlichen Teildisziplin Public History (Nicola Brauch)
Tabelle 23: Narratologischer Analyse-Rahmen zur Kontextualisierung historischer Erzählungen (Nicola Brauch)
Tabelle 24: Raster zur narratologischen Klassifikation von Erzähltypen (nach Rüsen 2013, S. 215)

ANHANG

16.4 Glossar

Arbeitsaufträge Handlungsaufforderungen an SchülerInnen zur Initiierung von Lernprozessen → 6.3

Bilingualer Geschichtsunterricht In einer Fremdsprache durchgeführter Geschichtsunterricht oder Geschichtsunterricht, der in verschiedenen Unterrichtsstunden variiert → 13.2

Binnendifferenzierung Innerhalb einer Lerngruppe individuell durchgeführte Förderung einzelner Lernenden → 2.4

Citizenship Education Erziehung mündiger demokratischer Bürger → 5.1

Content and Language Integrated Learning (CLIL) In einer Fremdsprache durchgeführter Sachunterricht, bei dem Sprache und Inhalt mit dem Ziel der Entwicklung von interkultureller Kompetenz miteinander verschmelzen → 13.2

Dekonstruktion Analyse historischer Narrationen → 5.1

Epistemologie Erforschung der spezifischen Erkenntnisziele, Voraussetzungen und Methoden eines Faches → 1.1

First Order Concepts Faktuales Wissen, im Sinne von fachlichem Wissen über historische Sachverhalte, Strukturen, Personen und Epochen (auch substantive concepts genannt) → 10.2

Fragekompetenz Kompetenz der Entwicklung und Erkennung → HISTORISCHER FRAGESTELLUNGEN → 2.1; 3.2

Gegenwartsbezug Auswirkungen und Analogien historischer Ereignisse/Phänomene in Bezug auf die Gegenwart → 4.1

Geschichtsbewusstsein Aus Vergangenheitsdeutung, Gegenwartsanalyse und Zukunftserwartungen resultierendes historisches Verständnis von Individuen oder einer Gesellschaft, ausgehend von der Erkenntnis eigener Geschichtlichkeit, vgl. dazu auch → REFLEKTIERTES GESCHICHTSBEWUSSTSEIN → 1.2, 1.3

Geschichtsdidaktik Wissenschaftliche Disziplin, die die Entstehung und den Wandel des Geschichtsbewusstseins und Möglichkeitsbedingungen zur Förderung reflektierten Geschichtsbewusstseins in der Gesellschaft erforscht → 1.1.; 1.2; 1.4

Geschichtskultur Öffentlicher Umgang einer Gesellschaft mit Geschichte → 5.1

Geschichtspolitik Politischer Umgang mit Geschichte → 5.1

Handlungskompetenz Kompetenz der lebensweltlich wirksamen Umsetzung von Prozessen und Ergebnissen historischen Denkens mit dem Ziel der aktiven Teilnahme am öffentlichen Leben → 2.1; 3.2

Handlungsorientierung Auf fachspezifisches Handeln, d.h. argumentative historische Narrativität, abzielender Geschichtsunterricht, der zur selbständigen Erschließung von Inhalten und Materialien anregt → 1.4

Historie Wissenschaftliche Auseinandersetzung mit Geschichte → 1.1

Historische Fragestellungen Fragestellungen, die auf Gründe für Zäsuren, Veränderungen etc. zwischen zwei verschiedenen Zeiträumen abzielen und empirisch begründbare Narrative als Antwort erforderlich machen → 4.1

Historische Narrationen Darstellungen (Rekonstruktionen) der Vergangenheit in verschiedenen Medien und Genres → 1.1; 10.1

Historizitätsbewusstsein Kenntnis darüber, dass Personen, Dinge und Ereignisse statisch oder veränderlich sein können → 5.1; 5.3

Kognitiver Konflikt Unvereinbarkeit mehrerer Informationen, die zu Interesse an der Lösung des Problems führen kann → 8.3

GLOSSAR

Kompetenzen historischen Denkens Kognitive Prozesse, die insgesamt zur Ausprägung reflektierten Geschichtsbewusstseins in Gestalt historischer Narrativität zum Einsatz kommen, vgl. dazu auch → PERFORMANZ → 2.1

Lernaufgabe Konzeption eines problemorientierten Lernprozesses mit klarem Anfang und Ende, beispielsweise innerhalb einer Schulstunde oder einer Unterrichtseinheit → 6.3; 8.2

Historische Lesekompetenz Im Unterschied zur allgemeinen Lesefähigkeit die Kompetenz, mehrere Medien inhaltlich zu erfassen und unter einer übergeordneten historischen Problemstellung zu reflektieren → 2.1; 3.2

Methodenkompetenz Fähigkeit, mithilfe spezifischer Verfahrensweisen zu historischen Erkenntnissen zu gelangen (Dekonstruktion und Rekonstruktion) → 2.1; 3.2

Monoperspektivität Einbezug einer einzigen Sichtweise zur Konstruktion eines linearen historischen Narrativs, in Abgrenzung von → MULTIPERSPEKTIVITÄT → 2.3

Multiperspektivität Einbezug von zwei oder mehreren Sichtweisen (von Zeitgenossen, von Forschung, von Repräsentanten verschiedener Nationalitäten etc.) in ein historisches Narrativ und Voraussetzung für argumentative historische Narrativität, in Abgrenzung von → MONOPERSPEKTIVITÄT → 1.4

Narrativität Organisation historischen Wissens in Form einer ordnenden Erzählung auf der Zeitachse (t1 bis t2) → 2.1

Objektivität Wissenschaftliche Herangehensweise mit methodisch nachvollziehbaren Prozessen und Nutzung empirisch argumentierender Evidenz für historische Erklärungen → 10.3

Orientierungskompetenz Fähigkeit zur Entwickelung historisch begründbarer Zukunftsszenarien und Handlungsoptionen sowie zur historischen Selbstverortung in der Gegenwart → 2.1; 3.2

Performanz Ausführung von Kompetenzen historischen Denkenes, die durch spezifisches Handeln manifest (sichtbar) und damit beschreib- und messbar werden → 2.1

Positivismus Annahme der Existenz einer einzigen korrekten Darstellungsmöglichkeit der Vergangenheit → 6.2

Problemorientierung Ausrichtung historischer Darstellungen an historischen Fragestellungen mit impliziten oder expliziten Bezug zur Gegenwart der Person oder der Gesellschaft → 1.4

Public History Öffentlicher Umgang einer Gesellschaft mit Geschichte, vgl. dazu auch → GESCHICHTSKULTUR → 14.1, 14.2, 14.3

Realitätsbewusstsein (Wirklichkeitsbewusstsein) Einsicht in die unterschiedlichen Erkenntnispotentiale, die sich aus Quellen für die Rekonstruktion von Vergangenheit ableiten lassen („real-fiktiv") → 5.2

Reflektiertes Geschichtsbewusstsein Basiert auf der Erkenntnis der Standortgebundenheit und Perspektivität menschliches Denken und Handeln, vgl. dazu auch → GESCHICHTSBEWUSSTSEIN → 1.1; 1.3

Rekonstruktion Entstehungsprozess historischer Narrationen auf Basis der Interpretation von Quellen und Darstellungen zu einer übergeordneten Fragestellung → 5.1

Reliabilität Zuverlässigkeit von Bewertungskriterien → 3.2; 10.3

Sachkompetenz Kenntnis historischer Sachverhalte und Erkenntnisprinzipien, um historische Narrationen zu verstehen und zu bilden → 2.1; 3.2

Sachurteil Bewertung historischer Narrationen hinsichtlich fachlicher Angemessenheit bezogen auf die Bezüge der empirischen Fallbeispiele (Quellen) und deren Einordnung in historische Zusammenhänge (Kontextualisierung) → 1.4; 5.3

Second Order Concepts Epistemologische Prinzipien und Zusammenhangskonzepte, die Historiker zur systematischen Beschreibung und Analyse historischer Prozesse konzipieren oder aus Nachbarwissenschaften adaptieren (auch meta concepts genannt) → 10.2

ANHANG

Sinnbildung Verbindung von Ereignissen und Quellen zu einer sinnvollen Erzählung oder wissenschaftlichen historischen Erklärung (t1-t2) → 1.3

Urteilskompetenz Fähigkeit, ein durch historische Argumente begründetes Urteil zur Bewertung historischer Zusammenhänge zu entwickeln und daraus Kriterien für die Gegenwartsanalyse abzuleiten → 2.1; 3.2

Validität Gültigkeit von Bewertungskriterien → 3.2; 10.3

Werturteil Argumentative historische Bewertung von Ursächlichkeiten historischer Prozesse und die darauf bezogene Ableitung historischer Argumentationen in Fragen der Gegenwarts- und Zukunftsanalyse → 1.4; 5.3

Zeitbewusstsein Kenntnis über die verschiedenen Zeitebenen Vergangenheit, Gegenwart und Zukunft und das Zusammenspiel der Zeitebenen bei der Reflexion historischer Fragen und Erzählungen in der Gegenwart → 4.3

Zeiterfahrung Erleben von Vergangenheit, Gegenwart und Zukunft in eigener Wahrnehmung, in der Analyse von Darstellungen oder in der Deutung von Überresten aus der Vergangenheit → 1.3

Zukunftsbezug Auswirkung historischer Ereignisse in der Zukunft → 4.2